CAMINHOS DA ESCRITA
espaços de aprendizagem

EDITORA AFILIADA

Dados Internacionais de Catalogação na Publicação (CIP)
(Câmara Brasileira do Livro, SP, Brasil)

Bajard, Élie
    Caminhos da escrita : espaços de aprendizagem / Élie Bajard. – 3. ed. –
São Paulo : Cortez, 2014.

    ISBN 978-85-249-2172-8

    1. Aprendizagem 2. Escrita 3. Leitura 4. Pesquisa educacional I. Título.

14-00489
                                      CDD-370.72

Índices para catálogo sistemático:

1. Escrita : Aprendizagem : Pesquisa educacional : Educação   370.72

Élie Bajard

CAMINHOS DA ESCRITA
espaços de aprendizagem

3ª edição

Caminhos da Escrita: espaços de aprendizagem
Élie Bajard

Capa: de Sign Arte Visual sobre foto cedida pelo Autor
Preparação de originais: Elizabeth Matar
Revisão: Marta Almeida de Sá
Composição: Linea Editora Ltda.
Coordenação editorial: Danilo A. Q. Morales

Nenhuma parte desta obra pode ser reproduzida ou duplicada sem autorização expressa do autor e do editor.

© 2002 by Autor

Direitos para esta edição
CORTEZ EDITORA
Rua Monte Alegre, 1074 – Perdizes
05009-000 – São Paulo – SP
Tel.: (11) 3864-0111   Fax: (11) 3864-4290
E-mail: cortez@cortezeditora.com.br
www.cortezeditora.com.br

Impresso no Brasil – março de 2014

Agradecimentos

Agradeço calorosamente a todos aqueles que me ajudaram, sem os quais este livro não teria existido.

A Edmir Perrotti, que me convidou ao Departamento de Biblioteconomia e Documentação da ECA/USP e me solicitou um conjunto coerente de instrumentos visando à apropriação de bibliotecas pelos usuários.

A todos aqueles que me receberam nos diferentes estabelecimentos e colaboraram na pesquisa:

a) dentro dos laboratórios do Proesi: na Creche Oeste, na Estação Memória, e na Escola Roberto Mange;

b) dentro do Projeto Biblioteca Viva;

c) dentro do CDP de Tetuán.

À Fapesp que financiou a pesquisa.

A Maria Lúcia de Souza Barros Pupo, minha mulher, que fez a revisão do texto em língua portuguesa e partilhou minha obsessão.

"Esse milagre fecundo de uma comunicação
no âmago da solidão".

Sur la lecture, Marcel Proust

Sumário

Prefácio — Uma pesquisa entre dois tempos culturais
Edmir Perrotti 21

Introdução 33

Capítulo I — Embasamento da ação 57
    Diversidade das linguagens 57
        Escrita como filha da imagem 57
        Multimídia 63
        A transferência 65
    Uma relação com o mundo 67
        Leitura enquanto prática cultural 67
        Pedagogia ativa 69
        Inserção dentro de um projeto 70
        A biblioteca escolar interativa, coração da escola 74
    Escrita e oralidade 77
        Escrita como decalque do oral 77
        Escrita como manifestação específica 79
        Recepção e emissão 84

Diversidade das atividades da escrita 88

Leitura & releitura 89

O dizer 94

Produzir texto 101

Uma prática da oralidade: contar histórias 104

Semiologia do texto 109

Nível icônico 109

Nível textual 112

Nível sintático 114

Nível lexical 116

Nível fonográfico 119

"Savoir-faire" 122

Objetivos da nossa atuação 124

Capítulo II — Fontes da experimentação 129

Creche Oeste 130

Escola Roberto Mange 136

Estação Memória 147

Centro de documentação pedagógica de Tetuán 151

Biblioteca viva 153

Complementaridade 154

Capítulo III — Práticas pedagógicas preexistentes 157

Na creche 158

Interpretação da imagem 159

Empréstimo de livros 163

A escrita exposta 168

Da recepção à produção 174

Na escola fundamental 177

Da língua oral à escrita.. 180

A voz alta 184

Rumo à leitura.. 186

Pluralidade das linguagens.. 191

Gestão informatizada... 193

Na Estação Memória... 196

Biblioteca viva.. 198

Iniciação à língua escrita 198

As posturas da escuta... 200

Um desafio.. 201

Alicerce para intervenções 202

Capítulo IV — Estratégias de intervenção................................ 207

Intervenções indiretas.. 210

Entrevistas.. 215

Intervenções diretas... 218

As estratégias... 222

Elucidação de objetivos.. 223

O "clique" 224

Preparação conjunta... 226

Demonstração... 230

Oficinas.. 233

Socialização.. 243

Capítulo V — Metodologia gerada.. 249

As práticas das linguagens 251

Cultura da escrita 253

Produção de textos 256

Situações de leitura.. 261

Leitura autônoma 261

Leitura sem identificação 264

Leitura com identificações 266

Escassez de livros 278

Dois processos: exercício ou leitura.. 281

O caminho do texto ou a integração espacial.......................... 288

As metamorfoses do texto ou a integração temporal............. 291

Conclusão.. 295

Bibliografia... 311

Índice das Imagens

Introdução
Entronização dos livros novos.. 33

Imagens Capítulo 1
Publicação de correspondência 55
Chapeuzinho Vermelho (FTD).. 62
Branca de Neve (Nova Fronteira).. 62
Yong 82
Gavião... 82
Willy.. 110
Zoológico.. 110
Cartão-postal para Sabine (frente).. 111
Cartão-postal para Sabine (verso)... 111
Receita indonésia (a) 113
Receita indonésia (b) 113
O rabo do rato.. 121

Imagens Capítulo II

Planta da BEI do Mange.. 127

Imagens Capítulo III

Emissão vocal: texto dito de cor 155

Teatrinho 191

Imagens Capítulo IV

Escolha do livro na caixa "Primeiras leituras" 205

Pingos (a) 231

Pingos (b) 231

Imagens Capítulo V

Sessão de leitura na BEI 247

O sapo Bocarrão.. 267

O lobo 271

Extraterrestres.. 271

O gambá 275

Conclusão — Criança leitora na BEI 295

Bibliografia — Classificação dos livros.................................... 311

Caminhos da escrita em fotos

Móveis e objetos

Mala de Tetuán 322

Estante de tecido da mala... 322

Móbile na Creche... 323

Abóbora charmosa no "Mange" 323

Almofada da Creche 324

Trenzinho da Creche 324

Mesas e cadeiras da BEI 324

Espaços

BEI do "Mange" 325

A luz filtrada da Estação Memória 325

Lugar da inserção da BEI 325

Arquibancada da BEI 326

Pátio da Creche 326

Sala de computação do "Mange" 326

Reconto

História contada por um funcionário 327

Tatiana Belinky contando histórias 327

Leitores

Leitora na arquibancada 328

Adulto leitor 328

Leitor na mesa 329

Leitora na mesa 329

Transmissão vocal do texto

Escutando texto 330

Mediadora dizendo texto 330

Texto dramatizado na Creche 331

Jogral numa festa do "Mange" 331

Circulação

Preparação do cantinho 332

Escolha dos livros 332

Transporte do tesouro 333

Uso dos livros no cantinho 333

Maleta do Ministério da Educação do Marrocos 333

Leitura e produção

Publicação nas paredes da Creche 334

Carta coletiva (1ª série) 334

Ofinforma, o boletim da Creche 334

Carta individual (1ª série) 335

Desenho de uma criança da Creche 335

Texto humorístico do professor 335

Texto do professor exposto no corredor 335

O autor, Alan Mets, desenhando diante das crianças 335

Índice dos boxes

Instrumentos — Capítulo I

1. *O nome da escrava* — Signos logográficos cuneiformes 59
2. *Móbile* — Exposição de livros novos 61
3. *Chapeuzinho Vermelho* — Processo de identificação do título... 62
4. *A guerra do Vietnã* — Leitura em História 65
5. *Criação de livro* — Correspondência escolar 72
6. *Conquista da escola* — Uso dos espaços 75
7. *Os biellenses* — Leitura contínua 80
8. *O gavião* — Caligramas 82
9. *Painel para os professores* — Atividades da escrita numa BEI.. 88
10. *Kátia* — Componentes de uma situação de leitura 92
11. *Bilhetes de Mariana* — A dupla enunciação 97
12. *Agostinho e Ambrósio* — Comparando atuações 100
13. *Variedade limitada* — Hegemonia da produção de textos 102
14. *Presença do corpo* — Performance e atividades 105
15. *Hugo* — O texto privado de suas imagens 110
16. *Sabine* — O cartão-postal 111
17. *Receita indonésia* — Texto e imagem 113
18. *Karim* — As manifestações textuais do personagem 114
19. *Palavras piratas* — Os dois regimes da leitura 118
20. *O rabo do rato* — Os diversos códigos 121

Instrumentos — Capítulo III

1. *Folheando livros* — A literatura infantojuvenil, fonte de aprendizagens 160
2. *As fotos* — O sentido da imagem 161
3. *A abelha* — Som da história e som do filme 162
4. *Escolha do livro* — Registro dos livros 164
5. *Sacola de tecido* — Circulação do livro 165
6. *O livro em casa* — Empréstimo para casa 166
7. *Baú dos livros* — Empréstimo para a salinha 167
8. *Cerimônia* — Primeiro empréstimo 168
9. *Patrícia* — Exposição de um livro novo 169
10. *Expostos ao olhar* — O universo da escrita 170
11. *Caderno de bordo* — Escrita como memória 172
12. *O nome* — Testemunho da escrita 173
13. *Os peixes* — Imitando o livro 175
14. *Ofinforma* — Publicação de um folheto 176
15. *Caminho I* — Emissão 181
16. *Caminho II* — Recepção 181
17. *O pato* — O livro único 185
18. *Recepção da correspondência* — Acesso a textos 187
19. *Coca-Cola* — Produção de legendas 188
20. *Picasso* — Fonte de pesquisa 189
21. *Conquista das paredes* — Publicação dos textos 190
22. *Teatrinho* — O objeto facilitador de expressão 191
23. *Com os idosos* — O texto dito de cor 197

Instrumentos — Capítulo IV

1. *Arca do tempo* — Oficina de escrita 213
2. *Os três porquinhos* — Trabalho com a orientadora 223
3. *Lista de objetos* — Rumo à leitura 225
4. *Estante viva* — Ordem alfabética 226

CAMINHOS DA ESCRITA

5. *Primeiro contato com o jornal* — Imagens e títulos.................. 228
6. *Pingos* — Processo de identificação do personagem 231
7. *Marco e Vanice* — Resolver um enigma................................. 234
8. *Pingue-pongue* — O olhar veículo do texto............................ 237
9. *Autogestão* — Projetos diversificados.................................... 239
10. *História de boca e história do livro* — As maneiras de
    transmitir.. 240
11. *Contando histórias* — Trabalho em projeto 242
12. *Um aviso* — A situação de leitura 244

Instrumentos — Capítulo V

1. *A casa sonolenta* — Expressão dramática.............................. 252
2. *Sessão inaugural* — Exploração do espaço 253
3. *Sobe e desce* — Pesquisa na BEI... 254
4. *De onde vem esse título?* — Pesquisa do texto...................... 255
5. *Individualização dos textos* — Reescrita................................ 256
6. *O sapo e o gato* — Produção de um novo texto...................... 258
7. *A abóbora charmosa* — O professor autor.............................. 260
8. *O grande rabanete* — Uma sessão na BEI............................... 262
9. *O funeral do rei* — Uma sessão de leitura autônoma 263
10. *O banho da baleia* — Texto novo com palavras conhecidas.... 264
11. *O sapo Bocarrão* — Identificação da palavra pela imagem..... 267
12. *Conhecida/desconhecida?* — Estatuto da palavra 269
13. *O lobo* — Identificação da palavra pela coleção 271
14. *O gambá* — O dizer como contexto.. 274
15. *Mala de couro* — Biblioteca circulante................................... 279
16. *Sucata* — Criação de fichas de leitura 280
17. *Início da história?* — Identificação de índices 281
18. *Uma receita para cozinhar* — Aparição da situação de leitura 285
19. *O caminho da escrita* — Seis espaços..................................... 290
20. *Aprender a escrita usando textos* — Oito etapas.................... 292

Prefácio

Uma pesquisa entre dois tempos culturais

1. Uma nova cultura

Nossas relações com o conhecimento estão se alterando profundamente. Condições históricas contemporâneas — globalização, sociedade de consumo, tecnologia onipresente na vida cotidiana, mídia como critério e instrumento regulador das sociabilidades, lógica do mercado sobrepondo-se à da política — vêm modificando tanto nosso modo de conceber como de produzir, distribuir e usar o conhecimento. Se, no passado, dizia-se que este era *transmitido*, hoje diz-se que ele é *construído*; se era enciclopédico, hoje é cada vez mais especializado; se buscava explicar o mundo, hoje pretende transformá-lo, quando não sujeitá-lo; se nossos avós faziam serenatas para suas amadas e nós nos esmerávamos em bilhetes manuscritos, namora-se atualmente pela Internet, utilizando-se *e-mails*, *chats*, *softwares*, num jogo de interações que representam não só novas relações, mas também novas formas de usar a linguagem, o corpo, o tempo, o espaço. Numa palavra, nosso modo de estar, de atuar e de representar o mundo vem se transformando radicalmente, deixando marcas profundas tanto nas realidades objetivas, quanto em nossa subjetividade e nas transações que essas duas esferas efetuam entre si. Nesse sentido, nossas relações com o conhecimento não estão se alterando simplesmente na superfície, mas na essência, uma vez que a nova época significa sobretudo novas formas de ser, de sentir, de pensar, de agir — uma nova cultura.

2. Fragmentação

A fragmentação é uma das marcas mais problemáticas e visíveis desta época. Solidão, isolamento, confinamento em guetos sociais, econômicos, culturais, etários acometem, cada vez mais, todos os segmentos populacionais, num movimento avassalador de ruptura de referências e vínculos que não são apenas de ordem física. Além das mudanças imediatamente visíveis, objetivas, os tempos presentes produzem um fenômeno típico e historicamente singular: o permanente esgarçamento dos sistemas simbólicos indispensáveis tanto à nossa constituição subjetiva, quanto aos processos gerais de vinculação e participação cultural. Se podemos navegar com facilidade em oceanos extensos de informações, em *infovias* que nos conectam com várias partes do mundo sem sairmos de casa, temos, contudo, dificuldades extremas para atribuir significados, para produzir conhecimentos que se constituam em referências e sentidos para a vida. Em outras palavras, estamos saturados: sobram-nos informações, mas faltam conectores, elos e bússolas consistentes e insubstituíveis para a produção das tramas simbólicas que nos constituem e sustentam. Nosso tempo produz conteúdos e pseudoconteúdos em excesso, mas bloqueia recursos necessários à sua seleção, análise e interpretação, visando à constituição e apropriação de significados para a nossa existência. Livros, revistas, jornais, filmes, vídeos, CDs, softwares, emissões televisivas e radiofônicas são produzidos aos milhares e, mesmo se de forma diferenciada, oferecidos em escala planetária a diferentes populações. Os mais longínquos e precários rincões de nosso país, por exemplo, possuem suas antenas parabólicas e captam sinais enviados pelos grandes conglomerados das comunicações. Talvez com o tempo venham a ter também, feliz e finalmente, suas bancas de jornais e revistas, suas livrarias, suas bibliotecas, centros de documentação, casas de cultura. Como os conteúdos se transformam em mercadorias, é possível imaginar que o acesso a vários produtos culturais oferecidos no mercado venha se cumprir um dia na injusta sociedade brasileira. Resta saber, todavia, se os demais instrumentos socioculturais e cognitivos necessários à construção de conhecimento, de sentidos e significações, estarão disponíveis para todos. Não se pode esquecer nunca que, mesmo sendo um fato objetivo, concreto, a cultura é também e principalmente um bem imaterial, muito mais que um produto passível de ser vendido.

Se a fragmentação é um signo marcante de época, formar sujeitos capazes de produzir conhecimentos e de constituir conjuntos de conteúdos dotados de coerência e significado pessoal e social é necessidade de sobrevivência individual e coletiva. Sem conhecimento nem trama simbólica devidamente urdida e conectada ao mundo, não há esperanças nem para os indivíduos, nem para a cultura. Scheherazade ensinou isso nas *Mil e Uma Noites*. Rompido internamente devido a desavenças afetivas com a esposa, o sultão só se recuperaria após ouvir histórias. Com isto, consegue reconstituir sua integridade subjetiva e será capaz de amar novamente, de compreender, conhecer e estabelecer vínculos com o outro e consigo mesmo. Com esse movimento de reorganização simbólica recompõe sua identidade e reconquista a alteridade, ficando curado do narcisismo de que fora acometido.[1]

Tomando tal exemplo, não é difícil compreender o retorno do narcisismo como comportamento natural em nossa época, não é di-

---

1. Ver a propósito o belo artigo "Do poder da palavra", de Adélia Bezerra de Meneses. In: Meneses, Adélia Bezerra de. *Scherazade ou do poder da palavra*: ensaios de literatura e psicanálise. São Paulo: Duas Cidades, 1996, p. 39-56. Ver também: Jorge, Linice da Silva. *Roda de histórias*: sons, imagens e movimentos — novos modos de informação em Educação. Dissertação (Mestrado) — Escola de Comunicações e Artes, Universidade de São Paulo, São Paulo, 1999.

fícil entender como aspirantes e vedetes da mídia expõem sem nenhum constrangimento suas vidas privadas, escandalosas ou banais. Num mundo sem referências e destinos, a mídia serve como espelho, funcionando como espécie de Scheherazade invertida, ou seja, como em Narciso, reflete imagens que seduzem e consomem ao mesmo tempo.

O que somos, como nos constituímos, relacionamos, atuamos na nova cultura, na chamada *sociedade da informação*? Como construímos nossa integridade e tornamos o mundo um verdadeiro *habitat* estimulante, acolhedor e inteligível para todos, eis, assim, questão de base que vem motivando nossas pesquisas.

3. Um pouco de história

Pensando na problemática mencionada, começamos, em 1989, no Departamento de Biblioteconomia e Documentação da Escola de Comunicações e Artes, da Universidade de São Paulo (ECA-USP), um trabalho de pesquisa grupal que dava continuidade às investigações que tinham sido objeto de nossa dissertação de mestrado[2] e de nossa tese de doutoramento.[3] Contando com pesquisadores de vários níveis e procedências, o grupo tinha por objetivo refletir sobre as novas relações entre informação e educação no contexto da contemporaneidade e do país, procurando caminhos que levassem à constituição de ambientes informacionais que pudessem ser um contraponto importante à crise educacional e cultural que nos atinge. Tratava-se, pois, de constituir ambientes propícios ao conhecimento, tomado tanto como corpo de conteúdos, quanto como processo dinâmico e permanente da construção de saberes e significados necessários não só à atuação, mas também à nossa vinculação com o mundo e com o outro.

---

2. Perrotti, Edmir. *O texto sedutor na literatura infantil.* São Paulo: Ícone, 1986.

3. Perrotti, Edmir. *Confinamento cultural, infância e leitura.* São Paulo: Summus, 1990.

Num quadro histórico marcado pela "liquidação dos sentidos", pela ausência de projetos históricos verdadeiramente significativos e motivadores, pela convivência de antigas e novas formas de exclusão sociocultural, tratava-se de realizar um projeto na contramão, que inscrevesse o conhecimento em patamares que a modernidade, com seus postulados iluministas, foi incapaz de realizar. Não se podia, assim, acatar a concepção do conhecimento como instrumento de controle da natureza e da sociedade. Antes, era preciso relacioná-lo à construção de significados imprescindíveis ao nosso viver em comum, entendê-lo como forma de diálogo com as sombras e mistérios que nos envolvem, renunciar às luzes da razão iluminista, convivendo com a opacidade e os silêncios de todas as coisas. Como diz Drummond de Andrade: lutar com palavras é a luta mais vã/ entanto lutamos mal rompe a manhã...

3.1 O Proesi — Programa Serviços de Informação em Educação

Visando ao avanço do trabalho que já resultava, em 1991, no projeto que originaria a *Estação Memória*[4] — iniciativa rapidamente referida neste livro — criamos, em 1993, no Departamento onde atuamos, um "programa" com o objetivo de ampliar nossas ações, de reunir e dar organicidade a diferentes pesquisas e iniciativas acadêmicas, envolvendo as relações entre informação e educação. Com a criação do Proesi, a equipe aumentou e passou a contar com professores e alunos de graduação e pós-graduação, do Departamento, de diferentes unidades da USP e de outras universidades, bem como com profissionais e educadores de instituições com as quais mantínhamos cooperação. Em alguns momentos, somando até dezoito membros efetivos, a equipe interdisciplinar colocou-se em campo

---

4. Sobre a *Estação Memória*, ver: Faria, Ivete Pieruccini. *Estação Memória*: lembrar como projeto — contribuição ao estudo da mediação cultural. Dissertação (Mestrado) — Escola de Comunicações e Artes, Universidade de São Paulo, São Paulo, 1999.

tendo como tarefa primordial a construção de ferramentas necessárias ao projeto. Em decorrência, um conjunto de conceitos, teorias, metodologias, pressupostos foi-se configurando e tomando corpo. Da mesma forma, em parceria com diferentes instituições, foram implantados espaços de pesquisa "reais", ou seja, ambientes que eram, ao mesmo tempo, laboratórios e novos serviços de informação em equipamentos de educação formal e não formal (escola de educação fundamental, creche, biblioteca pública).

Toda essa mobilização preparou os diferentes terrenos onde o professor Élie Bajard pôde atuar, graças a uma bolsa de professor visitante, fornecida pela Fapesp (Fundação de Amparo à Pesquisa do Estado de São Paulo), para o período de março/1999 a fevereiro/2000, num processo rico e frutífero de colaboração científico-acadêmica.

4. Apropriação da Biblioteca Interativa/ apropriação da escrita

Em 1997, tínhamos criado uma biblioteca escolar, financiada pela Fapesp, na Escola Municipal de Ensino Fundamental Prof. Roberto Mange. Naquele momento, uma questão específica se apresentava: desenvolver instrumentos de apropriação do novo espaço pela comunidade escolar. Apesar do contínuo diálogo universidade/escola, da adesão e recepção positivas do projeto pela escola, os usos da nova biblioteca mostravam dificuldades de exploração dos diferentes recursos impressos, audiovisuais, multimidiáticos oferecidos à comunidade. Havia, por exemplo, dificuldades devidas às novas concepções implicadas no projeto, bem como à complexa e dramática problemática do "Mange" — escola pública funcionando em quatro turnos, com 2.000 alunos, altas taxas de evasão e repetência, falta de autonomia da unidade na estrutura da Rede Municipal de Ensino, fragmentação de diversas ordens, manifestações cotidianas da "cultura da violência" que hoje vitima a sociedade brasileira, especialmente nos grandes centros urbanos, localização da escola à margem de uma ruidosa rodovia, arquitetura inadequada do prédio, condições precárias de moradia e de urbanização em boa parte do bairro...

Face a isso, era necessário desenvolver estratégias especiais de apropriação do serviço, uma vez que os obstáculos que se interpunham para tanto não eram simplesmente devidos ao estranhamento face ao novo, mas a uma complexa condição institucional e histórica que necessita ser enfrentada com ações que ultrapassam a capacitação para o uso de recursos educativos novos. Na verdade, um confronto de duas culturas estava em curso no "Mange", com a implantação da biblioteca interativa: de um lado, as marcas expostas dos processos históricos de exclusão sociocultural no país; de outro, os desejos de superação, de inclusão sociocultural de toda a comunidade escolar.

Como a chegada do Prof. Bajard coincidiu exatamente com a necessidade de reforços da equipe para fazer face às dificuldades de apropriação da biblioteca, tratamos de articular suas preocupações específicas, voltadas à aquisição e às práticas da língua escrita, com as nossas, estendendo seu raio de ação aos três laboratórios inéditos no país, que o Proesi conseguira duramente criar. Com experiência acumulada em anos de trabalho em seu país de origem, bem como no exterior, inclusive no Brasil, o ilustre professor poderia preencher parte importante de nossas necessidades gerais de pesquisa, ocupando-se, ao mesmo tempo, do recorte da língua escrita, objeto de cuidados especiais em nossa trajetória de pesquisa, uma vez que apropriação da biblioteca e apropriação da escrita continuam sendo complementares em nosso tempo, apesar das mudanças que as novas linguagens e os suportes introduziram nesse binômio. Além disso, o olhar estrangeiro do pesquisador francês certamente contribuiria com novas luzes para os projetos do Proesi, sempre abertos a questionamentos e contribuições consistentes.

Assim, se tínhamos o problema geral da apropriação da biblioteca a desenvolver, o novo membro da equipe teria a tarefa de pensar a apropriação da escrita, tomando por base o uso da *biblioteca escolar interativa*. Dessa combinatória, resultou um programa de colaboração, em dupla mão, capaz de lançar novas compreensões tanto sobre a problemática da biblioteca, quanto da escrita e das relações entre ambas. O presente livro relata com riqueza de detalhes esse trajeto e permitirá ao leitor conhecer caminhos trilhados, conquistas e limites que essa experiência científica compartilhada propiciou.

4.1 Resultados

Não cabe aqui enumerar os resultados da colaboração, uma vez que o leitor os terá minuciosamente descritos e discutidos no próprio texto. Alguns aspectos, contudo, merecem atenção especial, dada a importância de que se revestem.

Nesse sentido, vale retomar discussões em torno da abordagem intersemiótica que está na base da biblioteca interativa. Modernamente, as bibliotecas incluem em seus acervos documentos registrados em diferentes suportes e linguagens. Assim, encontram-se, nesses espaços, livros, jornais, revistas, vídeos, CDs, computadores, ou seja, as mais diferentes formas de expressão cultural que podem ser usadas tanto como fontes de trabalho como de cultivo pessoal ou de lazer. Contudo, ao se introduzir variados recursos na biblioteca, pode-se apenas justapor suportes e linguagens, sem se promover o necessário intercâmbio entre eles, partindo de suas diferenças. Tem-se, então, um modelo de biblioteca *multisemiótica*, que coloca à disposição informações em diferentes suportes, sem se preocupar com as inter-relações e a complementaridade entre elas.

A biblioteca interativa vai além de um espaço *multisemiótico*. Como seu próprio nome diz, ela só pode ser *intersemiótica*. As múltiplas linguagens são ali consideradas em suas especificidades, mas colocadas em diálogo, não se furtando às trocas, mas buscando-as. O binômio dinâmico identificação-diferenciação rege as práticas culturais do paradigma semiótico adotado, não podendo haver portanto hierarquização entre as linguagens, códigos em sua essência superiores ou inferiores. São as situações concretas que determinam o valor e não posições aprioristicas, muitas vezes mais que equivocadas, pré-conceituosas mesmo. Com isso, reconhece-se que nenhuma linguagem é completa e suficientemente capaz de traduzir a complexidade do mundo, superando-se também a fragmentação semiótica contida, por exemplo, no cultivo que a modernidade fez da cultura literária, conferindo-lhe valor superior quando confrontada com outras manifestações culturais.

Nesse sentido, caso a biblioteca interativa tivesse uma "destinação precípua", esta não seria nunca a de privilegiar um único código cultural, em detrimento dos outros, por mais importante que este pudesse ser. Sua finalidade seria, antes, estimular a navegação autônoma nos diferentes códigos em que o conhecimento e as significações se manifestam.

Da mesma forma, a compreensão intersemiótica que pautou as pesquisas do Proesi não autoriza, por exemplo, definir os espaços da biblioteca interativa de modo fechado e estanque, ou seja, apenas no polo da sua produção. É do jogo entre as propostas do arquiteto, as necessidades e condições informacionais, educacionais e culturais, as práticas, os interesses e saberes dos participantes que os ambientes se constituem e se definem. Dinâmicos, eles podem se reconstruir permanentemente em consonância com os desejos de conhecimento dos grupos que são ali acolhidos. Quando devidamente explorado, esse espaço onde se lê, se conta histórias, se pesquisa, se ouve música, se acessa o computador, se trocam informações, se expõem trabalhos da comunidade, é capaz de acolher tanto a diversidade quanto a singularidade das linguagens e dos interesses de seus usuários. Um exemplo dado pelo prof. Bajard em seu texto ilustra essa afirmação com precisão, apesar de suas conclusões quanto ao espaço da biblioteca irem em outra direção:

> Alunos de uma oitava série utilizam a BEI para realizar estudos da obra de Picasso [...]. Reunidos em grupos de cinco ou seis alunos, dirigem-se às estantes e, com a ajuda da professora, escolhem um livro de arte ou um livro de referência, tal como um dicionário ou a Enciclopédia Barsa, acomodando-se em torno das mesas ou na arquibancada [...]. Eles

leem o texto com a ajuda da professora, que passa de mesa em mesa; em seguida fazem um relatório de leitura e um desenho [...]. Ao terminarem, eles guardam os livros nas estantes. [...] Uma professora de Artes Plásticas propicia uma situação de leitura. Durante essa sessão, a BEI se cobre de silêncio e os alunos leem.

Evidentemente, não se pode ter uma atitude espontaneísta e acreditar que novas práticas culturais se consolidarão sem ações precisas que as sustentem. Num país como o Brasil, sem tradição, por exemplo, de leitura, são seguramente necessários cuidados especiais visando à apropriação do código escrito. As dificuldades inerentes ao processo demandam intervenções sérias, sistemáticas, muito bem localizadas e definidas. Sem isso, a leitura corre sempre o risco de ocupar sempre posição secundária no conjunto das práticas culturais, pois as dificuldades que lhe são inerentes demandam intervenções sistemáticas, localizadas e devidamente definidas. Os cuidados especiais não podem, contudo, nos fazer retroceder aos paradigmas da modernidade que a consideram superior a outras práticas culturais. Na perspectiva da biblioteca interativa, não há superioridade, mas adequabilidade, oportunidade, preferências particulares, navegação intersemiótica, carnavalização, nos moldes de Mikhail Bakhtin. A história de nosso país exige tomadas de posição face à modernidade. A adoção irrefletida de seus valores, mesmo se bem intencionada, vem gerando resultados desastrosos, totalmente distintos daqueles obtidos pelos países que os inventaram. Somos mestiços, interculturais, nascemos e nos criamos nas diferenças. A hierarquização das culturas e seus pressupostos continuam produzindo exclusões que dificultam a consolidação da escrita no país. Dentre elas, a *infoexclusão*, forma contemporânea do analfabetismo.

A proposta de espaços dinâmicos, que podem ir se compondo e recompondo de acordo com as necessidades dos processos educativos é opção, portanto, que responde às preocupações com o acolhimento das diferenças, propiciando atos semióticos de diferentes naturezas, em consonância com características dos grupos, suas demandas, bem como das demandas do próprio código.

Um outro dado é importante ressaltar. Não se pode minimizar a importância dos processos de mediação na biblioteca interativa. A educadora que conduzia a turma na atividade acima relatada possui formação sólida, o que lhe permite explorar e fazer conexões ricas entre os diferentes recursos da biblioteca e sua disciplina. Se nem sempre é essa a realidade, o fato reafirma a importância da preparação dos mediadores e da comunidade escolar para a apropriação da nova modalidade de biblioteca, em que pese, como já dissemos, a adesão entusiasmada que o modelo vem produzindo em todos os locais onde hoje essa modalidade vem sendo implantada.

Nesse sentido, a ação do Prof. Bajard nos processos de formação do Proesi, especialmente no "Mange" e no laboratório que mantemos na Creche Oeste da USP, foi um dos aspectos mais notáveis da nossa parceria. Os resultados da colaboração confirmaram que as competências culturais necessárias à apropriação de novos recursos educacionais, especialmente em ambientes educacionais e culturais difíceis e complexos, não ocorrem espontaneamente, exigindo ações educativas orgânicas e constantes.

Uma nova cultura demanda novas formas de mediação, novos modos de conceber e de atuar nas instituições educativas e culturais, novos modos de ser dos educadores. Mais que mero canal de transmissão de informação, o mediador de nossa época tem que ser e estimular autores, tem que se expressar e promover a expressão, tem que estar e incentivar o diálogo permanente com o mundo, com a cultura, com a comunidade próxima em que atua e com comunidades, povos e nações distantes. Para tanto é preciso desenvolvermos processos de formação de diferentes naturezas, mas todas marcadas pelo dialogismo defendido pelo Prof. Bajard neste livro estimulante e gerador.

Assim, se a leitura deste texto deverá produzir reações polêmicas, face a aspectos como os que confrontam valorização da recepção ou da produção na aquisição da escrita, produzirá também acolhimento dificilmente contestável ao afirmar o dialogismo como proposta metodológica básica na formação dos mediadores/educadores contemporâneos.

Nesse aspecto, as propostas do prof. Bajard convergem com o tempo e o espaço culturais da biblioteca interativa, configuração dialógica que se constitui, disponibiliza e acolhe diferentes expressões e experiências culturais, sem hierarquizá-las, mas reconhecendo suas naturezas e demandas específicas, num movimento contínuo de criação de conhecimentos, de significados e de vinculações com o mundo... Lembrando novamente Drummond, não importa ser moderno, mas eterno.

Edmir Perrotti — ECA/USP
Guarujá, verão de 2002.

Introdução

Entronização dos livros novos

É inegável que algumas das maiores dificuldades para a universalização do ensino durante as últimas décadas no Brasil se traduzem por três fenômenos que bloqueiam a sua democratização: a entrada tardia dos alunos, a repetência e a evasão. Responder ao desafio de minimizar esses problemas constitui tarefa de primeira necessidade. No âmbito dos esforços nesse sentido, cabe lembrar que a partir da I Conferência Brasileira de Alfabetização e Cidadania, ocorrida em Brasília em 1991, da qual tivemos ocasião de participar, a alfabetização foi promovida à prioridade nacional.

Contudo, numa sociedade como a brasileira, perpassada por uma acelerada evolução técnica da qual a informática é o exemplo por excelência, o antigo objetivo de simplesmente alfabetizar deixa de ser adequado. Mais do que nunca é necessário rever o papel da alfabetização na sociedade, assim como sua relação com as instituições de informação.

Dentro desse quadro, o divórcio existente no país entre biblioteca e educação é flagrante. "Bibliotecas escolares, quando existem, dificilmente estão em condições de atender às demandas educacionais da sociedade brasileira. O sistema educacional não descobriu ainda a biblioteca enquanto instrumento essencial à educação de crianças e jovens",[1] como menciona Edmir Perrotti. O papel da biblioteca ainda

---

1. Edmir Perrotti. *Relatório parcial de pesquisa Biblioteca e Escola*, ECA/USP, p. 2, set. 1997.

é tão menosprezado entre nós, que, no cotidiano escolar, a alfabetização se efetua sem livros.

Por outro lado, não se pode esperar que a simples introdução de uma biblioteca na escola dê origem a transformações nas atitudes dos usuários. Inúmeros são os exemplos de escolas dotadas de livros que permanecem fechados em armários, sem utilização. Gerar conhecimento específico que possa contribuir para a maximização do papel da biblioteca escolar constitui o eixo da atuação que temos em vista.

O presente livro tem seu foco em um projeto de apropriação de bibliotecas[2] no *Programa Serviços de Informação em Educação* (Proesi), sob a responsabilidade do prof. dr. Edmir Perrotti, no Departamento de Biblioteconomia e Documentação da Escola de Comunicações e Artes da Universidade de São Paulo. Subjacente ao conceito de Biblioteca Interativa[3] existe um diagnóstico das insuficiências do papel comumente atribuído às bibliotecas: a *conservação* de documentos e sua *difusão*; "as bibliotecas produziram discursos bem-intencionados que serviram para legitimá-las e ocultar o processo de exclusão de divergências e diferenças". Elas não permitem ao usuário "se expressar e expressar a sua cultura" e não deixam "margem para a expressão das diferenças".

O conceito-chave de Biblioteca Interativa (BI) preconizado pelo Proesi diz respeito a uma "redefinição do papel das instituições de informação nos processos educativos". A BI é instituída "não apenas para difundir informações, mas sobretudo para, a partir delas, constituir-se em local de troca, de expressão e de produção". Ela possibilitará não apenas "estimular, respeitar, reconhecer a expressão cultural da infância, como instigar, provocar, alimentar de várias formas as relações de crianças e jovens com o conhecimento, a cultura, a leitura, o mundo".[4]

---

2. Projeto de pesquisa desenvolvido pelo autor com apoio da Fapesp, descrito no relatório Biblioteca escolar. Criação de instrumentos para sua otimização, fevereiro de 2000.

3. Edmir Perrotti. Projeto integrado de pesquisa "Biblioteca Interativa" e Educação, documento interno, p. 7-8.

4. Edmir Perrotti. *Confinamento cultural, infância e leitura*. São Paulo: Summus, 1990. p. 102.

Dentro do Proesi, três são os laboratórios visando à instalação de um novo "serviço de informação": a Creche Oeste da USP, a "Estação Memória" na Biblioteca Infanto-Juvenil Álvaro Guerra e a "Biblioteca Escolar Interativa" na EMEF Prof. Roberto Mange.

A diversidade dessas três bibliotecas constitui uma ampla fonte de atuação, uma vez que:

- os dois estabelecimentos escolares, creche e escola fundamental, permitem seguir a evolução da educação desde a primeira infância até o fim da adolescência e ultrapassar a fronteira instituída entre educação infantil e alfabetização;

- a presença, dentro desses laboratórios, de um "serviço de informação" abrigado por uma biblioteca pública permite destacar, por contraponto, a especificidade da biblioteca escolar, isto é, a função de aprendizagem da língua escrita.

O trabalho desenvolvido nos dois estabelecimentos escolares, apesar de ser central neste livro, encontra raízes em outras experiências anteriores. Passamos a citar algumas delas, na medida em que contribuíram para identificar aspectos de nossa atuação mais recente.

Em 1991 fomos destacados pela Embaixada da França para elaborar, junto à Secretaria de Ensino Fundamental do MEC, um projeto de formação de professores sobre a aprendizagem da escrita, o Projeto Pró-Leitura. Após a realização de um diagnóstico da aprendizagem da escrita no Brasil sob a cobertura do MEC, tínhamos observado a falta de textos nas escolas e consequentemente a escassez das práticas de leitura.[5]

Dentro desse projeto aparece a primeira experiência institucional baseada na distinção entre três grandes atividades complementares dentro da escrita, *a leitura, a transmissão e a produção de texto*, enraizadas no acervo de uma biblioteca infantojuvenil instalada pela instituição escolar.

---

5. Élie Bajard. Afinal, onde está a leitura? *Cadernos de Pesquisa*, São Paulo, n. 83, p. 29-41, nov. 1992.

Nessa época, leitura e produção de texto (falava-se então de lectoescrita)[6] eram ainda consideradas como duas faces reversíveis de um mesmo processo, que pretendia a conquista de uma competência através do exercício de outra. A transmissão vocal do texto, por sua vez, não era vista como distinta da leitura. Em *Ler e dizer*[7] teorizamos a transmissão vocal do texto como uma atividade de caráter teatral, o que possibilita conceber a leitura visual como radicalmente distinta de qualquer oralização.

Outra experiência foi a instalação em Tetuán, no norte do Marrocos, em 1994-96, de um Centro de Documentação Pedagógica (CDP), frequentado por adultos e crianças. Ele abrigava dois acervos, um constituído de livros de literatura infantojuvenil dirigido aos jovens, e outro de livros para uso profissional dos professores. Assim, as crianças podiam testemunhar leitores adultos em ação. Outra particularidade residia na criação de dois espaços estanques, um silencioso e outro sonoro, permitindo receber concomitantemente uma clientela coletiva valendo-se da comunicação vocal e uma outra, individual, concentrada na leitura. Uma vez equipado, o CDP constituiu o ponto de partida de processos de capacitação docente e um apoio aos professores mais afastados dos centros urbanos.

Cabe também mencionar aqui nosso encontro com a equipe do Projeto Biblioteca Viva da Abrinq e a dedicação dos participantes à atividade de transmissão vocal do texto para crianças carentes de creches, orfanatos, hospitais. Os participantes do projeto não somente praticam a proferição de textos oriundos da literatura infantojuvenil, mas também formam jovens para fazê-lo. Segundo a equipe do projeto, essa prática do texto constitui a porta de entrada na literatura. Através da atuação da equipe do Projeto Biblioteca Viva, pudemos observar a relação entre as crianças e o mediador e seus efeitos no encontro com a escrita.

---

6. Cf. esse conceito In: Theodore, L. Harris; Richard, I. Hodges. *Dicionário de alfabetização*. Porto Alegre: Artes Médicas Sul, 1999. p. 152-153.

7. Élie Bajard. *Ler e dizer*: compreensão e transmissão do texto. São Paulo: Cortez, 1999.

A passagem do texto pela voz de um mediador — fala-se na terminologia da mídia radiofônica ou televisiva de *locutor* — raramente é descrita de maneira satisfatória. Nossa experiência do teatro, área tradicionalmente dedicada à transmissão vocal do texto, nos ajudou a identificar essa atividade distinta da leitura e a encontrar na semiologia teatral os instrumentos teóricos necessários à sua descrição.

Esses diferentes níveis de atuação, por sua vez, se sucederam a experiências anteriores na França. Dentro do Institut National de Recherches Pédagogiques, coordenamos um grupo de pesquisa sobre a língua escrita, visando à identificação da variedade de índices utilizados pela criança na elaboração do sentido.[8] Através da observação, notamos que, quando confrontada a um texto novo,[9] a criança que não é exclusivamente orientada pelo professor em direção às relações fonográficas acaba experimentando a variedade dos códigos gráficos e se valendo da sua compreensão da imagem[10] e de seu conhecimento do mundo para atingir o sentido.

Em São Paulo as escolas da Prefeitura abrigam, desde 1978, uma sala de leitura, que tem o papel de "desenvolver as atividades próprias do programa: hora da história, hora da poesia, pesquisa bibliográfica, leitura livre, dramatização e empréstimo".[11] As atividades devem ser integradas ao planejamento da escola e podem ser constituídas de "construção de jornais, festival de poesia, festival de música, organização de documentação histórica do bairro, montagem de álbuns de fotos, sessões de vídeo e *slides*".[12]

---

8. Élie Bajard. Étude d'une variable pédagogique présumée: les types d'indices privilégiés. *Repères*, Paris, INRP, n. 56, p. 82-97, 1979.

9. Na França, a classe que corresponde à 1ª série do Brasil é o *cours préparatoire*, no qual as crianças ingressam com 6 anos. No entanto, como o *letramento* já se inicia nos anos anteriores, a pesquisa foi desenvolvida também com crianças de 5 anos.

10. Doutorado em Linguística na École des Hautes Études en Sciences Sociais, com a tese *Imagens de imagens: descrição de 120 cartazes de cinema*, orientada pelo prof. dr. Christian Metz, Paris, 1986.

11. Circular *A Questão da Sala de Leitura*, DREM 4 do Município de São Paulo, de 12/10/1995.

12. Portaria municipal n. 5.168, de 17/6/1993, sobre a sala de leitura (*DOM*).

Apesar de serem responsabilidade do conjunto da equipe de professores, as atividades da sala de leitura enfatizam principalmente as práticas da língua portuguesa. Ao mesmo tempo, além da literatura, enfocam também a educação artística, a música, a fotografia etc.

No nível federal, o MEC, através da Fundação Nacional de Desenvolvimento da Educação (FNDE), vem exercendo grande esforço para promover o desenvolvimento das bibliotecas escolares, distribuindo a elas anualmente, em grande quantidade, livros de literatura infantojuvenil. Em 1998 a FNDE publicou um *Manual pedagógico da biblioteca da escola*; essa brochura propõe que a biblioteca realize atividades voltadas para diferentes linguagens, como gravação de novela ou programa de rádio, dramatização de textos, leituras dramáticas, jograis, saraus, análise de histórias em quadrinhos, julgamento de personagens, mímica etc. Essas diversas esferas de atuação possibilitam "criar e realimentar toda uma ambiência propícia ao surgimento e desenvolvimento de leitores".[13] No entanto, se a brochura expõe as condições de criação de um ambiente de leitura, ela não descreve seu aparecimento, seu desenvolvimento, nem sua gradativa conquista pelos alunos. A biblioteca escolar é reduzida ainda a um ambiente favorável ao exercício da leitura, sem ser encarada como condição da sua aprendizagem.

Nessa mesma época o Ministério publica os Parâmetros Curriculares Nacionais (PCNs), que modificam inteiramente a abordagem da construção da língua escrita. Essa publicação do Ministério considera o texto como a fonte do conhecimento da língua escrita da criança e traz uma série de avanços em relação a dispositivos anteriores.

Os Parâmetros afirmam: "produzindo linguagem, aprende-se linguagem", especificando depois que é "lendo que se aprende a ler" e "escrevendo que se aprende a escrever".[14] A escola deve oferecer muitas atividades de comunicação oral e escrita, pois é através delas

---

13. FNDE/MEC. *Manual pedagógico da biblioteca da escola*. Brasília: FNDE, 1998. p. 9.

14. *Parâmetros Curriculares Nacionais, Língua Portuguesa*. Brasília: Ministério da Educação e do Desporto, 1997. p. 25.

que a aprendizagem se realiza. A reflexão intervém para fortalecer as habilidades conquistadas através do uso da linguagem e torná-lo mais eficiente.

A leitura é claramente definida como "um processo no qual o leitor realiza um trabalho ativo de construção do significado do texto".[15] Não se está mais diante da visão tradicional que distinguia duas fases na aprendizagem: decifração em primeiro lugar e leitura corrente depois. Lembramos que anteriormente se considerava que era necessário dominar a combinatória, isto é, as relações entre grafemas e fonemas, antes de poder ter acesso ao sentido e à prática da leitura. O documento enfatiza que a criança deve ser introduzida o mais cedo possível dentro do mundo do sentido veiculado pela escrita.

Os PCNs se referem a uma leitura "com os olhos, que caracteriza a forma moderna de ler"[16] e integram claramente as pesquisas da análise do discurso ao recusarem uma abordagem da escrita "centrada apenas na codificação de sons e letras".[17] Ler é saber construir sentido a partir de um significante escrito cuja coerência se encontra ao nível do texto inteiro: "a unidade básica de ensino só pode ser o texto".[18]

Desse modo, o professor é convidado a ampliar sua visão de escrita e do seu papel. Quando não reduz sua tarefa ao ensino da tecnologia da decifração, pode assumir a responsabilidade da "formação de leitores".[19] Mas a língua portuguesa é um instrumento para todas as disciplinas e sua aprendizagem não pode ficar restrita às aulas de língua pátria. Cada disciplina tem um papel específico na conquista de competências em língua materna. Um parágrafo inteiro é dedicado à noção dos temas transversais que perpassam as diversas áreas do conhecimento. A língua faz parte deles, já que "ser-

---

15. Ibidem, p. 53.
16. Ibidem, p. 88.
17. Ibidem, p. 66.
18. Ibidem, p. 36.
19. Ibidem, p. 53.

ve de instrumento de produção de conhecimento em todas as áreas e temas".[20]

Os parâmetros distinguem claramente a leitura da elaboração do texto. É através da primeira que a criança vai descobrindo as unidades da escrita e seus modos de funcionamento. Uma vez lidos, os textos escritos tornam-se referência para textos a serem produzidos; a língua escrita passa a ser fonte privilegiada da aprendizagem e a recepção se torna experiência necessária à produção.

Na medida em que o texto é a fonte primeira da aprendizagem, sua presença na sala de aula, na escola e na sociedade é imprescindível. Os textos dos livros didáticos podem ser considerados como insuficientes não só numericamente, mas também porque obedecem sobretudo a necessidades apenas pedagógicas, não sendo, portanto, diversificados. O trabalho coletivo a partir de vários exemplares de um texto único não pode ser a única opção didática. Para atender à motivação das crianças e nutrir sua aprendizagem da escrita, os textos devem se apresentar em grande número, ser diversificados e "autênticos".[21] Só a *existência de uma biblioteca*[22] pode contemplar essas necessidades.

O sentido é reconhecido como o produto da interação entre um sujeito e um texto. Este último não pode ser considerado como um tesouro a ser desenterrado. Não se trata somente de ativar um sentido presente no texto, mas também de produzir esse sentido a partir das interações entre as experiências do sujeito e o material gráfico. Na medida em que aquelas são sempre originais, o objeto, raramente monossêmico, é suscetível de várias interpretações. O leitor pode, assim, em função do seu projeto, produzir um sentido mais ou menos adequado. Assim "a escola deve admitir várias leituras"[23] do mesmo texto.

---

20. Ibidem, p. 45-47.
21. Ibidem, p. 91.
22. Ibidem, p. 92.
23. Ibidem, p. 57.

Nessa nova orientação, a presença da biblioteca não pode depender da oportunidade de uma sala disponível, como preconiza o projeto da sala de leitura; ela é um recurso tão necessário à aprendizagem da escrita, quanto a água à aprendizagem da natação.

No entanto, se os PCNs propõem aos professores tomar o texto como a fonte de aprendizagem da escrita — *aprendendo com textos*[24] — a própria alfabetização não é completamente integrada a esse processo. Certamente os PCNs deixam acreditar que o mesmo caminho pode ser seguido na fase da alfabetização, já que o aprendiz pode "descobrir o significado do escrito... pela combinação de estratégias de antecipação (a partir de informações obtidas no contexto, por meio de pistas) com índices providos pelo próprio texto".[25]

A passagem é ousada, porém deixa a desejar, uma vez que a alfabetização é tratada em um único parágrafo, sem que se explique como o professor pode guiar a criança na identificação e no uso dos índices providos pelo próprio texto.

De fato, quando se colocam textos ao dispor das crianças, desvela-se em parte o seu funcionamento, o que inevitavelmente acaba contribuindo para modificar a própria abordagem da escrita. Em vez de estar exclusivamente em situação de produção de textos — o que a faz traduzir sua mensagem oral em mensagem escrita e inventar soluções apenas provisórias —, a criança será solicitada pelo professor a inferir o sentido de um texto acabado a partir dos índices por ela descobertos.

A partir daí, a biblioteca escolar, ao invés de ser simplesmente um apoio ao ensino, torna-se matéria-prima imprescindível da aprendizagem da língua escrita, inclusive na fase da alfabetização.

Dessa maneira, os PCNs fortalecem a opção assumida pelo Proesi de instalar "serviços de informação" voltados para usuários da mais tenra idade. Com efeito, na Creche as crianças têm familiarida-

---

24. Ibidem, p. 82.
25. Ibidem, p. 83.

de com ilustrações de livros, descobrindo pouco a pouco o seu universo. Desse modo, a lógica tradicional que preconizava o conhecimento do código antes de sua utilização na leitura e na escrita, é invertida. Essa inversão, no entanto, não constitui uma escolha vinculada a pressupostos teóricos, mas é fruto de uma prática social introduzida no estabelecimento escolar.

A médio prazo, espera-se que a introdução da biblioteca possa permitir uma transformação, tornando obsoleto o uso de cartilhas concebidas à moda de *Carrossel* (São Paulo, Scipione, 1999), distribuída pela FNDE nos estabelecimentos escolares, que em nada corresponde às orientações dos PCNs. Os textos presentes nas primeiras lições, por exemplo, são, antes de mais nada, instruções. Perguntar-se--ia por que convidar as crianças apenas à realização de tarefas desprovidas de sentido como "Tente descobrir as palavras iguais". Estamos diante de um paradoxo: é na compreensão da instrução que reside a verdadeira leitura, ao passo que o exercício que se segue não a prevê. Assim a cartilha peca por não apresentar textos de ficção suficientemente interessantes em si mesmos.

O Projeto Biblioteca Escolar Interativa (BEI) inclui objetivos da sala de leitura — tais como a extensão das práticas de leitura, o desenvolvimento do imaginário, atividades artísticas diversificadas — assim como o incentivo à produção de textos. No entanto, ele integra novas funções, como, por exemplo, a prática polissêmica dos meios audiovisuais e informáticos, os recursos da Internet e dos CD-ROMs. De fato, desde 1978, época do lançamento do Projeto Sala de Leitura, o mundo muito se transformou e a informática sofreu um *boom*. Quem poderia imaginar, dez anos atrás, uma escola da periferia equipada com sala de informática? É preciso que nos interroguemos hoje sobre as novas perspectivas abertas no sistema educativo pelas "rodovias da informação".

Introduzida na escola desde o início da infância, a biblioteca deve, portanto, ter como efeito — com a condição de que os docentes saibam dela se apropriar, e acompanhar as descobertas das crianças — proporcionar o mergulho dos alunos no universo da escrita, assim como eles haviam mergulhado no universo da oralidade antes de saber falar. O trabalho sobre o código, como é o caso, por exemplo, da descoberta da função fonológica de uma vogal, não é um pré-requisito para a manipulação da escrita; ao contrário, a explicitação do código deveria ocorrer apenas a partir do seu uso. A instalação de uma biblioteca desde a creche subverte o caminho tradicional da aprendizagem da escrita, na medida em que, graças a ela, colocam-se livros nas mãos das crianças antes que saibam ler.

Voltado inicialmente para a Creche Oeste da USP, o projeto de atuação do Proesi está hoje em seu oitavo ano. Uma visita à instituição manifesta claramente o trabalho realizado; crianças folheiam livros, outras escutam histórias. As paredes expõem produções infantis ou textos de adultos; a escrita faz parte do ambiente e se caracteriza como objeto das atividades.

Segundo laboratório montado pelo Proesi enquanto "serviço de informação", a Estação Memória criou um espaço para recuperar a cultura dos idosos de um bairro da capital e lançar uma conexão entre as antigas e novas gerações, possibilitando a comunicação entre elas.

A intervenção do Proesi na EMEF Prof. Roberto Mange é mais recente. Com o apoio da Fapesp, foi instalada na instituição uma biblioteca escolar que poderá vir a ser o alicerce de uma nova relação dos usuários com a informação. Essa biblioteca constitui um recurso de excepcional qualidade, o que faz dela uma referência para o país. A *apropriação* desse equipamento pela equipe de mediadores (orientadores, professores e pais), para a qual acreditamos ter contribuído, constitui um dos processos detalhados nestas páginas.

A função interativa — singularidade da proposta do Proesi — transforma o conceito de biblioteca, frequentemente reduzida à função exclusiva de recepção de uma cultura proveniente do exterior, em um dispositivo abarcando a cultura dos usuários, que tomam a palavra, são ouvidos, têm sua fala gravada. Textos lidos são proferidos, discutidos, contestados, antes de serem aceitos ou recusados; outros são produzidos, ditos, "publicados", depois integrados ao acervo da biblioteca.

Podemos então resumir as várias funções de uma biblioteca escolar interativa:

a. colocar à disposição dos alunos a literatura infantojuvenil de hoje, visando a desenvolver neles tanto a imaginação quanto o senso crítico;

b. possibilitar o domínio da língua escrita em sua articulação com outras linguagens, particularmente com a da imagem, através da familiaridade com a literatura infantojuvenil;

c. transformar a prática de alfabetização em prática de letramento, permitindo a construção do sistema gráfico pela criança. Essa construção se opera inicialmente mediante a recepção; a produção de textos ocorre como resposta àquela recepção;

d. possibilitar, através da variedade de textos, documentos e meios, a conquista das diversas estratégias da escrita;

e. oferecer aos alunos uma documentação que lhes permita encontrar a informação atualizada necessária a cada uma das disciplinas escolares;

f. permitir aos jovens estabelecer conexões entre a leitura de textos e suas "leituras do mundo";

g. oferecer um espaço de troca, de crítica e de constituição da informação, para que os jovens vivam seu papel de cidadãos e de produtores de cultura;

h. instaurar um local amistoso de encontro com colegas e professores de outras salas, pais e convidados;

Podemos agora tentar enumerar as práticas da biblioteca que permitem o desempenho ativo do usuário.

• Não é porque a leitura passa a ser ponto de partida da conquista da escrita que caberia começar por um percurso que convidasse à passividade. A construção de sentido pressupõe da parte do leitor escolhas quanto aos procedimentos e à interpretação do texto. A leitura é o produto de uma interação entre o leitor e o texto, e não decodificação de um significante, desvelamento de um sentido preexistente; convocando seus referenciais culturais, o leitor constrói o sentido do texto.

- O texto escrito pode ser transmitido a um público através da voz; é o caso do jogral, conceito singular da língua portuguesa. Introduz-se então entre o texto e o ouvinte receptor uma terceira instância, que vai ao mesmo tempo desempenhar o papel de filtro e de multiplicador de significados. O texto passa por um mediador que vai interpretá-lo. Interpretação no sentido de tradução de uma língua a outra — aqui, do texto visto ao texto escutado — mas também no sentido teatral, da linguagem escrita e inerte à linguagem corporal e viva. O jogral atualiza o texto, lhe empresta vozes e, através delas, corpos, estabelecendo uma forte comunicação.

- O leitor pode aceitar uma comunicação de mão única, mas pode também reivindicar a reciprocidade e, por sua vez, desejar escrever. A produção de textos oferece uma outra dimensão à interatividade e esta ganha relevo se o texto produzido, expressão pessoal, puder ser publicado e, por sua vez, vier a encontrar leitores. O papel da biblioteca será então não apenas o de suscitar respostas escritas, mas também o de publicá-las para que sejam lidas. A essa produção é preciso integrar a transposição da cultura oral dos alunos e de sua comunidade, histórias de vida, piadas, ou seja, documentação de uma memória que correria riscos de se perder e de não ser transmitida às futuras gerações, caso não fosse escrita. A Estação Memória dedicou-se a esse papel em favor de idosos. Um serviço de informação pode assim ocupar um lugar importante na vida de um bairro e dar voz às antigas gerações, para que elas transmitam às jovens uma experiência acumulada, mas muda até então.

Se a biblioteca reúne tantas funções e se a prática da leitura requer um ambiente cultural tão rico, deve ser difícil para o educador responder a um tamanho desafio. Por razões de tempo, antes de mais nada, mas por razões de competência também: como um "orientador" de biblioteca pode, simultaneamente, ser competente em teatro, cinema, quadrinhos, literatura e metodologia de aprendizagem da leitura?

O desempenho de vários papéis junto às crianças, porém, não é a única dificuldade a ser superada. Ao pretender preencher todas as funções de animador de centro cultural, o responsável pela biblioteca corre o mesmo risco no qual incorreram os autores da brochura da FNDE, ou seja, o de diluir o ato de leitura propriamente dito. O risco não é apenas hipotético; bibliotecas se transformam em sala de expressão ou sala de audiovisual, sem que seus usuários sejam convidados a utilizar os livros, que permanecem nas estantes. Assim, o desejo de abraçar aspectos em demasia dá margem à fuga da leitura. Muitas atividades preparam o "surgimento" do leitor, mas a leitura em si mesma não chega a acontecer.

Para enfrentar esse paradoxo, faz-se necessário identificar o conjunto das práticas da biblioteca, a fim de avaliar se todas as suas funções estão sendo preenchidas. Trata-se, então, em um primeiro momento, de distinguir, para poder depois diversificar e hierarquizar.

As atividades do Proesi foram definidas como pesquisa implicando "ato de cooperação",[26] uma vez que objeto e objetivos do projeto são preliminarmente definidos pelos pesquisadores e só então apresentados para discussão junto às instituições que o acolhem. Nossa atuação se deu, portanto, no âmbito de uma pesquisa cooperativa cuja finalidade específica foi *a elaboração e aplicação de novos instrumentos* capazes de facilitar, organizar, conduzir a apropriação da biblioteca pelos mediadores e, assim, de modificar a instituição. O conceito de instrumento se refere a recursos dos mais concretos aos mais abstratos, que facilitam a transmissão de saberes, *savoir-faire* ou *savoir-être*.[27]

No decorrer de nosso percurso de investigação, estabelecemos dois tipos de instrumentos que permitem otimizar os recursos da biblioteca:

---

26. Edmir Perrotti. Relatório parcial de pesquisa, ECA/USP, p. 5, jun. 1996.

27. *Dictionnaire encyclopédique de l'éducation et de la formation.* Paris: Nathan, 1994. p. 712-13.

a. no plano do ensino-aprendizagem da língua escrita, incluindo suas dimensões comunicativas/expressivas, visuais/sonoras, de emissão e recepção, na perspectiva de educar usuários da escrita autônomos, críticos e produtores de textos;
b. no plano das intervenções de formação, tendo em vista o crescimento das competências profissionais dos mediadores em relação aos usuários da escrita.

Nossa pesquisa recobre, portanto, uma ação do *mediador* em direção à criança, assim como uma ação do *formador* voltada para o mediador.

O conceito de mediador numa situação de escrita se refere a qualquer pessoa, pai, professor, bibliotecário, ator que se interpõe entre o texto e o seu receptor. Essa intermediação pode se tornar necessária por motivos de deficiência tais como analfabetismo, cegueira etc., mas também pode ser exercida por toda e qualquer pessoa, em função do interesse pela recepção oral. No primeiro caso a aprendizagem visa a reduzir a intervenção do mediador e no segundo sua participação é intrínseca à própria transmissão.

De março de 1999 até fevereiro de 2000, tivemos, portanto, a responsabilidade de conduzir a pesquisa "Biblioteca escolar. Criação de instrumentos para sua Otimização", subsidiada pela Fapesp. Ao longo daquele ano, consagramos maior atenção aos estabelecimentos escolares — Creche Oeste e Escola Roberto Mange — do que à Estação Memória, pois essa última não tem responsabilidade na aprendizagem da língua escrita por seus usuários. A apropriação dos serviços de informação era imprescindível, por sua vez, nos dois outros estabelecimentos, na medida em que apareciam como urgentes a sistematização e ampliação de suas experiências. Na Estação Memória, ao contrário, a apropriação se tornava desnecessária, uma vez que os instrumentos de intervenção tinham sido criados pelos próprios mediadores. Apesar de o quadro presente na Estação Memória representar uma situação particular, o trabalho que nela se desenvolve nos oferece exemplos originais de práticas de linguagem que contribuíram para a abertura de nosso leque de instrumentos.

Na Escola Roberto Mange nosso trabalho se concentrou no primeiro turno, constituído por professores de primeira à terceira séries. Essa escolha estava guiada por nosso desejo de conectar a aprendizagem da escrita à prática da biblioteca. Vem daí o fato de que a função "aprendizagem da língua" da BEI acabou sendo mais valorizada por nós do que sua função de fonte de pesquisa.

Se a *aprendizagem da escrita* foi durante décadas nosso objeto privilegiado e o eixo de nosso trabalho em bibliotecas escolares, o Projeto Biblioteca Escolar Interativa nos ofereceu um contexto no qual essa função de aprendizagem era integrada a uma visão ampla da informação e da educação.

Através da organização dos cincos capítulos deste livro, queremos destacar, ao mesmo tempo, a especificidade da função da aprendizagem da escrita e a sua necessária integração a outras funções.

☐ O capítulo I, *Embasamento da ação*, aborda os diferentes pressupostos que guiam nossa investigação. Eles dizem respeito à função da escrita no mundo contemporâneo, à sua relação com a oralidade e outras linguagens, a uma abordagem da aprendizagem junto a crianças e a conhecimentos reunidos em várias disciplinas.

☐ O capítulo II, *Fontes da experimentação*, descreve a situação encontrada nos laboratórios do Proesi, situando seu contexto, história, atores e clientela. Refere-se também a outras experiências institucionais no Brasil e fora dele.

☐ O capítulo III, *Práticas pedagógicas preexistentes*, apresenta instrumentos que pudemos formalizar a partir da atuação de várias instituições. Nesse processo tentamos então desvendar, dentro da prática dos mediadores, objetivos subjacentes que remetem à nossa abordagem da escrita. Esperamos assim legitimar o máximo possível a atuação do mediador, atribuindo-lhe um papel relevante.

☐ O capítulo IV, *Estratégias de intervenção*, faz o inventário das estratégias de intervenção que podem tornar-se instrumentos de apropriação da biblioteca. A elas recorremos para tentar esclarecer, selecionar, hierarquizar, multiplicar as práticas encontradas e, finalmente, para fazer aparecer as práticas identificadas como ausentes. Reunimos aqui os elementos da atuação junto aos mediadores, de modo a distingui-la claramente do trabalho junto às crianças, exposto no capítulo seguinte.

☐ O capítulo V, *Metodologia gerada*, revela como, a partir das experiências diversificadas das instituições e das novas práticas cuja eclosão pudemos facilitar, todas as peças do quebra-cabeça puderam ser reunidas para constituir uma metodologia da escrita dentro de uma abordagem ampla, que permite aos mediadores se apropriarem do novo serviço de informação, para fazer dele uma biblioteca interativa.

Os capítulos III e V são paralelos: um descreve as práticas preexistentes e o outro, as práticas emergentes. No entanto, não os construímos de maneira idêntica. As práticas existentes foram agrupadas por estabelecimento: Creche, Estação Memória, Mange, CDP de Tetuán, a Biblioteca Viva, pois foi assim que nós as descobrimos. O último capítulo apresenta-as logicamente articuladas em função da natureza das atividades e de seus objetivos. Dentro dele estão organizados os instrumentos em função da didática que tentamos propor ao final de nosso trabalho.

Optamos por distribuir os instrumentos formulados através do próprio corpo do texto, evitando seu agrupamento. Usamos alguns deles para ilustrar nossos pressupostos, o que não contempla as regras do gênero acadêmico, mas permite articular teoria e prática de maneira mais precisa e fértil.

Tendo em vista facilitar uma leitura que possa contemplar diferentes objetivos, unificamos a diagramação desses instrumentos. De acordo com sua necessidade do momento, o leitor poderá acompanhar a sequência dos capítulos ou reconstituir o conjunto dos instrumentos descritos.

Os instrumentos propriamente ditos estão estruturados da seguinte maneira:

	(classe) ■
	Título do Instrumento
Situação: (dados e circunstâncias do procedimento descrito)	
Processo: (sua descrição)	
Observações: (relativas ao processo)	

No canto superior direito, o ícone apresenta um índice identificando o tipo de atividade e, portanto, de certo modo, também seu objetivo. Distinguimos seis classes, das quais cinco se referem a linguagens. Elas se combinam através de uma relação de inclusão: a leitura está incluída na escrita e na cultura da escrita, que, por sua vez, está incluída na língua; esta última faz parte das linguagens. A sexta classe marca as atividades de caráter formador, ou seja, desenvolvidas junto aos mediadores e não com crianças.

Leitura	■
Escrita	■
Cultura da escrita	▦
Língua	▤
Linguagens	▦
Formação de mediadores	●

Muitos dos instrumentos pertencentes à última classe apresentam também um ícone de alguma das categorias anteriores, que especifica a natureza do seu objetivo. Assim, por exemplo, poderemos apresentar um instrumento com ● e ■, ou seja, objetivando a formação de mediadores e relativo ao tema leitura.

A classificação nem sempre é fácil. Um texto ilustrado pode ser classificado como ■ ou como ▦, uma vez que suscita tanto *leitura* quanto operações a partir de *linguagens*. Em função da situação, o objetivo tido como mais pertinente será enfatizado. Com efeito, cada vez que uma imagem for somente um trampolim para a elucidação do texto, o instrumento será classificado como *leitura*.

Gostaríamos de precisar um aspecto da terminologia. O termo "Oficina de Informação", usado para designar o Serviço de Informação da Creche, corre riscos de gerar confusão com o uso comum da palavra "oficina", no seu sentido habitual de circunstância ou espaço organizado visando ao aprendizado de uma prática, relativo às situações que propusemos aos mediadores durante o ano. Para evitar essa confusão, utilizaremos a sigla "OfIn" empregada pelas crianças para nomear o boneco mascote da "Oficina de Informação" da Creche.

Capítulo I

Publicação de correspondência

Embasamento da ação

A invenção da escrita mudou os meios de comunicação. Do significante sonoro endereçado ao ouvido, passa-se ao significante visual, endereçado aos olhos. O primeiro, temporal e evanescente, necessita da presença dos interlocutores. O segundo, espacial e duradouro, possibilita a comunicação diferida. Decorre disso que o receptor deve lidar apenas com uma representação simbólica, já que ele perde o contato com a realidade do corpo do emissor. Se a emissão da escrita produzida pelo gesto da mão é menos veloz que a emissão da voz, produto dos movimentos da boca, a recepção pelos olhos é mais rápida do que a recepção pelos ouvidos. De fato, o olho possui uma potência preceptiva muito maior[1] que o ouvido e liberta o receptor do caráter absolutamente sucessivo da fala. Assim, a mensagem escrita acaba usando o mesmo canal que a comunicação icônica.

Diversidade das linguagens

Escrita como filha da imagem

A escrita é filha da imagem. Antes de saber escrever, o homem registrou por milhares de anos, nas pinturas rupestres, marcas da sua

---

1. Cf. Jacques Bertin. *Sémiologie graphique*: la graphique et le traitement graphique de l'information. Paris: Flammarion, 1977.

passagem. Mais tarde, os primeiros testemunhos de escrita, as bulas descobertas no Iraque atual, trazem signos motivados que representam figurativamente os objetos. Mesmo se uma parte do mistério desses objetos resiste ainda à interpretação, é certo que aquela primeira escrita, da qual nasceram os cuneiformes, foi constituída de signos formados de desenhos representando palavras da língua (–3300).[2] Nessa escrita, duas dimensões distintas podem ser destacadas. Em primeiro lugar os signos são motivados, eles mostram uma semelhança com a realidade. Assim, o grafe[3] remetendo à palavra "mulher" representa o triângulo pubiano. Essa dimensão remete ao princípio pictográfico. Em segundo lugar, esse grafe é uma unidade singular correspondendo a uma unidade de sentido (*mulher, montanha, deus*), isto é, na terminologia de Saussure, equivale a um signo. Ao recorrer a tantos grafes quanto signos, os cuneiformes desenvolveram o princípio logográfico.

O documento *O nome da escrava* utilizado nas oficinas de formação pode sensibilizar os mediadores da informação a esse funcionamento da escrita.

Por outro lado, a letra, dentro de um sistema alfabético, corresponde a uma unidade sonora desprovida de sentido. Durante dois milênios a escrita vai sofrer várias metamorfoses sucessivas. Assim, pelo processo de acrofonia — a palavra "ka" vai designar não somente a palavra "boca", mas também o som [k] — alguns grafes vão gradativamente corresponder a consoantes da fala, facilitando assim a aprendizagem da escrita pela redução do número de unidades gráficas. O grafe correspondendo a uma unidade sonora desprovida de sentido vira letra. Ao criar mais tarde grafes correspondendo a vogais (–8s.), os gregos aperfeiçoaram o aspecto fonográfico do sistema da

---

2. "Usamos os sinais de mais ou de menos — como são comumente usados em matemática —, omitindo o sinal de mais quando nenhuma confusão é possível: assim, a civilização suméria se iniciou no –5° milênio e durou até o início do –2° milênio, os Jogos Olímpicos tiveram início em –776 e foram abolidos em +393. Também escrevo, por exemplo "–6s." e "17s." para "–século VI" e "+século XVII"; In: Geoffroy Sampson. *Sistemas de escrita*: tipologia, história e psicologia. São Paulo: Ática, 1996. p. 22.

3. "A escolha óbvia (e usual) é utilizar a palavra *grafe* como termo genérico para qualquer unidade de qualquer escrita"; in Geoffroy Sampson, op. cit., p. 20.

O nome da escrava ■
Signos logográficos cuneiformes ●

Situação:
Exibição pelo retroprojetor de alguns signos segundo um documento internet: http:www.bnf.fr/web-bnf.pedagos/
L'aventure des écritures, Bibliothèque Nationale de France.

Processo:
Durante nossas oficinas, mostramos aos mediadores alguns signos logográficos sumérios:

 Cordeiro em campo cercado, signo aparecendo nas primeiras bulas

 Mulher

 Montanha

 Escrava = mulher raptada na montanha
(Primeira redução de signos pela combinação de signos existentes)

 Existem 16 palavras com a pronúncia DU, "ir", "fazer", "construir" etc., traduzida pelo mesmo grafe.
(Segunda redução de signos pelo uso da polissemia: o mesmo signo usado para várias palavras homófonas)

 Boca = "ka"
(Terceira redução de signos: o mesmo signo passa a ser usado para designar o som [k], processo de acrofonia)

Observações:
• Tomada de consciência do valor logográfico dos signos.
• Tomada de consciência da redução gradativa dos signos.

escrita. Assim, a cada som da fala correspondia um grafe na escrita. Na medida em que numa lógica fonográfica apenas os sons têm pertinência, deixa de ser necessário o aparecimento de espaços entre as palavras escritas, uma vez que na oralidade não há qualquer elemento fonético entre elas. Nasceu a *scriptura continua*,[4] ou seja, uma escrita com palavras aglutinadas, na qual o princípio logográfico se tornou parasita e a dimensão visual do texto perdeu o seu destaque.

No entanto, durante a Idade Média, os vitrais das catedrais seduziam os olhos dos fiéis analfabetos para ensinar as histórias da Bíblia. Apesar de muitas vezes incluírem fragmentos de textos religiosos, seu indiscutível impacto se deve à imagem. Por outro lado, os incunábulos[5] eram muitas vezes ricamente ilustrados com iluminuras. Da mesma maneira hoje, na mídia contemporânea, escrita e imagem são ainda mais associadas: outdoors, gibis e CD-ROMs utilizam essas duas matérias.

Esse parentesco histórico entre as duas matérias nos impede de ignorar os laços que a língua escrita possui com a imagem: as duas se endereçam ao olhar. Não podemos hoje, em um serviço de informação, separar a informação escrita da informação visual.

Seguindo o mesmo raciocínio, podemos dizer que tudo se passa como se o desenvolvimento da filogênese se projetasse sobre a ontogênese: as crianças têm acesso ao livro de imagens antes de poder ler os livros compostos de textos, capacidade que requer a passagem pela escola. A literatura infantojuvenil se torna hoje herdeira da tradição icônica das catedrais, na medida em que recorre tanto à imagem quanto à escrita. As duas linguagens são decodificadas conforme as competências diversificadas do seu público, como em *Móbile*.

---

4. Paul Saenger, "A separação entre palavras e a fisiologia da leitura"; In: R. David Olson; Nancy Torrance. *Cultura escrita e oralidade*. São Paulo: Ática, 1995, p. 216. O mesmo autor utiliza também a expressão *scriptio continua*. In: Guglielmo Cavallo; Roger Chartier. "A leitura nos séculos finais de Idade Média", *História da leitura no mundo ocidental*. São Paulo: Ática, 1998. v. 1, p. 151.

5. "A palavra *incunábulo* (do latim *incunabulum*, berço) é uma expressão técnica que designa os livros impressos antes de 1500". In: Wilson Martins. *A palavra escrita*: história do livro, da imprensa e da biblioteca. São Paulo: Ática, 1998. p. 157.

> *Móbile*
> *Exposição de livros novos*
>
> **Situação:**
> Experiência: O Proesi oferece 40 livros à Creche. Esse conjunto é dividido em dois pacotes, para gerar dois eventos e comemorar duas vezes a chegada dos livros, com um mês de intervalo.
>
> **Processo:**
> ☐ As orientadoras da sala de leitura fazem uma exposição para apresentar os livros.
> ☐ Dois móbiles são construídos no *hall* com as réplicas das capas dos livros.
> ☐ Os livros são expostos nas almofadas da OfIn.
> ☐ Essa exposição atrai, por sua qualidade e seu movimento, a atenção das crianças, dos educadores, dos funcionários e dos pais.
> ☐ A partir dessa exposição, aumenta a demanda para levar os livros em casa.
>
> **Observações:**
> • As orientadoras, usando a prática dos museus, montam exposições permanentes nos trilhos[6] da OfIn e outras temporárias na escada e no *hall*, visando a destacar as riquezas do acervo.
> • Os livros expostos ao olhar dos passantes podem ser vistos, tocados e depois emprestados.

Assim, é a própria sociedade que impõe aos educadores, através de publicações, o processo de aprendizagem, que vai da imagem até o texto. Quando as crianças entram no sistema escolar, o desvendamento da escrita já está iniciado. A pedagogia precisa levar em consideração esse fato e tirar proveito da nova cultura da criança.

A imagem facilita a leitura de duas maneiras. Pela relação de redundância que ela pode estabelecer com o texto, oferece uma solução imediata à situação-problema, formulada pela escrita; pela relação de complementaridade estabelecida com o texto, ela limita as alternativas possíveis. Além de sugerir respostas às perguntas do leitor em busca de sentido, a imagem apresenta também um referencial,

---

6. Prateleira estreita feita de uma calha de alumínio para sustentar livros em pé, apoiados na parede.

possibilitando ao leitor iniciante inferir as regras do funcionamento da escrita. É o caminho que seguem espontaneamente as crianças da Creche em *Chapeuzinho Vermelho*.

Chapeuzinho Vermelho

Processo de identificação do título

Situação:

Diálogo entre Lucas e Marcos, crianças do grupo de 6 anos, e o mediador.

Esse processo é conduzido diante da coordenadora pedagógica.

Livros: *Chapeuzinho Vermelho*. Adaptado por Suely Mendes Brazão, São Paulo, FTD, 1991.

Branca de Neve. Tradução de Ana Maria Machado, Rio de Janeiro, Nova Fronteira, 1986.

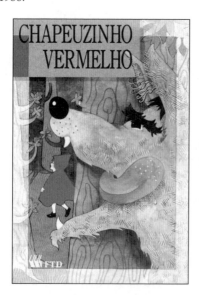

Processo:

Na Creche, Lucas, 6 anos, entrega ao mediador o livro <u>Chapeuzinho Vermelho</u>. O diálogo entre a criança e o mediador assim se estabelece:

Lucas, mostrando o livro certo: — Esse livro é *Chapeuzinho Vermelho*.

Marcos: — Não, é *Branca de Neve*.

Lucas: — Não, é *Chapeuzinho Vermelho* porque ela tem a roupa vermelha.

CAMINHOS DA ESCRITA

▶ Marcos traz o livro *Branca de Neve*.

Marcos: — É esse <u>Chapeuzinho Vermelho</u> – mostrando o título *Branca de Neve* escrito em vermelho.

Mediador: — É verdade, a escrita é vermelha. Não seria esse *Chapeuzinho Vermelho*?

Lucas: — Não, Chapeuzinho Vermelho é esse (mostrando o primeiro). Olha, o lobo está aqui!

Observações:
- Algumas crianças reconhecem títulos de livros, outras não.
- Lucas se apoia nos índices da imagem e no conhecimento das duas histórias para identificar, com sucesso, o livro "Chapeuzinho Vermelho".
- Marcos se apoia em um índice do texto, a cor vermelha do título; infelizmente faz uma interpretação errada.
- Marcos e Lucas estão numa situação de *construção de sentido* (leitura) com *elucidação de elementos do código* da escrita.
- Eles constroem hipóteses e tentam verificá-las ao usar índices do texto ou do contexto.
- O adulto facilita a busca de estratégias de construção de sentido pela criança sem dar a resposta de imediato.

Multimídia

Um serviço de informação dedicado à escola deve apresentar todos os recursos contemporâneos de comunicação, pois comunicar hoje supõe saber escolher o meio adequado numa situação determinada: a escrita é apenas um meio entre muitos. Escolher adequadamente entre o fax, o telefone, a Internet ou o envelope do correio, é uma competência que pressupõe o conhecimento do funcionamento de cada meio de comunicação.

A utilização de um meio de comunicação, seja o fax, seja o telefone, não pode ser separada dos demais. Sua aprendizagem não pode ser isolada do manuseio dos outros meios. A ambição da formação do cidadão de amanhã requer justamente a concepção de um serviço de informação integrado, no qual os meios contemporâneos de comunicação estejam articulados, desenvolvendo nos usuários práticas intersemióticas. Assim o livro não é mais visto como a única fonte de informação, mas ele se apresenta juntamente com jornais, revistas, fitas de vídeo, CD-ROMs e DVDs. O leitor de hoje não é mais apenas um leitor de textos, mas ele sabe "navegar" nas ondas da informação, tanto escrita, quanto icônica, ou na combinação das duas.

Essa navegação possibilita ao leitor atual o tratamento de documentos muitas vezes multicodificados. As informações são trazidas pelo CD-ROM de maneira diferenciada, segundo se trate de imagem ou de texto. Contudo, seja apresentando relação de complementaridade, seja de redundância, nem sempre todas as informações são necessárias ao leitor, que irá reter tão somente aquelas pertinentes para o seu projeto.

Se o entendimento da imagem não requer a passagem pela escola — como é o caso para o tratamento da escrita —, isto não significa que o trabalho de explicitação dos seus códigos não seja extremamente relevante. Quando esse trabalho não ocorre, a dimensão linguageira da imagem se desvanece e a representação icônica corre riscos de ser confundida com a realidade que ela traduz. Uma educação mínima em termos do funcionamento da imagem é um desafio urgente. O espectador de televisão precisa saber o valor tanto de um plano enquanto unidade temporal do filme, quanto de uma frase, unidade da escrita. Ele deve poder diferenciar o que aparece no quadro da imagem, daquilo que é somente imaginado, por estar escondido fora dele. Desse ponto de vista, um trabalho sistemático sobre os gibis que usam as duas matérias — imagem e texto — pode ser uma boa opção pedagógica, paralela à explicitação do funcionamento das ilustrações dos livros da literatura infantojuvenil. Mostramos em *A guerra do Vietnã* um trabalho realizado na Escola Roberto Mange — à semelhança de seus usuários e chamaremos de agora em diante *"o Mange"* — a partir de um documento multicodificado (constituído de imagem e de língua).

A transferência

Assim como a cultura ocidental divide as ciências de maneira estanque, também as diversas atividades da escola são partilhadas em disciplinas separadas (e geralmente a partir da 5ª série assumidas por professores de formação diversificada). No entanto, essa visão fragmentada da atividade humana e da aprendizagem não é plenamente satisfatória.

A guerra do Vietnã
Leitura em História

Situação:
O professor de História apresenta um filme em língua inglesa realizado por montagem a partir de documentos autênticos da guerra do Vietnã, com legendas em português.

Processo:
- Exibição de um filme de uma hora e meia sobre a guerra do Vietnã.
- O professor cessa a projeção a cada grande articulação do filme, questiona os alunos e dá informações necessárias à compreensão do documento.

Observações:
- Situação não habitual no universo dos alunos, pouco acostumados a interromper o desenrolar de um filme.
- Entender o filme supõe ler as legendas em português, já que o texto "off" é em língua inglesa.
- Essa recepção requer uma certa agilidade na leitura, uma vez que a legenda fica exposta pouco tempo na tela.
- A situação de leitura do texto se torna uma verdadeira situação de aprendizagem, por ser facilitada pelo contexto da imagem.
- Nesse caso, a recepção sonora do filme é substituída por uma recepção escrita.
- É interessante notar que a recepção de um vídeo pode requerer um determinado domínio da leitura.
- O professor de História, por usar a língua portuguesa como instrumento, torna-se professor de leitura de documentos históricos.

Em primeiro lugar, os diversos ensinamentos se endereçam a um sujeito único, que fica com a responsabilidade de integrá-los. Em segundo lugar, as aprendizagens específicas podem ser relacionadas entre si a tal ponto que se pode aprender uma coisa, fazendo uma outra. Tomemos o exemplo de uma aprendizagem psicossensoriomotora, tal como a condução automobilística (*savoir-faire*). Ela pode ser favorecida pelo domínio da condução da bicicleta. De fato, andando de bicicleta, o usuário aprende, entre outras coisas, a regular a velocidade em função da distância do obstáculo, usando aceleração e desaceleração, competência necessária ao domínio de qualquer outro veículo. Essa competência é um componente das duas condutas. Aprendida numa situação, ela pode ser "transferida" a uma outra, com, *mutatis mutandis*, as devidas alterações.

Por isso se fala hoje de competências transversais, como a de fazer operações lógicas, *seriação, encaixe, multiplicação*, úteis tanto na matemática quanto na conquista da linguagem. Se se pode encontrar competências idênticas através de disciplinas distintas, não é difícil conceber competências idênticas atravessando atividades diversificadas da mesma disciplina. Por isso, uma prática pedagógica não pode ser concebida de maneira puramente estreita, sem levar em conta quais dos objetivos buscados podem ser alcançados por atividades diferenciadas. O domínio da leitura não pode ser isolado das práticas linguísticas, e essas não podem ser dissociadas das práticas semióticas e comunicativas. É evidente que falar bem melhora a prática da escrita e esta, por sua vez, as competências de leitura. Podemos dizer que, praticando a produção de textos, se aprende não apenas a escrever, mas também se cresce em termos do domínio da língua escrita, que inclui as práticas de leitura.

Essa permeabilidade entre as diversas aprendizagens se fundamenta no conceito de *"transferência de competência"*, conceito que se reveste de várias acepções. Em nosso caso, será utilizado no sentido de "mecanismo que permite a um sujeito usar, em um contexto novo, conhecimentos adquiridos anteriormente".[7] Como falar, ler, escrever

---

7. Patrick Mendelsohn. "Le concept de transfert". In: Philippe Meirieu; Michel Develay. *Le transfert des connaissances en formation initiale et en formation continue*. Lyon: CRDP, 1996. p. 15.

remetem à linguagem, trata-se então de uma "transferência próxima",[8] cuja realização não oferece grandes obstáculos.

No entanto essa "transferência" não se opera automaticamente. Ela obedece a um ambiente pedagógico que proporciona operações tais como *identificação, descontextualização e recontextualização*, ligadas a condições que dependem do sujeito, da tarefa e das situações de aprendizagem. Isso significa que a transferência não pode ser responsabilidade exclusiva do aprendiz, mas depende da especificidade dos contextos proporcionados pelo professor, de sua ajuda e de sua retirada gradativa.

Uma relação com o mundo

Leitura enquanto prática cultural

Numerosas pesquisas têm sido publicadas sobre a aprendizagem da escrita nos últimos vinte anos. Elas foram desenvolvidas no mundo inteiro por estudiosos de várias disciplinas ou por equipes interdisciplinares e o conhecimento obtido não pode ser ignorado pelos pedagogos. Longe de reduzir a leitura a uma técnica, isto é, ao domínio das relações grafofonéticas, essas investigações fazem dela uma atividade complexa, que envolve o sujeito inteiro na sua relação com os outros e o mundo. Cabe remeter aqui ao pensamento de Paulo Freire:

> Refiro-me a que a leitura do mundo precede sempre a leitura da palavra e a leitura desta implica a continuidade da leitura daquele. Na proposta a que me referi acima, este movimento do mundo à palavra e da palavra ao mundo está sempre presente. Movimento em que a palavra dita flui do mundo mesmo através da leitura que dele fazemos.[9]

---

8. Ibidem, p. 17.

9. Paulo Freire. *A importância do ato de ler*. São Paulo: Cortez, 1991. p. 20.

No entanto, se no Brasil o analfabetismo recua, o "iletrismo" persiste até no primeiro mundo. Diante da dificuldade encontrada pelas sociedades para estender o *letramento*[10] ao conjunto das suas crianças, várias causas já foram destacadas. Edmir Perrotti, ao aceitar várias delas, no entanto, as considera como insuficientes para explicar o fenômeno.

> Como se vê, a Biblioteca, como a Escola, estaria propondo relações, experiências que são empecilho sério ao desenvolvimento dos "hábitos de leitura". Apoiadas, ambas, em preceitos e práticas ultrapassados, no lugar de removerem, criariam obstáculos ao ato de ler. Ancoradas no "desconforto, no medo, no tolhimento", estariam comprometendo seriamente o interesse do leitor ao comprometerem a imagem da própria leitura.[11]

Para achar uma outra saída, alguns preconizam desenvolver a leitura-prazer: "recomenda-se o uso de técnicas de animação cultural".[12] Assim, a animação seria "como espécie de remédio pronto para curar todo tipo de doenças".[13] Edmir Perrotti faz duas críticas a esse "remédio". Em primeiro lugar, "por mais que se tenham inventado técnicas, por mais que se tenham mobilizado linguagens diversificadas para a assimilação do saber, por maior que possa ser a crise do escrito na era do audiovisual, a realidade é que, nas condições atuais, o conhecimento formal não consegue prescindir do escrito, mesmo quando não realizado em toda a sua plenitude".[14] Em segundo lugar, "as atividades de animação não se destinam a inserir a criança na cultura do grupo social amplo, mas, salvo exceção, a retirá-la de seu quadro cultural de origem".[15] Despreza-se assim "o caráter essencial da leitura: sua condição de ato de significação que se define e ganha

---

10. Magda Soares. *Letramento*: um tema em três gêneros. Belo Horizonte: Autêntica, 1999.
11. Edmir Perrotti. *Confinamento cultural, infância e leitura*. São Paulo: Summus, 1990, p. 72.
12. Ibidem.
13. Ibidem, p. 74.
14. Ibidem.
15. Ibidem, p. 75.

sentido pleno apenas no jogo social amplo".[16] Edmir propõe resgatar a autonomia da infância ao redefinir as relações de poder no interior das instituições. Desse modo, "mesmo se localizadas, restritas, marginais, essas iniciativas mostram a capacidade que tem a infância de se envolver, se interessar, se maravilhar com os conteúdos guardados nos textos".[17]

Pedagogia ativa

Além dos avanços da pesquisa, cabe reiterar a experiência profissional acumulada pelo pensamento veiculado pelos diversos movimentos pedagógicos muitas vezes agrupados sob os títulos genéricos de *Métodos Ativos* ou *Escola Nova*. Apesar de serem diversificados, eles surgiram para preencher as lacunas da educação tradicional e, por isso, possuem traços comuns. Podemos identificar alguns deles:

- trata-se de reconhecer a personalidade da criança através da sua condição atual. O educador deve levar em consideração o desejo imediato da criança e não adiá-lo através de exercícios sem eficácia a curto prazo (Dewey). A criança tem o direito de viver feliz (Claparède) e o adulto deve atender ao interesse específico ou geral da criança (noção de centro de interesse em Decroly) para agir. A criança é capaz de escolher tarefas para responder a desafios e decidir os meios a serem utilizados para ultrapassar os obstáculos; possui uma determinada autonomia que tem o direito de desenvolver (Cousinet);

- quando se promove hoje a ideia de que é fazendo que se aprende a fazer ou, dentro de nossa preocupação, que é lendo que se aprende a ler, trata-se de postulado educativo que é herança dos métodos ativos. Esse princípio será para nós uma diretriz fundamental. No entanto não é tão simples colocá-la em prática como se poderia

---

16. Ibidem, p. 82.
17. Ibidem, p. 102.

pensar. A evidência da semelhança entre o alvo perseguido — o domínio da leitura — e a atividade realizada para adquiri-la é muitas vezes apenas superficial e não resiste a um exame aprofundado. É preciso conhecer a especificidade da atividade para poder adequar a aprendizagem visada à atividade proposta;

- os grandes pedagogos — podemos acrescentar à lista já citada, Pestalozzi, Montessori, Makarenko — reivindicam uma educação endereçada à pessoa inteira e recusam uma visão estritamente disciplinar. A aprendizagem deve assim levar em conta tanto a dimensão cognitiva, quanto as dimensões afetiva e sociorrelacional;

- além de ser vista como indivíduo global, a criança é considerada pelos defensores da *Escola Nova*, como um ser social movido pelo desejo de se comunicar com seus colegas e com os adultos. Ela aprende ao partilhar com os outros jogo (Claparède) e trabalho (Freinet). Esse último fundamenta as aprendizagens na prática da correspondência escolar, que possibilita o domínio da língua escrita recebida ou emitida e a organização das crianças em classes cooperativas baseadas no trabalho em grupo.

Os diversos movimentos ou associações que reconhecem seus elos com a Escola Nova, contribuíram para constituir um pensamento nascido de uma prática que não podemos ignorar.[18]

Inserção dentro de um projeto

Um serviço de informação que pretende atender o usuário deve estar aberto às expectativas do projeto deste último, que podem ser de dois tipos. No primeiro, a informação contempla uma pesquisa necessária ao cumprimento de uma tarefa: escrever um relatório, preparar uma reunião, realizar a montagem de um veleiro, marcar hora com um especialista. A busca da informação é requerida, nesse

---

18. Cf. Georges Snyders. *Où vont les pédagogies non directives*. Paris: PUF, 1985. p. 54-62.

caso, por uma tarefa *externa* ao ato de ler. No segundo, a informação satisfaz diretamente o desejo do usuário; a motivação passa a ser *interna*. Ela possibilita, por exemplo, ao indivíduo encantar-se com um romance, se deixar invadir pela emoção de um filme. Nesses casos a motivação da leitura reside no próprio ato de ler a ficção.

Em ambos os casos, o ato de ler é relacionado ao projeto do leitor. O serviço de informação (SI) possibilita o desenvolvimento dos projetos dos usuários e da sua condição de cidadãos. Isso significa que a prática da escrita ou da imagem não pode ser separada de projetos que impliquem atividades de expressão ou de produção. O SI é assim relacionado à sociedade; participa das finalidades, esperanças, lutas e emoções de uma comunidade. O usuário não pode ser reduzido ao papel de consumidor, uma vez que é cidadão produtor de cultura.

> O novo paradigma, a que chamaremos de "paradigma interacionista" deverá se traduzir na Biblioteca Interativa, modelo que será construído não apenas para difundir informações, mas sobretudo para, a partir das informações, constituir-se em local de troca, de expressão e de produção... Enfim, a "Biblioteca Interativa" deverá ser um espaço que, ao reconhecer seus usuários e seus códigos, será por eles reconhecida, podendo assim integrar-se à sua vida e à sua cultura.[19]

O serviço de informação escolar deve ser um centro de atividades diversificadas e de encontro entre pessoas de estatutos diferentes: alunos, pais, professores, funcionários, mas também de atores sociais que não compartilham o dia a dia da escola: profissionais, artistas, responsáveis sociais ou religiosos, políticos. Ele é o local de decisões para estabelecer, desenvolver, avaliar projetos diversificados, em pequenos grupos ou na comunidade escolar inteira, a curto prazo ou ao longo de todo o semestre. Assim como ocorre em *Criação de livro*, a biblioteca pode se tornar "espaço de produção e recepção de informação", "espaço de encontro" e "espaço de educação".[20]

---

19. Edmir Perrotti. "Biblioteca Interativa" e Educação. Proesi, Departamento de Biblioteconomia e Documentação, ECA/USP, s.d., p. 8-9.

20. Ibidem, p. 4.

Criação de livro
Correspondência escolar

Situação:
A partir da proposta do Proesi estabeleceu-se uma correspondência escolar entre turmas do Liceu Pasteur e da Escola Roberto Mange, que veio a ser matéria-prima para a publicação de um livro (ver capa à p. 55).

Processo:
Um programa de correspondência e de atividades paralelas foi elaborado para as quatro classes.

- Conhecimento da escola e dos alunos

    1ª correspondência do Liceu Pasteur:
    - apresentação da escola para a classe do Mange através de fotos e escrita;
    - recepção e leitura pela classe do Mange.

    1ª resposta do Mange, apresentando a escola.

- Conhecimento da biblioteca e de um escritor

    2ª correspondência do Liceu Pasteur:
    - apresentação da biblioteca e relato do encontro com o autor Alan Mets;
    - recepção e leitura pela classe do Mange.

    2ª resposta do Mange:
    - apresentação da biblioteca, do encontro com o mesmo autor e do trabalho por ele iniciado:
        — as ilustrações de um livro de Alan Mets. *Je suis parti*. Paris: École des loisirs, 1996, foram mostradas pela professora às crianças. A partir delas um texto coletivo foi elaborado.
        — este texto coletivo foi comparado a uma tradução do livro. Finalmente todos os livros do autor foram lidos.

- Visita a uma editora

    3ª correspondência do Liceu Pasteur:
    - relato da visita à Editora Estação Liberdade;
    - recepção e leitura da correspondência pela classe do Mange.

    3ª resposta do Mange:
    - relato da visita à gráfica das Edições Paulinas e das descobertas das crianças sobre:
        — o trabalho de montagem do livro;
        — a especificidade das funções da editora e da gráfica.

CAMINHOS DA ESCRITA

▶ ☐ Visita de uma livraria

4ª correspondência do Liceu Pasteur:

- relato da visita à Livraria Francesa;
- recepção e leitura da correspondência pela classe do Mange.

4ª resposta do Mange:

- visita à Livraria da Vila;
- relato da visita.

☐ Visita a uma biblioteca pública

5ª correspondência:

- visita à Biblioteca Monteiro Lobato pelo Mange. Descoberta das salas da biblioteca. Escuta de textos de Monteiro Lobato. Leitura de livros da biblioteca;
- relato da visita ao Liceu Pasteur.

☐ Visita a outro estabelecimento.

Deslocamento do Liceu Pasteur ao Mange.

Deslocamento do Mange ao Liceu 'Pasteur.

☐ Um livro foi publicado a partir dessa correspondência.

Observações:

- Na livraria e na biblioteca, as crianças do Mange manifestaram várias competências de leitores: saber escolher o livro, cuidar dele, virar as páginas e guardá-lo na estante. A professora da classe observou, durante o longo processo de fabricação do livro, um amadurecimento das crianças e a conquista de várias competências de leitor. A atitude das crianças da 1ª série do Mange na livraria e na biblioteca (seriedade, cuidado, leitura) surpreendeu os adultos.

- As crianças conheceram o processo de produção do livro e seu caminho até chegar ao leitor, assim como a função da produção de textos. Durante o tempo de trabalho sistemático na BEI, todas as sextas-feiras, o comportamento delas mudou. O acervo da BEI adquiriu para elas um outro sentido. As crianças sabem agora buscar as obras de Monteiro Lobato nas estantes e se interessam por elas. Assim, vão se apropriando prática e simbolicamente do espaço da BEI e do seu acervo.

- A chegada das cartas dos correspondentes na sala de aula possibilitou, com a ajuda do formador, a transformação da recepção auditiva em recepção visual. Ao contrário da primeira fase, na qual as cartas foram "publicadas" pela voz da professora e escutadas pelas crianças, na segunda fase elas foram publicadas nas paredes e processadas visualmente pelas crianças, isto é, lidas. ▶

- Uma característica desse projeto foi seu caráter bilíngue. Os alunos do Mange descobriram que outras crianças não falavam a mesma língua; perceberam que essa situação complicava a comunicação sem, no entanto, torná-la impossível. Os alunos do Liceu Pasteur descobriram o interesse da tradução e suas exigências.
- O projeto foi conduzido até o final; um livro apresentando as produções das crianças foi publicado, difundido e depois inserido nas bibliotecas dos dois estabelecimentos, onde está disponível para empréstimo.

A integração das práticas de leitura dentro de projetos contribui para atribuir sentido à atividade daquele que aprende. No entanto, essa integração não pode ser realizada sem ser problematizada pelo mediador, pois seus efeitos não são automáticos e requerem condições favoráveis para se manifestarem. Assim, o desejo do aluno de atingir o alvo visado pelo projeto escolhido — individual ou coletivamente — pode suscitar a busca de informações através de textos e assim criar situações efetivas de leitura. Porém, a necessidade de ter acesso imediato à informação pode levar o aluno a considerar o trânsito pela leitura excessivamente longo e penoso. Ele será então levado a recorrer a outros meios considerados mais rápidos para atingir o alvo, tais como pedir informação ao adulto por exemplo. Nesse caso o caráter atraente do projeto, ao contrário de contribuir para a ocorrência da leitura, leva o aluno a evitá-la.

A Biblioteca Escolar Interativa, coração da escola

Essa efervescência gerada pelo SI não pode ser restringida apenas ao espaço da biblioteca, que se tornaria assim uma ilha de comunicação ou um lugar de espontaneidade dentro de um estabelecimento dedicado ao trabalho e à programação. A BEI pode ser o espaço do cruzamento de pessoas variadas e de atividades diversificadas que se desenvolvem na escola toda e mesmo fora dela. A sala de aula, a sala de informática, o pátio e os corredores podem abrigar atividades relacionadas ao âmbito da biblioteca. Não é desejável que todas as funções da biblioteca sejam exercidas no mesmo local, nem ao mesmo tempo; elas devem se adequar à especificidade de diferentes espaços, que podem assim se tornar complementares.

A maximização dos recursos da biblioteca supõe que cada atividade seja identificada a partir de suas características próprias e encontre o seu local adequado. Assim, a "contação" de histórias pode ser feita tanto no saguão da escola quanto na sala de aula, ao passo que a busca de informação será realizada na biblioteca, único lugar que contém o acervo. A repartição das atividades dependerá, com certeza, das características da tarefa e dos espaços disponíveis dentro da escola, mas também dos projetos individuais de cada professor e do projeto coletivo da instituição. O que significa que cada estabelecimento pode, como em *Conquista da escola*, administrar de maneira particular os seus espaços, mesmo se a liberdade de fazê-lo nunca é completa.

Conquista da escola
Uso dos espaços

Situação:
Na Escola Roberto Mange, a BEI e a sala de informática são distribuídas de cada um dos lados do saguão de entrada da escola. As salas de aula se encontram atrás desse saguão.

Processo:
□ A informação é pesquisada pelos alunos na BEI;
□ Como resposta, textos coletivos ou individuais são produzidos na sala de aula;
□ Os textos são digitados na sala de informática;
□ Eles são expostos ("publicados") para serem lidos nas paredes do saguão, dos corredores ou do pátio.

Observações:
- A instituição biblioteca não se restringe a seu espaço específico, embora ele seja o centro do trânsito dos textos e dos usuários da escrita.
- A repartição das atividades de escrita que a escola desenvolveu durante o ano de 1999 obedece à disposição original dos espaços físicos.

É fundamental fazer um levantamento das atividades que dizem respeito ao SI e, dentro delas, daquelas mais vinculadas à escrita, e isso por várias razões.

A primeira razão se prende ao fato de que, qualquer que seja a dimensão espacial, elas não podem conviver simultaneamente. Se o ato de ler exige um espaço silencioso, ele não pode conviver com uma prática concomitante de transmissão vocal, já que esta produz ruído. Quando uma turma assiste na arquibancada da BEI à projeção de um filme, a leitura autônoma de visitantes individuais fica prejudicada pela interferência do som. Quando a atividade coletiva e sonora abafa a atividade individual e silenciosa, acaba se impondo uma pedagogia diretiva que elimina a emergência de uma gestão diferenciada da sala.

A segunda razão está vinculada à tentativa de não deixar a descoberto determinadas facetas de aprendizagem. Por exemplo, se a orientadora da BEI chamar a escuta de um texto *"leitura pelos ouvidos"*, acreditando desse modo estar contemplando a prática de leitura, provavelmente não chegará a propor leitura propriamente dita, ou seja, silenciosa. A referência a uma prática global frequentemente esconde a ausência de atividades imprescindíveis.

A terceira razão se prende ao fato de que cada atividade deve encontrar o lugar mais adequado para ser exercida dentro da escola, mas nem sempre no espaço da biblioteca. Se o professor pode contar histórias na sua sala de aula, é imprescindível que a busca de um livro sobre as baleias, por exemplo, seja realizada na própria BEI.

Um acervo pode, com certeza, ser instalado em qualquer escola, valendo-se da especificidade dos lugares existentes, na perspectiva da implantação de uma nova pedagogia da escrita. Quando bem utilizada, essa experiência pode suscitar exigências por parte dos usuários em termos da reorganização dos espaços dentro da instituição escolar. Um primeiro aspecto a ser considerado diz respeito à instalação interna da biblioteca com seus espaços diversificados, sua exposição à luz e seus móveis. Desse ponto de vista, a realização da

BEI na Escola Roberto Mange constitui um exemplo acabado de reorganização interna. Em segundo lugar, cabe considerar também a localização da biblioteca dentro da escola e os laços que estabelece com os outros espaços especializados ou multifuncionais. Nesse sentido grandes são os desafios de uma arquitetura escolar que possa reservar à biblioteca um espaço no coração do estabelecimento, distinta da atual arquitetura de quartel com salas idênticas distribuídas de cada lado do corredor.

Escrita e oralidade

Escrita como decalque do oral

A História mostra que os sumérios tinham inventado os cuneiformes, escrita logográfica, isto é, com unidades escritas (grafes) correspondentes às palavras da língua oral.[21] Mais tarde, ao completar o alfabeto dos fenícios que continha apenas consoantes, os gregos inventaram os grafemas vocálicos e a escrita tornou-se plenamente fonográfica. Junto com o nascimento do alfabeto surge a tradição da escrita enquanto "réplica" da oralidade, que perdura ainda hoje.

Para os antigos gregos e romanos, o ato de ler consistia quase sempre na passagem do texto pela voz, prática coerente com a ausência de espaços entre as palavras escritas. Podemos nomear com pertinência essa prática de *leitura em voz alta*, na medida em que a compreensão do texto requer a produção da voz. Outras razões também

---

21. A logografia é um sistema de escrita que usa um símbolo para representar uma palavra, tais como "nº" para *número* ou "2" para *dois* (segundo Theordore L. Harris; Richard I. Hodges. *Dicionário de alfabetização*. Porto Alegre: Artes Médicas Sul, 1999. p. 176). Nas línguas latinas, a separação das palavras mediante espaços brancos confere-lhes uma dimensão logográfica, além da dimensão fonográfica traduzida pela correspondência entre letras e fonemas.

fortaleceram essa maneira de ler. Quando o receptor não era alfabetizado, a voz provinha de um mediador. Assim a Igreja podia atribuir o papel de intérprete ao padre encarregado da transmissão dos textos sagrados ao povo analfabeto, mantendo assim sua hegemonia sobre a interpretação da Bíblia. Além disso, os raros livros eram "lidos e relidos, memorizados e recitados, compreendidos e decorados, transmitidos de geração a geração. Os textos religiosos, e em primeiro lugar a Bíblia em terra reformada, eram objetos privilegiados dessa leitura fortemente marcada pela sacralidade e pela autoridade".[22] Fala-se então de *leitura intensiva*.

A partir do surgimento da linguística, a dimensão mais estudada da língua passou a ser a sua vertente oral. "Assim a primeira questão digna de consideração é por que a língua escrita tem sido tão ignorada pelos linguistas?"[23] A nova ciência iniciada por Saussure tinha a ambição de descrever o fenômeno da língua em si, não podendo, portanto, restringir seu objeto às dezenas de línguas que possuem uma representação escrita, enquanto no mundo há 5.000 línguas faladas.[24] Por isso, a língua escrita se tornou um epifenômeno da língua falada, uma duplicação acidental dela. E etnólogos como Claude Lévi-Strauss seguiram os traços dos linguistas, dando ênfase à mesma ideia.

Essa visão da língua escrita era reforçada por abordagens históricas centradas na concepção grega de uma grafia decalcada da língua oral. Assim, a linguística situou no nível das letras e das unidades sonoras (segunda articulação) as relações entre a língua oral e a língua escrita. A partir daí, a dimensão logográfica foi esquecida. Na medida em que a simetria entre as duas representações da

---

22. Guglielmo Cavallo; Roger Chartier. *História da leitura no mundo ocidental*. São Paulo: Ática, 1998. v. 1, p. 28.

23. Geoffroy Sampson. *Sistemas de escrita*: tipologia, história e psicologia. São Paulo: Ática, 1996. p. 8.

24. Claude Hagège. *Halte à la mort des langues*. Paris: Odile Jacob, 2000. p. 9.

CAMINHOS DA ESCRITA

língua foi sendo privilegiada, língua escrita e língua oral foram tidas como reversíveis.

Sampson enfim acrescenta uma outra razão: a longa maturação da língua falada através do tempo teria provocado transformações biológicas, enquanto o caráter recente da invenção da língua escrita não teria permitido uma tal mudança. "A língua parece ser a característica *par excellence* que distingue o homem do animal; ela parece ser a mais distintamente humana das características humanas. Do ponto de vista biológico, temos a certeza de que a fala é central, e a escrita, periférica."[25]

Escrita como manifestação específica

Objeto do "desprezo pela escritura"[26] que se encontra em vários filósofos, tais como Platão e Rousseau, ou etnólogos, como Lévi-Strauss, a língua escrita encontrou só recentemente toda a atenção merecida. As pesquisas de Goody[27] ou de Ong[28] apontam o funcionamento tanto das sociedades sem escrita quanto das sociedades letradas ou parcialmente alfabetizadas. Esses estudiosos não reduzem a escrita a um mero duplo da língua oral, mas a consideram como uma segunda manifestação da língua e pensam que seu uso não se restringe a substituir o oral em situações de não copresença entre dois interlocutores.

A maneira de ler herdada dos gregos — que transpõe a matéria vista em matéria escutada — perdurou até a invenção dos espaços brancos entre as palavras pelos monges irlandeses a partir do 8s. Essa mudança no significante visual com o abandono da *scriptura continua*

---

25. Ibidem, p. 10.

26. Jacques Derrida. *Gramatologia*. São Paulo: Perspectiva, 1999. p. 170.

27. Jack Goody. *La raison graphique*. Paris: Ed. de Minuit, 1977.

28. Walter Ong. *Oralidade e cultura escrita*. Papirus, 1998.

reintroduziu a logografia na escrita. Apesar de ser formada por letras que podem exercer uma função fonológica, a palavra escrita separada das vizinhas por espaços pode ser apreendida diretamente pelos olhos como uma entidade linguística.

Para sensibilizar os professores à dimensão logográfica da escrita, em *Os biellenses* pedimos que lessem um texto sem espaços.

Os biellenses
Leitura contínua

Situação:
Leitura de uma narrativa sem espaços entre as palavras a partir de Calvino, Italo. *Fábulas italianas*. São Paulo: Companhia das Letras, 1982, p. 79.

OSBIELLENSESGENTEDURACERTODIAUMCAMPONESDESCIAPARABIELLAOTEMPOESTAVATÃOFEIO
QUEQUASENÃODAVAPARAANDARPELAESTRADAMASOCAMPONESTINHAUMCOMPROMISSOIMPOR
TANTEECONTINUAVAACAMINHARDECABEÇABAIXAENFRENTANDOACHUVAEATEMPESTADEEN
CONTROUUMVELHOQUELHEDISSEBOMDIAAONDEVAIBOMHOMEMCOMTANTAPRESSAPARABIELLA
DISSEOCAMPONESSEMSEDETERPODERIADIZERAOMENOSSEDEUSQUISEROCAMPONESPAROUEN
CAROUOVELHOECONTESTOUSEDEUSQUISERVOUPARABIELLAESEDEUSNÃOQUISERVOUDOMESMOJEITO
ORAACONTECEUQUEAQUELEVELHOERAOSENHORENTÃOVOCEIRAPARABIELLADENTRODESETEANOS
DISSELHENESSEINTERIMDEUMMERGULHONAQUELEPANTANOEFIQUEPORLASETEANOSEOCAMPONES
SETRANSFORMOUEMRÃDEUMSOGOLPEDEUUMSALTOESUMIUNOPANTANOPASSARAMSESETEANOS
OCAMPONESSAIUDOPANTANOVIROUHOMEMENFIOUOCHAPEUNACABEÇAERETOMOUAESTRADAPARA
OMERCADOAPOSALGUNSPASSOSEISDENOVOAQUELEVELHOAONDEEQUEVAIBOMHOMEMPARABIELLA
PODERIADIZERSEDEUSQUISERSEDEUSQUISERMELHORCASOCONTRARIOJACONHEÇOASREGRASE
POSSOIRSOZINHOPARAOPANTANOENÃOHOUVEJEITODEARRANCARNEMMAISUMAPALAVRADELE

Processo:
☐ Grupos de três: dois leem e o terceiro observa o processo.

Observações:
- A dificuldade de entender um texto que conserva inteiramente, no entanto, sua matéria fonográfica, deixa perceber a importância da dimensão logográfica na leitura comum.
- O leitor contemporâneo busca restabelecer a configuração das palavras para poder tratar o texto.

CAMINHOS DA ESCRITA

> - Os professores se dão conta também das dificuldades vividas pelos alunos que se apoiam apenas na dimensão fonográfica; passam assim a avaliar de outra maneira as resistências observadas.
> - A exclusão das minúsculas na primeira etapa da aprendizagem, longe de constituir uma ajuda à compreensão do funcionamento do texto, diminui a "taxa de distinção visual".

Além do surgimento dos espaços brancos entre as palavras, o período que precedeu a invenção da imprensa assistiu a inúmeras inovações que contribuíram para tornar visível a língua. Podemos citar:

- a generalização da letra minúscula;
- o uso da maiúscula como marca de início da frase e do nome próprio;
- a pontuação: parênteses, ponto, ponto e vírgula;
- o parágrafo;
- o índice;
- o título do capítulo;
- a numeração das páginas;
- a separação entre texto e comentário;
- o sumário.

Os caracteres minúsculos, que contêm três alturas diferentes, tais como /a/, /l/ e /p/, possibilitam uma discriminação mais fina do que os caracteres maiúsculos, portadores de uma única dimensão, /A/, /L/ e /P/.

Para sensibilizar os mediadores à logografia, propusemos a sessão *O gavião*.

---

29. Geoffroy Sampson. Op. cit., p. 172.

O gavião
Caligramas ●

Yong (eterno) *L'aventure des écritures.* Paris: Bibliothèque Nationale. <www.bnf.fr/web-bnf/pedagos/dossiec/sp-chin2.htm>	**Gavião em árabe** MASSIN. *La lettre et l'image.* Paris: Gallimard, 1973. p. 174
hexagonal	HEXAGONAL

Situação:
Observação:
- da palavra chinesa "yong" (eterno),
- do caligrama árabe "gavião",
- da palavra *"hexagonal"* impressa de duas maneiras diferentes.

Processo:
- ☐ Depois de terem visualizado durante 3 segundos a palavra "eterno" e a palavra "gavião", os mediadores foram convidados a reproduzir por escrito as duas palavras.
- ☐ Pediu-se que comparassem as duas formas da palavra "hexagonal", com maiúsculas e minúsculas.

Observações:
- Comparação das formas: a da palavra chinesa não tem semelhança com o significado, enquanto a do caligrama árabe, sim.

- Nas duas palavras as formas são originais e podem ser reconhecidas facilmente. A "taxa de distinção visual" é elevada.[30]
- A taxa de distinção visual da palavra "hexagonal" é maior com minúsculas; quando se usam apenas maiúsculas a forma de todas as palavras acaba sendo invariavelmente retangular.

A imagem das palavras em língua portuguesa, tal como o ideograma chinês, tem uma dimensão ideográfica.

"A percepção progressiva da escrita como uma manifestação diferente da linguagem, dotada de 'substância' específica e com estatuto independente, mas equivalente ao da sua congênere oral levou algum tempo."[31] Assim as condições técnicas estavam preenchidas para que a leitura silenciosa pouco a pouco se desenvolvesse até se generalizar no 11s.[32] Esta última, através do seu caráter visual, conquistou uma autonomia relativa. A partir daí, uma leitura veloz, com os olhos, se desenvolveu, favorecida, três séculos depois, pela grande multiplicação de livros provocada pela invenção de Gutemberg: a leitura tornou-se *extensiva*.[33]

"Parece já passar da hora de a linguística reconhecer que a língua escrita é parte integrante de seu domínio."[34] De fato, a escrita permite operações lógicas, matemáticas, estéticas, que a língua oral é incapaz de assumir. Sua matéria, que se endereça ao olhar, e seu funcionamento, que recorre a uma superfície (o que a faz ser compatível com a imagem), lhe conferem uma especificidade. A compreensão do

---

30. Ibidem.

31. Malcolm Parkes, "Ler, escrever, interpretar o texto: práticas monásticas na Alta Idade Média"; In: Cavallo, Guglielmo; Chartier, Roger. *História da leitura no mundo ocidental*. São Paulo: Ática, 1998. v. 1, p. 106.

32. Paul Saenger, "A separação entre palavras e a fisiologia da leitura"; In: R. David Olson; Nancy Torrance, *Cultura escrita e oralidade*, São Paulo: Ática, 1995, p. 211-227.

33. Para os conceitos de leitura intensiva *versus* extensiva, ver Guglielmo Cavallo; Roger Chartier, *História da leitura no mundo ocidental*. São Paulo: Ática, 1998. v. 1, p. 28.

34. Geoffroy Sampson. Op. cit., p. 12.

texto oral depende da sucessão, enquanto a leitura consegue, ao menos parcialmente, dela se liberar.

Essas duas visões — escrita como decalque do oral e como manifestação específica da língua — frequentemente coexistiram, tendo constituído, através da História, duas tradições. No entanto, em função dos diversos usos sociais da escrita e do oral em diferentes épocas históricas, uma dessas duas tradições passava a prevalecer sobre a outra.

Pretender modificar, graças à implantação de um SI, a educação do cidadão contemporâneo, e, mais particularmente as condições de aprendizagem da língua escrita, supõe adotar uma posição clara em relação à descrição desta última e a seu papel social, em meio às duas visões teóricas acima descritas.

Para nós, o serviço de informação, ao colocar o texto escrito nas mãos das crianças antes de elas poderem escrever, privilegia a prática visual da leitura, possibilitando a identificação dos signos encontrados como, por exemplo, o valor da maiúscula como marcador do nome do personagem nas narrativas. Esses signos textuais não podem ser reduzidos ao conjunto dos grafemas, o que eximiria o leitor de se remeter ao sentido. Essa abordagem do texto é coerente com a visão da escrita como manifestação específica, e corresponde à escolha feita pelos PCNs para a escola fundamental no que concerne à Língua Portuguesa.

Recepção e emissão

Da mesma maneira que existem duas visões da relação entre escrita e oralidade, a aprendizagem da escrita pode tomar dois caminhos. O primeiro, correspondendo à visão da escrita enquanto duplicação da língua oral, se encontra dentro da tradição escolar e também paradoxalmente em algumas metodologias até inovadoras. A tradição ensina a decifração e coloca, assim, no centro do sistema,

CAMINHOS DA ESCRITA

a correspondência entre os componentes visuais e os sonoros. Por sua vez, mesmo uma abordagem mais contemporânea fundada nas práticas sociais da escrita, ao sistematizar na criança a passagem do discurso oral à produção de texto escrito, acaba atribuindo, na prática, um papel central ao código da transformação dos fonemas em grafemas. "Acreditamos que é possível recuperar uma pedagogia de transmissão oral para ensinar a escrever."[35] Já nos romanos, antes de aprender a ler aprendia-se a escrever "de modo que havia certamente indivíduos, com pouco grau de escolaridade, capazes de escrever, mas não de ler".[36]

De fato, se a metodologia prioriza a *emissão*, isto é, a produção de textos, o aprendiz se encontra numa situação de transposição de um discurso oral em texto escrito que vai levá-lo a identificar os elementos da sua própria fala para traduzi-los em signos escritos. Essa tradução pode realizar-se de duas maneiras: ou com a contribuição do mediador que traz a resposta à situação-problema, ou, dentro de um caminho menos intervencionista, com a estimulação do mediador à constituição, por parte da criança, de signos originais. A língua escrita se elabora assim por transposição da língua oral e consequentemente as relações fonográficas se encontram no centro dessa transposição. Não é por acaso que inúmeras descrições de práticas pedagógicas mostram as diversas etapas (pré-silábica, silábica, ortográfica) de reconstrução do sistema alfabético pela criança. No afã de colocá-la no centro da aprendizagem, deixando-a "bricoler" o seu próprio sistema gráfico, o pedagogo escolhe para ela uma situação — a de produção de texto — que determina de maneira unívoca o processo de aprendizagem. Nesses casos, não é de surpreender o fato de que a criança, afastada do funcionamento real do texto, reproduza o desenvolvimento da língua escrita através da História, uma vez que é

---

35. Ana Teberosky, *Psicopedagogia de língua escrita*. Rio de Janeiro, Vozes, 1989, p. 26.

36. Guglielmo Cavallo. Entre volumen e codex: a leitura no mundo romano. In: Guglielmo Cavallo; Roger Chartier. *História da leitura no mundo ocidental*. São Paulo: Ática, 1998. v. 1, p. 79.

colocada numa situação semelhante à dos homens sem escrita. Essa didática poderia ser comparada à tentativa de aprendizagem da fala fora do acesso a qualquer língua.[37] Ela convém apenas a uma sociedade sem livros.

Se nos recusarmos a considerar que ler e escrever são duas atividades reversíveis, a abordagem a ser escolhida diz respeito à segunda visão; ela resultará em propor processos diferenciados entre a produção do texto e a sua recepção. Nesta última situação, o pedagogo coloca a criança em contato com o texto escrito. A criança encontra, então, dentro do próprio texto as soluções de codificação da língua sem ter a necessidade de inventá-las. A língua oral deixa de ser a referência compulsória da escrita, passando a ser uma referência possível.

Existem algumas populações que praticam uma abordagem da escrita sem fazer da passagem pela produção vocal um caminho obrigatório. É o caso dos surdos que aprenderam a comunicar através da Língua Brasileira dos Sinais (Libras). Para atravessar a fronteira entre a língua dos sinais e a língua escrita eles podem apenas explorar o caminho visual, já que o mundo dos sons se encontra inatingível. Outro exemplo é o das pessoas que sabem ler uma língua sem serem capazes de praticá-la oralmente. Hoje, na área da aprendizagem das línguas estrangeiras, desenvolvem-se esses objetivos de domínio parcial de uma língua para atender públicos específicos, tais como os estudiosos que necessitam ler o latim. Enfim, podemos citar a experiência de Rachel Cohen, que ensina a língua escrita a crianças que ainda não sabem falar.[38] Nessa situação o signo linguístico é constituído a partir de um significante visual que encontrará apenas mais tarde seu correspondente sonoro. Essas três populações aprendem "a escrita como uma linguagem visível". Elas partem do signo visto para

---

37. Situação vivida pelas crianças surdas da Nicarágua que criaram uma língua dos sinais para comunicar entre si (cf. Jean-Louis Dessalles. *Aux origines du langage*. Paris: Hermes, 2000. p. 69-72).

38. Rachel Cohen. *Apprendre à lire avant de savoir parler*. Paris: Richaudeau/Albin Michel, 1999.

chegar ao sentido (via direta), sem transitar por um significante sonoro intermediário (via indireta).

Recentemente, os PCNs propuseram esse caminho, ou seja, partir da leitura, conforme apontamos na Introdução. É ao "observar textos impressos",[39] por meio da prática da leitura, que a criança descobre as regularidades da língua escrita. Ela vai assim constituindo "um repertório de recursos linguísticos a ser utilizado na produção de textos".[40] Desse modo, "a leitura fornece modelos para a escrita".[41] Nos PCNs as relações da escrita com a língua oral não são mais a única origem da apropriação da língua escrita. O "domínio da linguagem escrita se adquire muito mais pela leitura".[42]

É esse ponto de vista que embasa teoricamente a presente investigação. Para nós, essa abordagem, ao apresentar o texto na sua totalidade, evita a redução do ato de ler apenas a um conjunto de operações de transposição de grafemas em fonemas.

É preciso desde já mencionar aqui que dar prioridade à leitura não significa optar pela passividade em prejuízo da produção de textos, vista como mais ativa como explicitaremos adiante neste capítulo. O produto do ato de ler é fruto de uma interação entre o leitor e o texto:

> Ler significa interpretar o texto, debater o texto, contradizer o texto, desestruturar e recompor o texto no interior do pensamento. Há em alemão uma palavra significativa: Aus-einander-setzen, que poderia ser traduzida aproximadamente por *desintegrar*. Sich selbst mit einem Text auseinandersetzen significa um ato reflexivo, crítico e autocrítico de desintegrar o texto, enfrentá-lo, bater-se com ele, reconciliar-se com ele, reintegrá-lo.[43]

---

39. *Parâmetros Curriculares Nacionais. Língua Portuguesa*. Brasília: Ministério da Educação e do Desporto, 1997. p. 82.

40. Ibidem, p. 79.

41. Ibidem, p. 53.

42. Ibidem, p. 66.

43. Barbara Freitag. *O indivíduo em formação*. São Paulo: Cortez, 1994. p. 64.

Diversidade das atividades da escrita

Ler, escrever, transmitir pela voz operam sobre a mesma língua escrita e exigem operações cognitivas comuns. Por isso a prática de uma dessas atividades pode favorecer o domínio das outras. No entanto, cada uma exige também operações específicas. Decorre daí que não podemos nos satisfazer apenas com uma prática na expectativa de dominar as demais. Podemos identificar as diversas modalidades de uso da escrita exercidas numa biblioteca, conforme mostra o quadro *Painel para os professores*.

Painel para os professores
Atividades da escrita numa BEI

Situação:
Frequentação da BEI e seu acervo diversificado.

Recursos:
O usuário experiente da BEI possui várias competências que podemos traduzir por verbos. Ele é capaz de:
- ☐ Ler: termo reservado exclusivamente à prática silenciosa da leitura;
- ☐ Produzir: escrever recados, legendas, cartas, narrativas, jornais, cartazes, painéis;
- ☐ Editar: diagramar, ilustrar;
- ☐ Transmitir ou dizer: designa a emissão pela voz, endereçada ao outro, de um texto escrito (mantido em mãos ou decorado);
- ☐ Escutar: designa a recepção auditiva de um texto escrito, complementar à transmissão vocal;
- ☐ Comentar: falar sobre o texto, escrever sobre ele, interagir a partir dele;
- ☐ Procurar: obter informação;
- ☐ Duplicar: reúne desde as atividades do antigo copista, até a inserção eletrônica (teclado, scanner), recursos necessários à elaboração de montagens ou de novos textos.

Observações:
- A BEI permite aos professores propor aos alunos o conjunto dessas atividades. É óbvio que elas não são apenas metas do professor de português, mas sim dos docentes de todas as disciplinas.

> - Todas essas atividades não têm com a biblioteca a mesma afinidade. Algumas, como a transmissão vocal do texto, podem ser produzidas em diferentes locais e não exigem a presença de um acervo.
> - Podemos pensar que "procurar" e "ler" são as duas atividades mais ligadas à presença do acervo, pois ambas requerem um acervo significativo.

Gostaríamos de analisar agora o uso de alguns termos empregados dentro dessa tipologia.

Leitura & releitura

Leitura é um termo polissêmico na língua comum. Fala-se de leitura de uma arquitetura, de um rosto, de uma pintura ou de uma prática social; apesar de todas trazerem em seu bojo a noção de compreensão, remetem, no entanto, a operações cognitivas distintas. Pierre Bourdieu critica o abuso do termo "leitura" utilizado sem cuidado pelos antropólogos: "O erro que consiste em ler as práticas sociais como se tratassem de escritos."[44] Alguns estudiosos distinguem assim a leitura em sentido *estrito* e a leitura em sentido *lato*.[45]

Ler é compreender, é, portanto, construir sentido. Mas construímos sentido na leitura do jornal, na escuta de proclamação do Evangelho, na recitação de um texto, na audição de uma mensagem oral, na produção de um texto escrito, na leitura de uma imagem, de uma paisagem, do mundo etc. O interesse da palavra leitura para designar essas diversas atividades vem de sua referência à interpretação. Realmente, se não há compreensão, não pode haver leitura. Dessa forma, interpreta-se um desenho do mesmo modo que se interpreta uma paisagem ou um texto escrito.

---

44. Pierre Bourdieu. A leitura, uma prática cultural; In: Roger Chartier (Org.). Pierre Bourdieu; François Besson et al. *Práticas da leitura*. São Paulo: Estação Liberdade, 1996. p. 232.

45. Edmir Perrotti. Leitura 1. In: Teixeira Coelho. *Dicionário crítico de política cultural*. São Paulo: Fapesp/Iluminuras, 1997. p. 230-235.

Se é importante para o pedagogo reconhecer operações comuns de construção do sentido em todas essas experiências, é também extremamente necessário reconhecer em cada uma delas suas especificidades e distinguir claramente, por exemplo, a leitura de um texto literário, da leitura do mundo. A primeira ocorre a partir de um material linguístico, a segunda, não. Podemos, portanto, reservar o termo *leitura*, utilizado sem complemento, para a compreensão do texto escrito, e, nos outros casos, utilizar expressões como *leitura da imagem*, *leitura do mundo*, *leitura de uma paisagem* etc.

Ora, se é importante distinguir uma atividade desenvolvida a partir de um texto escrito de uma outra, desenvolvida sobre um material diferente, é também preciso que saibamos distinguir de modo preciso as diferentes atividades textuais.

A maior parte dos pesquisadores concorda em fazer da recepção visual e silenciosa do texto escrito o padrão da leitura contemporânea. Utilizaremos o termo *ler* para essa atividade de tratamento silencioso do texto tendo em vista atribuir-lhe sentido. Essa maneira de ler, apesar de não estar completamente ausente na antiguidade — certos gregos praticavam a leitura silenciosa[46] — se generalizou apenas depois do abandono da *scriptura continua*, tendo se substituído à *leitura em voz alta*. Alguns historiadores da leitura apresentam essa mudança como uma "revolução" tão importante quanto a invenção da imprensa por Gutemberg.[47]

Cabe agora aprofundar a análise e distinguir a leitura da *releitura*, partindo de uma importante constatação: nem toda releitura resulta numa produção de sentido significativa, podendo contentar-se primeiramente em reativar o mesmo sentido produzido numa leitura anterior. Numa releitura os grupos sintáticos já estão organizados na mente do receptor do texto e a gramática não lhe oferece nenhuma opacidade, qualquer que seja o comprimento da frase ou o número

---

46. Jesper Svenbro. A Grécia arcaica e clássica: a invenção da leitura silenciosa; In: Guglielmo Cavallo; Roger Chartier, *História da leitura no mundo ocidental*. São Paulo: Ática, 1998. v. 1, p. 55.

47. Guglielmo Cavallo; Roger Chartier. *História da leitura no mundo ocidental*. São Paulo: Ática, 1998. v. 1, p. 5-40.

de encadeamentos. Da mesma forma, a coerência textual lhe é familiar e nenhum segredo o espera na conclusão do texto. Novas operações semânticas são, portanto, pouco numerosas, e a significação do texto, já presente, não precisa ser desvendada. Assim, a atividade inteira de re-leitura é norteada por um sentido já elaborado no curso da leitura realizada anteriormente.

Por isso, o processo de releitura não pode ser confundido com o da leitura, pois no primeiro o sentido previamente construído orienta obrigatoriamente as novas operações cognitivas.

Entretanto, a releitura não se reduz sempre a esta reativação; ela pode permitir que o leitor experimente uma nova entrada no texto ou aplique-lhe uma outra estratégia. Compreender um texto é também descobrir seu funcionamento em diferentes níveis. O leitor pode se contentar com o nível superficial, mas pode também explorar outros, enigmáticos, e combiná-los, pois o texto não se esgota necessariamente na primeira leitura. É o que faziam os antigos através da *ruminatio*, que permitia desvelar gradativamente o texto. De fato, o aparecimento de um sentido novo, sempre possível, depende das características do texto, sua polissemia, sua disposição, sua paginação, o acompanhamento de ilustrações (o mesmo texto de Monteiro Lobato, conhecido de cor, pode ainda surpreender em função de uma nova e rica ilustração) e também do projeto do leitor.

Mas, para colocar em prática uma nova descoberta, o leitor deve poder se liberar da tirania exercida pela primeira leitura, ou seja, deve ser capaz de abandonar os rastros por ela deixados. É de releitura e não de leitura que se trata, quando um autor retoma o seu texto para melhorá-lo. Daí a dificuldade dessa atividade por seu próprio autor, principalmente no caso de um escritor principiante, como aponta Ricardou ao falar dos riscos de alucinação[48] que este sofre. O autor deve poder se afastar do que quis dizer para perceber o que realmente escreveu. A releitura, nesse caso, assim como em todos aqueles casos nos quais se pretende construir um sentido suplementar, impõe uma estratégia paradoxal por parte do leitor: ao mesmo tempo em

---

48. Jean Ricardou. *Écrire en classe*. *Pratiques*, n. 20, p. 70, 1978.

que ele recorre à forte interpretação deixada pela leitura em sua memória, deve saber dela se distanciar.

Se uma verdadeira elaboração de sentido é, portanto, ainda possível com uma releitura, devemos distinguir esta última da leitura, pois estamos lidando com duas atividades distintas, que não exigem o mesmo conjunto de operações cognitivas e pragmáticas. O leitor, por exemplo, não emprega as mesmas estratégias para desvendar o enigma de um romance policial ou para, num segundo momento, percorrer novamente o labirinto da aventura: neste caso, a releitura é conduzida pela chave da intriga descoberta anteriormente.

A partir dessas observações, podemos agora especificar a situação de leitura como sendo aquela que compreende as seguintes características:

- elaboração de um sentido,
- por meio do tratamento ideovisual de um conjunto gráfico formando texto,
- e encontrado pela primeira vez.

Identificar, na prática, uma situação de leitura em sentido estrito, não é uma tarefa fácil. Para permitir um trabalho de identificação dessa atividade, fizemos com os professores o levantamento das ocorrências da palavra *ler* dentro de um texto e verificamos em *Kátia* quais delas contemplavam as características acima mencionadas.

Kátia
Componentes de uma situação de leitura

Situação:
Eis um texto tirado de um livro de cunho pedagógico que apresenta o trabalho de um professor:

> Certo dia, Kátia escreveu a História de Cinderela e trouxe para eu *ler* (1). Comecei a *ler* (2) simplesmente, rápido e sem expressão. Kátia corrigiu-me: "Não é assim, tia." E começou a *ler* (3) com muita expressão. De todos os meus alunos, Kátia era a aluna que adorava *ler* (4) para os colegas os textos que escrevia.

▶

Processo:

Uma situação poderá corresponder a uma leitura, no sentido estrito, se dela constarem três características:

☐ um texto desconhecido;

☐ um tratamento visual, silencioso;

☐ um sentido constituído.

Observações:

- No texto proposto as ocorrências (3) e (4) não contemplam nenhuma das três características do ato de ler:

    — o texto não é desconhecido, já que ele foi escrito pela própria Kátia;

    — a atividade é sonora;

    — não há elaboração de sentido.

- Nas ocorrências (1) e (2) a professora realiza duas operações simultaneamente. Ela descobre o sentido do texto no mesmo momento em que este é proferido.

- Esse exercício evidenciou a polissemia do termo *leitura*.

- Se um formador diz à professora que durante essa atividade não houve situação de leitura no sentido estrito, ela provavelmente não aceitará o comentário, uma vez que terá usado quatro vezes o termo leitura para descrever sua atividade.

- No entanto, essa atividade interessante, necessária numa pedagogia da escrita, não contempla uma situação de leitura no sentido estrito. Uma terminologia pouco precisa pode assim acabar provocando o desaparecimento da leitura.

Parece-nos importante que o pedagogo esteja atento para que a polissemia do termo *leitura* não encubra a diferenciação entre ler, escrever e transmitir, e saiba, portanto, afinar o uso da linguagem corrente para recorrer a definições mais precisas. O discurso didático que se limita à língua corrente não apenas gera confusão, mas sobretudo contribui para o desaparecimento de certas dimensões essenciais, como, por exemplo, o tratamento silencioso de um texto escrito. Assim, quando abordagens as mais diferenciadas do texto escrito são denominadas *leitura* — leitura em voz alta, leitura escutada, leitura para os outros — desaparece a especificidade do tratamento silencioso do texto e consequentemente, sua necessidade.

O dizer

Se hoje a leitura é definida como uma atividade silenciosa, o que acontece com a atividade *em voz alta*?

Tradicionalmente se fala de *leitura em voz alta* e de *leitura silenciosa*. Em artigo recente[49] efetuamos uma crítica a essa nomenclatura. Os historiadores da leitura tentam precisar a terminologia. Roger Chartier usa o termo *leitura para o outro*, que reintroduz a presença de um público. Manguel, por sua vez, prefere falar de *leitura ouvida*,[50] deslocando o ponto de vista do emissor para o receptor. Mas será que é a leitura que é transmitida ou recebida? Não seria o texto e sua interpretação? Analisamos em *Ler e dizer* essa *voz alta* e passamos a chamá-la de *dizer*, formulando assim um conceito preciso, distinto da leitura.

Através das diversas práticas do texto já escrito, pode-se observar a coexistência de duas atividades diferentes:

- o tratamento visual do texto, que Paul Zumthor chama de "leitura solitária e puramente visual" e que nós identificamos como a leitura no sentido estrito;
- a transmissão vocal do texto escrito, que segundo Zumthor "se opõe da maneira mais forte, irredutível, à leitura de tipo solitário e silencioso".[51]

Consideramos importante distinguir a leitura da transmissão vocal, porque:

no plano da comunicação:

- a primeira implica uma instância única diante do texto: um receptor separado do corpo do outro, "reduzido à solidão";

---

49. Parâmetros Curriculares Nacionais. Língua Portuguesa: um significativo passo adiante. *Estudos em Avaliação Educacional*, n. 20, jul./dez. 1999.

50. Alberto Manguel. *Uma história da leitura*. São Paulo: Companhia das Letras, 1997. p. 131-47.

51. Paul Zumthor. *Performance, recepção, leitura*. São Paulo: Educ, 2000. p. 81.

- na segunda, o corpo de um mediador se interpõe entre o texto e o receptor, instaurando-se "um ato único de participação com copresença";

no plano da matéria textual:
- a primeira diz respeito a um texto gráfico, disposto em um espaço, com unidades, as palavras, distintas e concatenadas em uma linha;
- a segunda diz respeito a um texto sonoro, com palavras encaixadas, organizadas em sequência;

no plano das linguagens:
- a primeira opera sobre a língua e às vezes sobre uma outra linguagem visual de acompanhamento, a imagem;
- a segunda opera sobre a língua e várias linguagens de acompanhamento, tais como gesto, olhar, espaço, figurino;

no plano do funcionamento do texto:
- a enunciação é contida no texto: o sistema de dêiticos funciona de determinada maneira na leitura; a palavra "eu" do texto gráfico, por exemplo, tem como referência uma instância precisa, personagem ou narrador;
- uma segunda enunciação (a de um locutor)[52] se superpõe à do texto: o sistema de dêiticos funciona na transmissão do texto de maneira distinta; a mesma palavra "eu" refere-se, além das instâncias textuais já mencionadas, à pessoa que profere a palavra, *hic et nunc*; aparece nessa situação um sistema duplo de referência, um em relação ao texto, outro vinculado à nova situação de enunciação criada pela transmissão;

---

52. Termo utilizado em rádio e em eventos específicos: profissional encarregado de proferir um texto escrito.

no plano estético:

- a primeira constitui uma prática literária;
- a segunda, uma prática que comporta um determinado grau de representação, portanto de teatralidade. Esse aspecto do texto "relatado" é encontrado também na situação do intérprete[53] que assume a fala alheia;

no plano da implicação pessoal:

- solitário diante do texto, o leitor pode, em seu foro íntimo, sem testemunhas, identificar-se ou recusar a identificação com os personagens;
- na performance, o "transmissor" mobiliza o seu próprio corpo através da voz, levando o ouvinte a reconhecer e a ocupar "um espaço de ficção" assim criado. Essa é a particularidade da representação. Como o professor não consciente desse funcionamento particular do texto sonoro poderia orientar o aluno a "dizer um texto"?

Estamos, portanto, diante de uma situação que convoca dois emissores, o autor do texto e o mediador com sua performance, isto é, com as características da comunicação ligadas à singularidade do evento presente. Paul Zumthor distingue, portanto, duas produções culturais: o *texto* produzido pelo escritor e a *obra* produzida pelo proferidor. O texto permanece através de cada performance, sempre original, "onde ouço de repente, abafado mas audível, *este* texto, onde percebo, num relance, *esta* obra".[54] Citemos dois exemplos.

Durante a oficina de transmissão de texto *Bilhetes de Mariana*, adolescentes transmitiam poemas a seus colegas.

Dentro de situações de intercâmbio entre estrangeiros, é frequente ver um tradutor não profissional ter dificuldade para traduzir o

---

53. "Pessoa que serve de intermediário para fazer compreender indivíduos que falam idiomas diferentes" (Aurélio), oposta ao *tradutor* que opera na língua escrita.

54. Paul Zumthor, *A letra e a voz*: a literatura medieval. São Paulo: Companhia das Letras, 1993, p. 262.

"eu penso que" do discurso do outro, optando, então, pela passagem pelo discurso indireto: "ele pensa que", temendo que um tal "eu" engaje também o próprio tradutor.

Bilhetes de Mariana
A dupla enunciação

Nem pude acreditar!
No banco da praça, perto da fonte,
ele comia bombons,
só e sem graça,
lambendo os dedos
melados, marrons.

Ficou sem jeito, avermelhou,
e disse olha, eram para você,
esperei que você passasse
e você não passou.

Situação:
Dois fragmentos de: "Bilhete de Mariana a Heloisa", de Caparelli, Sergio. *Restos de arco-íris*. Porto Alegre: LPM, 1985.
Trata-se de uma jovem que ridiculariza um homem apaixonado por ela.

Processo:
☐ Depois da leitura, dramatização por adolescentes, homens e mulheres.
☐ As mulheres não têm dificuldades para dramatizar os fragmentos.
☐ Os homens se recusam a dramatizar a cena.

Observações:
- O argumento apresentado pelos rapazes era de que se tratava de "um texto de moça gozando deles".
- Os adolescentes do sexo masculino não queriam assumir diante dos colegas a fala feminina e, pontualmente, o papel da mulher, temendo colocar em xeque a sua identificação sexual.
- Apesar do fato de que se tratava da representação de um papel, os rapazes se recusaram a emprestar a sua própria personalidade para fazer viver um personagem masculino objeto da gozação das mulheres.
- A proferição de texto envolve dificuldades das quais a leitura está isenta.
- Nessa situação percebe-se de maneira clara a problemática da dupla enunciação: a primeira corresponde à elaboração do texto e a segunda à sua proferição, assim como a ambiguidade das referências do texto dito.

Na Biblioteca Viva, onde a prática da voz alta é desenvolvida sistematicamente, acontece por vezes que determinada criança recuse um mediador e escolha um outro. Assim, graças a uma voz adulta mais familiar, o menino pode dominar melhor o receio provocado, por exemplo, pela fala de um personagem enfurecido ou pelo grito do Lobo da *Chapeuzinho Vermelho*; a voz querida do mediador suaviza a agressividade da fala do personagem.

Considerar as duas práticas do texto — silenciosa e em voz alta — como duas modalidades da leitura equivale a considerar a emissão de som como a única variável, o que acaba criando uma série de consequências teóricas e pedagógicas duvidosas:

- esquece-se que a leitura é uma atividade solitária, silenciosa, de recepção de texto, enquanto a outra é uma comunicação realizada concomitantemente através de uma emissão vocal e de uma recepção auditiva;

- se a "voz alta" requer o conhecimento prévio do sentido, esquece-se que esse conhecimento pode ser obtido de duas maneiras, isto é, por um tratamento silencioso do texto ou por uma escuta do mesmo; a segunda alternativa é a única permitida às pessoas que não têm a capacidade de ler, tais como cegos ou analfabetos;

- leva a confundir a transmissão vocal do texto com a emissão sonora realizada durante a identificação das palavras desconhecidas, a chamada decifração;

- leva a confundir a transmissão vocal do texto com a antiga maneira de ler que exigia vocalização, prática chamada pelos romanos *ruminatio*, que corresponde estritamente à expressão *leitura em voz alta*;

- perde-se a especificidade do papel do mediador, que acaba reduzido a uma transposição vocal envolvendo somente signos paralinguísticos, tais como "o tom de voz e a dicção, planejando as pausas, a entonação". É preciso salientar que o transmissor vocal traduz a coerência de um *texto* gráfico em uma *obra* sonora, recorrendo a várias linguagens — verdadeiro trabalho de interpretação — e adequando-o, através de uma performance, às interações singulares com um público determinado.

- induz a um equívoco; o mediador acredita que, ao propor a transmissão vocal de textos, está oferecendo ao aprendiz uma situação de leitura, o que supostamente significaria o emprego de uma pedagogia ativa baseada no princípio do "aprender fazendo".

Não podemos ficar presos a um referencial estreitamente literário que tem por objeto um texto gráfico invariável, em detrimento de um evento renovável. Sendo assim revela-se como extremamente oportuna a remessa a uma semiótica que, levando em conta a variedade das linguagens, possa abranger o aspecto performático de uma comunicação com um público, assim como fazem pesquisadores da oralidade ou do teatro como Paul Zumthor ou Anne Ubersfeld.

"Trata-se de tentar perceber o texto concretamente realizado por ela [*performance*], numa produção sonora: expressão e fala juntas, no bojo de uma situação transitória e única."[55] Como bem salienta Zumthor, se a "alta voz" implica uma *performance*, ato distinto da leitura silenciosa, isso explica que a competência de leitor é também diversa da competência de "transmissor". Uma pessoa pode ter sucesso com uma delas e ter mais dificuldade com a outra, o que acarreta a necessidade de abordagens diferenciadas por parte do docente ou mediador. A didática da "transmissão do texto pela voz" ainda está para ser construída.

O documento *Agostinho e Ambrósio* foi usado para precisar uma terminologia operacional.

---

55. Paul Zumthor. *A letra e a voz*: a literatura medieval. São Paulo: Companhia das Letras, 1993, p. 219.

100   ÉLIE BAJARD

Agostinho e Ambrósio ■
Comparando atuações ●

Situação:
Solicitamos aos mediadores a leitura do seguinte texto:
"A leitura silenciosa era anomalia tal que Santo Agostinho (Confissões, 5, 3) considera o hábito de Ambrósio coisa muito rara: 'Mas quando ele lia seus olhos deslizavam pelas páginas e seu coração procurava o sentido, mas a voz e a língua ficavam em repouso'. Visitantes vinham contemplar este prodígio..."[56]

Processo:
Pedimos aos mediadores para comparar as três atividades seguintes:
☐ 1ª atividade: a maneira de tratar o texto de Santo Agostinho.
☐ 2ª atividade: a maneira de tratar o texto de Santo Ambrósio.
☐ 3ª atividade: a maneira de Boris Casoy transmitir o Jornal da Record com o teleprompter.

Utilizamos o quadro seguinte:

Critérios	Atividade I	Atividade II	Atividade III
Atividade de elaboração de sentido			
Atividade solitária			
Atividade coletiva (para os outros)			
Atividade silenciosa			
Atividade sonora			
Atividade apenas linguística			
Atividade auditiva			
Atividade de recepção			
Atividade de emissão			
Outro critério			

▶

---

56. Élie Bajard. *Ler e dizer*: compreensão e comunicação do texto escrito. São Paulo: Cortez, 1999. p. 31.

> **Observações:**
> - Ao evidenciar os componentes específicos de cada atividade, este exercício facilita a tomada de consciência da variedade de usos do texto.
> - Ele facilita a tomada de consciência da necessidade de adequar a didática a cada um desses usos.

A caracterização da transmissão vocal como uma atividade plena, portadora das peculiaridades que analisamos, permite reunir várias práticas que a tradição escolar frequentemente desassocia, tais como:

- a recitação de um texto sabido de cor;
- a proferição de um texto escrito a partir da sua captação através do olhar;
- o jogral;
- a dramatização de um texto.

Todas elas dizem respeito à proferição de um texto escrito para um público. Seu vetor comum é a intervenção corporal de um mediador — locutor ou ator — cuja *performance* gera uma nova enunciação.

Produzir texto

A produção de textos não sofre dificuldade de identificação. Ela é sem dúvida a atividade mais desenvolvida nas escolas.

Para colocar em evidência essa constante, em *Variedade limitada* propusemos aos mediadores que analisassem um texto da bibliografia sobre alfabetização.

Variedade limitada
Hegemonia da produção de textos

Situação:
Apresentamos aos mediadores o texto didático seguinte:

O critério de seleção dos documentos a serem publicados foi a garantia de que estivesse representada uma diversidade de atividades e situações de aprendizagem. Nessa perspectiva, as situações incluídas foram:

1. Escrita a partir de imagens dentro do contexto de repassar uma receita culinária (4 anos).
2. Escrita de nomes — composição a partir de letras móveis (4 anos).
3. Narração de contos e escrita dos nomes das personagens por parte das crianças (4 anos)
4. Redação de uma carta (4 anos)
5. Reconhecimento e elaboração por escrito de anúncios comerciais utilizando logotipos (4 anos).
6. Redação de títulos (5 anos).
7. Redação de uma canção (5 anos).
8. Redação de listas (5 anos).
9. Redação de um conto — situação de trabalho em duplas (5 anos).
10. Ditado de um conto, feito por uma das crianças.
11. Leitura de jornal e elaboração por escrito de notícias (6 anos).
12. Composição de títulos com letras móveis (6 anos).
13. Correção e redação de um texto, proposta que gira em torno da convenção de separação de palavras em um texto (6 anos).
14. Reconstrução de um texto narrativo (8 anos).
15. Classificação e agrupamento de palavras pertencentes a diferentes categorias gramaticais (8 anos).
16. Redação (descrição) sobre o animal eleito e conferência sobre o mesmo tema (5 e 8 anos).
17. Pesquisa e leitura em enciclopédias sobre as características dos animais, seguidas de redação (descrição) sobre o animal eleito e conferência sobre o mesmo tema (5 e 8 anos).[57]

---

57. Ana Teberosky; Beatriz Cardoso. *Reflexões sobre o ensino da leitura e da escrita*. Rio de Janeiro: Vozes, 1993. p. 16-17.

CAMINHOS DA ESCRITA

> **Processo:**
> Entre os itens mencionados, quais remetem a uma situação de: leitura, releitura, transmissão de texto, produção de texto?
>
> **Observações:**
> - Os mediadores percebem o alto índice de situações de produção de textos; a escrita é contemplada por todos os itens, salvo o 15.
> - A leitura aparece em 5, 11, 15, 17. Mas trata-se de leitura de textos reduzidos a palavras. A criança não é confrontada com uma narrativa completa, desconhecida, a ser entendida.
> - Esse levantamento não significa ausência de leitura, pois a vida da classe é mais rica que o relato do mediador. A prática pedagógica é um saber-fazer que escapa às tentativas de explicá-la.
> - No entanto, as situações de leitura quase nunca são identificadas; não são exploradas sistematicamente como as de produção de textos; não são transformadas em instrumentos pedagógicos.
> - Essa pedagogia da escrita é uma pedagogia exclusiva da emissão.
> - Para contemplar os PCNs, é preciso acrescentar a ela uma pedagogia da recepção.

No entanto, seria preciso explicar a hegemonia da produção de textos. Pretendemos fazê-lo no capítulo III, mas já podemos formular duas hipóteses.

- Sem dúvida, a situação escolar de escassez de textos constitui uma explicação convincente. Esse fator faz com que a pedagogia da produção de textos seja mais desenvolvida em nosso país, tanto em seu aspecto teórico, quanto na sua prática. Como propor situações de leitura quando há poucos livros nas escolas? No entanto, se não há respostas plenamente satisfatórias, existem respostas parciais, tal como a leitura pelas crianças de textos escritos pelo professor.

- Na perspectiva da iniciativa do sujeito, a produção é mais criativa, pois outorga maior responsabilidade ao autor, ao passo que a recepção parece mais restrita, na medida em que deve levar em conta o pensamento alheio. Na perspectiva do funcionamento da escrita, a produção permite à criança elaborar seu próprio código, enquanto a recepção implica a aceitação da herança da tradição. Por essas duas razões, uma pedagogia centrada na criança tende a ver na produção uma dimensão mais dinâmica (exemplo da imprensa na escola Freinet).

A produção de textos por parte da criança pode se inserir dentro de duas perspectivas didáticas diferentes.

Na primeira, a produção se dá antes do encontro do aprendiz com a literatura; através das limitações imediatas da criança, a produção de textos abre espaço para a invenção de soluções provisórias. Já procuramos mostrar que essa liberdade não é tão ampla quanto seus promotores a louvam, uma vez que a própria prioridade atribuída à produção acaba limitando as estratégias de construção do código.

Na segunda abordagem didática, a produção de textos é considerada como uma resposta ao encontro da criança com a cultura escrita. Dentro das suas limitações imediatas, o aprendiz é convidado a encontrar soluções nos textos lidos e, após ter recorrido a todas as suas possibilidades, a solicitar a ajuda do mediador.

Nas situações observadas, a produção escrita se realiza com maior frequência de forma não-individual, mas sim coletiva. É o que ocorre quando o discurso oral do aluno não é diretamente codificado sob a forma escrita; intervém o mediador que vai propor mudanças à fala do emissor e adotar o papel social do escritor público. A forma oral do discurso da criança então sofre transformações e adquire um aspecto mais próximo ao padrão da língua escrita; o mediador é nesse caso a garantia da adequação do texto às formas codificadas escritas.

Uma prática da oralidade: contar histórias

Nesta análise queremos destacar uma prática que amiúde é confundida com a "transmissão de texto pela voz", enquanto deveria ser

CAMINHOS DA ESCRITA

claramente distinta dela: o *reconto* comumente chamado "contação de histórias". Se a "voz alta" implica uma *performance*, podemos dizer que essa última não se aplica ao próprio texto, que permanece inalterado. Zumthor caracteriza a *performance* da maneira seguinte: "É com efeito próprio da situação oral que transmissão e recepção aí constituam um ato único de participação, copresença, esta gerando prazer. Esse ato único é a *performance*."[58]

Esse estudioso distingue vários tipos de *performances*. Uma delas é "a *performance* com audição acompanhada de uma visão global da situação de enunciação. É a *performance* completa, que se opõe de maneira mais forte, irredutível, à leitura de tipo solitário e silencioso".[59] Descrevemos a implicação da *performance* dentro das diversas atividades por nós identificadas no quadro *Presença do corpo*.

	Presença do corpo	
	Performance e atividades	
Tipo de atividade	**Elementos submetidos à performance**	**Elementos fora da performance**
Conversa (oralidade pura)	• Tomar a palavra, alternância dos turnos da fala • Fala adequada à do outro (língua) • Construção/emissão/ recepção em concomitância • Domínio paralinguístico[60] • Presença de gesto, olhar, voz, espaço (linguagens)	

---

58. Paul Zumthor. *Performance, recepção, leitura*. São Paulo: Educ, 2000. p. 76.

59. Ibidem, p. 81.

60. O domínio paralinguístico inclui os signos ligados à emissão fônica: voz (timbre, entonação, acento, altura), intensidade, articulação, ritmo, fraseado, sem contar (não é menos importante) a proferição, isto é, a orientação física da fala rumo a um destinatário (Anne Ubersfeld. *Les termes clés de l'analyse du théâtre*. Paris: Seuil, 1996. p. 73).

Tipo de atividade	Elementos submetidos à performance	Elementos fora da performance
Atividade do contador ao vivo (oralidade pura)	• Dono do discurso • Construção/emissão/ recepção em concomitância • Domínio paralinguístico • Presença de gesto, olhar, voz, espaço (linguagens) • Respostas às reações do público	
Atividade do contador no rádio	• Dono do discurso • Construção/emissão/ recepção em concomitância • Domínio paralinguístico	• Ausência espacial do receptor na emissão • Ausência de gesto, olhar, voz, espaço (linguagens)
Transmissão vocal do texto: dizer	• Emissão vocal (2ª enunciação)/recepção auditiva: concomitantes • Domínio paralinguístico • Presença de gesto, olhar, voz, espaço (linguagens) • Nascimento de uma obra	• Construção escrita (1ª enunciação)/ recepção visual (leitura) separadas
Locução (dizer) no rádio ou na TV	• Emissão vocal (2ª enunciação)/recepção auditiva concomitantes • Domínio paralinguístico	• Construção escrita (1ª enunciação)/ recepção visual (leitura) separadas • Emissão vocal (2ª enunciação)/ recepção auditiva separadas no espaço • Ausência de gesto, olhar, voz, espaço (linguagens)
Produção de texto	• Produção solitária	• Ausência do receptor (leitor) na emissão
Leitura	• Traços provenientes de uma enunciação sonora imaginada • Escolha da interpretação do texto a partir da sua polissemia	• Recepção visual solitária • Texto impresso

Pode-se perceber, através desse quadro, que o teor de *performance* é variável e corresponde aproximadamente à dimensão da fala no esquema de Marcuschi, no qual "as relações entre a língua falada e escrita se dão no *continuum* dos gêneros textuais e não na observação dicotômica de características polares".[61]

Na "contação" de histórias, a *performance* se efetua não apenas sobre as linguagens não-verbais, mas também sobre o discurso produzido, ao contrário da transmissão, que recorre a um texto prévio. A *performance* do contador cria, além dos signos não verbais, ato de oralidade pura, a matéria linguística do conto que surge e desaparece no momento da enunciação.

Podemos dizer que a transmissão do texto, evocada anteriormente, remete à língua escrita, enquanto a "contação" de histórias remete à oralidade.

É possível entrever que tal análise terá consequências pedagógicas significativas. As duas atividades não têm a mesma afinidade com o mundo do livro e da biblioteca. Será que a "Hora do conto", por exemplo, teria no interior da biblioteca seu espaço privilegiado?

É importante que o professor cuja responsabilidade é desenvolver a língua portuguesa nas suas duas manifestações — oral e escrita — saiba distinguir o funcionamento de ambas e propiciar situações diferenciadas em função de seus objetivos. Se contar histórias, por exemplo, apresenta resultados benéficos para a constituição da língua oral, os efeitos na conquista da língua escrita — correlação por enquanto ainda não confirmada pela pesquisa — não parecem ser diretos.

Contar histórias é um legado da tradição oral. Transmitir vocalmente os textos é herança de uma sociedade na qual letrados e livros são raros. Contudo, ainda que esses usos sociais sejam conectados ao livro numa cultura da escrita, eles não necessitam da instalação de um acervo considerável de livros. A escuta de histórias não é necessariamente um meio de aproximação do livro. Para que essa aproxi-

---

61. Luiz Antônio Marcuschi. *Fala e escrita: revisitando uma velha questão*. In: Jornada do Grupo de Estudos Linguísticos do Nordeste, 18., *Anais...*, UFB, p. 1, set. 2000.

mação aconteça, é preciso problematizá-la e transformá-la em objetivo. Contar histórias e transmitir vocalmente textos podem mesmo, caso precauções não sejam tomadas, retardar a entrada na leitura de duas maneiras:

- eles podem ser uma alternativa atraente à aprendizagem da escrita, laboriosa (ela requer meses) e árida (ela resulta na perda do calor de uma comunicação corporal);

- eles investem o espaço de modo sonoro, tornando impossível uma atividade que requer o silêncio.

É verdade que não estamos hoje numa cultura marcada pela oralidade primária na qual a intervenção oral não teria sofrido influência da cultura escrita.[62] O contador produz um discurso que raras vezes é inteiramente construído no próprio ato de contar. Frequentemente ele insere elementos emprestados de textos escritos, mantendo, no entanto, a coerência global do texto, guiada pela economia da oralidade.

A falta de terminologia adequada obscurece o discurso pedagógico. Foram as crianças — e isso foi atestado em várias oportunidades — que criaram uma terminologia eficiente para diferenciar as duas esferas: elas falam de *história do livro* e *história de boca*. De fato, a fonte da enunciação reside no livro para a transmissão e na boca para a "contação". A pertinência dessa criação infantil manifesta a necessidade de diferenciar teórica e pedagogicamente essas duas possibilidades. De fato, ao improvisar o texto, o contador pode levar em conta as reações dos ouvintes e responder às intervenções, exclamações, perguntas das crianças. O texto transmitido é, por sua vez, fechado a esse tipo de interação. Juntamente com as educadoras da Creche, acabamos utilizando a terminologia formulada pelas crianças.

---

62. "Designo como 'oralidade primária' a oralidade de uma cultura totalmente desprovida de qualquer conhecimento da escrita ou da impressão. É 'primária' por oposição à 'oralidade secundária' da atual cultura" (In: Walter Ong. *Oralidade e cultura escrita*. São Paulo: Papirus, 1998. p. 19).

Semiologia do texto

Na medida em que recusamos considerar a escrita apenas como um duplo da língua oral, não podemos reduzir o seu funcionamento a uma transposição recíproca das letras em elementos sonoros. Em outras palavras, uma política de alfabetização[63] não pode reduzir o sistema gráfico ao valor fonográfico das letras. A pesquisa contemporânea — análise do discurso, gramática do texto, semiótica do texto — descreve a língua escrita tomando como unidade o texto enquanto objeto de "operações linguísticas e cognitivas reguladoras e controladoras da produção, construção, funcionamento e recepção".[64] A leitura, atividade de recepção, visa à elaboração de sentido, produto de uma interação entre um leitor e um texto. Ela mobiliza permanentemente, dentro do tratamento do texto, todos os conhecimentos do leitor sobre a língua e sobre o mundo (cf. o conceito de "leitura do mundo" de Paulo Freire). Longe de ser mecânica, a leitura é uma atividade complexa, que se desenrola em diversos níveis do texto. Para simplificar a abordagem, podemos identificar cinco níveis de tratamento do texto: icônico, textual, sintático, lexical, fonográfico.

Nível icônico

De um lado, os textos são relacionados às necessidades do leitor, e sua interpretação, que depende delas, não pode ser unívoca. De outro lado, além de poderem se apresentar sobre diferentes suportes, os textos são ilustrados ou não, e seu sentido é o resultado das relações tecidas entre o visual e a língua. A inserção do texto no documento e sua diagramação sempre são significativas. Para exemplificar a complexidade das relações entre texto e imagem usamos a oficina *Hugo*.

---

63. Termo inadaptado na medida em que deixa acreditar que a aprendizagem da escrita se reduz ao domínio das relações fonográficas. Um tal objetivo é, cada vez mais, substituído pelo letramento.

64. Luiz Antônio Marcuschi. *Linguística de texto*: o que é e como se faz. Recife: UFPE, 1983. p. 12-13.

> *Hugo*
> *O texto privado de suas imagens*

Situação:
Livro: Browne, Anthony. Willy e Hugo. São Paulo: Martins Fontes, 1997.

Willy e Hugo (a)

Willy e Hugo (b)

Processo:
☐ Transmissão vocal do texto pelo formador, sem mostrar as imagens.
☐ Descrição dos personagens por escrito e através de desenho pelos participantes.
☐ Exibição das imagens.
☐ Síntese: identificação dos conceitos de: *redundância e complementaridade*.

Observações:
- Nenhum participante indicou o fato de que os personagens eram animais, já que no texto nada indica que não sejam humanos.
- Mais ainda, todos ficaram surpresos ao descobrir nas imagens que a jaula do zoológico continha pessoas visitadas por macacos.
- Ao separar o texto da imagem, a interpretação da narrativa muda radicalmente.

Através desse exercício pudemos evidenciar a dupla relação que o texto pode tecer com a imagem: redundância e complementaridade.

Se a complementaridade permite multiplicar as interpretações do texto e pode se tornar um critério de qualidade na avaliação de um álbum de literatura infantojuvenil, a relação de redundância apresenta para o leitor iniciante dois interesses. Em primeiro lugar, ela reduz as incertezas trazidas por um texto que ultrapassa as capacidades linguísticas do iniciante. Além disso, permite a identificação da palavra ainda não encontrada na escrita. A imagem se torna assim uma verdadeira propedêutica da escrita. Atribuir à imagem o papel de alicerce da construção do sentido do texto supõe, por parte do mediador, um conhecimento explícito mínimo do funcionamento dos seus códigos, tais como o valor do quadro (o que ele mostra e o que ele esconde), as escalas e a profundidade, a taxa de "efeito de realidade", a organização do sequenciamento dos quadrinhos, a relação com o texto escrito etc. O livro *Willy e Hugo* é justamente construído sobre o código antropomórfico dos personagens animais da literatura infantojuvenil e a subversão do "efeito de realidade".

Usamos o documento *Sabine* para trabalhar a associação entre imagem e texto.

Sabine
O cartão-postal

Situação:
A narrativa é constituída por uma correspondência entre duas pessoas vivendo em continentes diferentes, que nunca se encontraram:
Bantock, Nick. *Griffin e Sabine*. São Paulo, Marco Zero, 1994.

Cartão-Postal de Sabine: frente e verso

▶ **Processo:**
- ☐ Trabalho em grupos de 3 pessoas.
- ☐ As duas faces do cartão-postal foram distribuídas aos professores.
- ☐ As instruções eram "Sabine recebeu esse cartão-postal de uma pessoa desconhecida. Imagine quem o enviou."
- ☐ "Escreva uma resposta."

Observações:
- Para poder escrever uma resposta é preciso induzir quem é a pessoa que enviou o cartão e por quê.
- Sabine não tem nenhuma informação a mais sobre o remetente do cartão-postal que os participantes da oficina.
- Para poder imaginar a situação é preciso levantar índices na ilustração e no texto, relacionando-os.

Nível textual

No nível textual, são numerosos os índices que norteiam o leitor na sua construção do sentido. Segundo Adam, "um texto é uma continuidade orientada de unidades sequencialmente ligadas que progride até um fim".[65] Os textos são constituídos por diversos níveis de sequências nas quais se pode reconhecer um número reduzido de protótipos: narrativo, descritivo, argumentativo, explicativo, dialogal.[66] Em primeiro lugar, o olhar pode rapidamente identificar o gênero, que dá uma primeira chave de acesso, já que o texto obedece a suas regras. Será que é uma carta de um amigo, uma receita de bolo, um conto ou uma lista telefônica? Qual é "a dimensão semântica global",[67] ou seja, o caráter informativo ou ficcional do enunciado? Esse texto do jornal remete a um fato ou a um conto? Ele obedece ao código narrativo ou não? Será que o título, a legenda da ilustração, o corpo

---

65. Jean-Michel Adam. *Éléments de linguistique* textuelle: theorie et pratique de l'analyse textuelle. Liège: Mardaga, 1990. p. 49.

66. Jean-Michel Adam. *Les textes*: types et prototypes. Paris: Nathan, 1992. p. 30.

67. Ibidem, p. 24.

do fragmento ou seu resumo pode me ajudar? Para exemplificar essa abordagem do texto propusemos a *Receita indonésia*.

Receita indonésia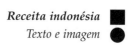
Texto e imagem

Situação:
Durante uma oficina com as educadoras da Creche, trabalhamos com o seguinte documento: *Os pequenos cozinheiros. Livro de cozinha do mundo inteiro para rapazes e raparigas.* Lisboa: Unicef, s.d.

Processo:
☐ Exibição do documento.
☐ Como crianças não alfabetizadas podem descobrir uma parte do sentido do documento?

Observações:
- As educadoras mencionaram a diagramação como apoio para descobrir o gênero do documento: receita de cozinha.
- O reconhecimento do gênero é uma chave para entrar no funcionamento do texto.
- Elas mencionaram a redundância entre a imagem e o texto: por exemplo imagem do tomate e palavra "tomate".
- Elas destacaram a importância de um questionamento aberto rumo à pluralidade dos códigos, para incentivar as descobertas da criança: "O que quer dizer?", "Como você sabe?".

A diagramação de uma bula de remédio não é idêntica à de um artigo de jornal. O desenvolvimento de uma fábula é estruturado em volta dos diversos desafios encontrados pelo personagem principal. Dentro de uma narrativa é essencial distinguir os elementos dialogados da fala do narrador. Além disso, o texto possui uma *coesão*,[68] isto é, uma ligação linguística significativa entre os elementos que ocorrem na superfície textual, manifestando as relações de referência ou anafóricas. O mesmo personagem pode se manifestar no texto pelas palavras: Alice, *a filha, a menina, ela, a, esta, essa, aquela* etc., tecendo um fio através do texto inteiro.

Nível sintático

Para exemplificar a coesão que caracteriza o texto como um conjunto, propusemos aos mediadores o instrumento *Karim*, que evidencia um fenômeno presente tanto no nível do texto, quanto da frase: *a referenciação anafórica.*[69]

Karim ■
As manifestações textuais do personagem ●

Situação:
Apresentação do texto seguinte aos professores

KARIM
Era uma vez, uma menina
que se chamava Karim.
Ela tinha oito anos
e morava na casa de uma de suas tias.
Essa a tinha abrigado
depois da morte da sua mãe.

---
68. Ingedore V. Koch. *O texto e a construção dos sentidos*. São Paulo: Contexto, 2000, p. 35.
69. Ingedore V. Koch. Op. cit., p. 37.

CAMINHOS DA ESCRITA

Processo:
Formador: *Onde se manifesta o personagem principal?*
Mediadores: **Título**, **Karim**, **menina**, **Ela**, **Essa**
Formador: *Não só*
Mediadores: **uma**, **que**, **se**, chama**va**, tin**ha**, mora**va**, **suas**, **a**, tin**ha**, **sua**.
Formador: *Podemos fazer aparecer através de um destaque o fio das referências.*

KARIM
Era uma vez, **uma menina**
que se chamava Karim.
Ela tinha oito anos
e mora**va** na casa de uma de **suas** tias.
Essa **a** tinha abrigado
depois da morte da **sua** mãe.

Observações:
- Os mediadores perceberam rapidamente as palavras (substantivos, pronomes) que substituem o nome do personagem ao longo do texto inteiro.
- Houve maior dificuldade na percepção dos morfemas que têm papel no nível da frase ou do texto, como o "**a**" de mora**va**.
- As anáforas formam um fio que mantém a unidade do texto. Utilizamos essa metáfora, uma vez que a palavra/texto/vem do verbo tecer.
- Esse fio, reconstituído pelo leitor, é uma chave para a compreensão do texto.

Da mesma maneira, a maiúscula tem um papel na coesão do texto. Ela assume três funções:

- ao marcar o nome próprio, manifesta a presença dos personagens;
- de maneira mais distinta do que o ponto, marca a fronteira entre frases;
- enfatiza a palavra quando aparece em seu interior, como em KARIM.

Na Creche, essa abordagem permitiu às educadoras tomarem consciência de um procedimento equivocado. Como sempre apresentavam às crianças material textual com letras maiúsculas, na pretensa expectativa de facilitar a aprendizagem, acabavam sonegando índices relevantes para o tratamento do texto pelos leitores.

No nível da frase, as palavras são dispostas numa ordem que indica a sua função: "Willy reconheceu Hugo"/"Hugo reconheceu Willy". Não é qualquer palavra que pode aparecer em um determinado lugar da frase. Assim, é a gramática que vai possibilitar ao leitor resolver a ambiguidade da palavra "a" em um contexto do tipo "*A* oficina comprou meu carro movido *a* gasolina". O fato de as duas ocorrências de "a" antecederem uma palavra feminina reforça a ambiguidade entre o artigo e a preposição. A sintaxe serve, assim, de guia na elaboração do sentido, permitindo ao leitor, *implicitamente*, discriminar a classe de palavras e antecipar os termos que vêm a seguir.

Nível lexical

Não há consenso sobre a importância do nível lexical nas pesquisas contemporâneas sobre a aprendizagem da escrita. No entanto, tomando como referência a História da escrita e a mudança na maneira de ler depois do abandono da *scriptura continua*, sabemos que a reintrodução da dimensão logográfica dentro da escrita alfabética provocou uma revolução na leitura, que se tornou uma prática visual. Assim, o reconhecimento visual das palavras é uma competência imprescindível do leitor experiente.

No entanto, nem sempre o leitor pode "*reconhecer*" a palavra encontrada; vez por outra, ele se depara com palavras desconhecidas. Isso ocorre com o leitor experiente, mas constitui sobretudo a rotina do leitor iniciante. Quando tal fato acontece, a velocidade da leitura diminui e o leitor deve operar sobre o significante escrito desconhecido, para relacioná-lo à palavra oral correspondente na sua língua falada. Essa ligação a ser realizada entre a nova forma escrita e a forma oral conhecida, constitui o que Giasson chama de *identificação*.[70] Nessa situação o leitor é levado a abandonar o *tratamento* do texto para decriptar a palavra, operando então sobre o *código*.

---

70. Jocelyne Giasson. *La compréhension en lecture*. Bruxelles: De Boeck, 1990.

Podemos distinguir dessa maneira dois "regimes"[71] de leitura. Quando o leitor dedica toda sua energia cognitiva ao tratamento do texto, isto é, à construção do sentido, o regime de leitura é rápido. Quando encontra uma palavra desconhecida, ele deve resolver um problema intermediário e *identificá-la*, antes de voltar ao tratamento do texto, o que resulta em um regime de leitura mais vagaroso. Nessa segunda situação, há várias estratégias para identificar uma palavra desconhecida, ou seja, para relacionar essa nova forma escrita à palavra oral conhecida.

*   O leitor experiente trata o significante do texto a partir do conjunto das informações estocadas na sua memória. Como todo texto tem uma elevada taxa de redundância, esse leitor não necessita levar em conta a totalidade dos seus componentes, mas tão somente aqueles que lhe permitem tratar as diversas probabilidades que se lhe apresentam. Desse modo, uma palavra desconhecida não obscurece totalmente o sentido, uma vez que o contexto por si mesmo, pode remeter à palavra oral correspondente. Usamos esse processo para ajudar o aluno a identificar a palavra "sapo" como aparece em *O sapo Bocarrão* no capítulo V.

*   A segunda estratégia é a utilização das correspondências fonográficas através da *decifração*. Essa é a única explorada pela pedagogia tradicional.

*   A terceira mistura as outras duas.

O regime de leitura corrente é mais rápido, prazeroso, já que ele se efetua sobre uma matéria conhecida. Ao contrário, o segundo regime, que se caracteriza por exigir um trabalho sobre o código, é mais lento, penoso. No entanto, esse trabalho sobre o código será aproveitado se, em outra oportunidade, o aprendiz, por exemplo, puder reconhecer o mesmo significante já memorizado. O leitor experiente, ao se defrontar com palavras novas, sabe memorizar sistematicamente as formas escritas identificadas, evitando assim a reiteração do

---

71. Termo emprestado a Roland Barthes (*O prazer do texto*. São Paulo: Perspectiva, 1999. p. 19-21).

mesmo processo e remetendo diretamente o significante escrito ao conceito. Leitores inexperientes, por sua vez, por não terem compreendido o papel da memorização das formas gráficas, reiteram o mesmo gasto de energia no processo de decifração a cada reencontro com a mesma palavra. Desse modo, ao identificar em lugar de reconhecer, eles não têm acesso à leitura corrente.

Para sensibilizar os professores aos dois "regimes" de leitura, propusemos a situação descrita em *Palavras piratas*.

Palavras piratas
Os dois regimes da leitura

Situação:
O conto "O rei e a omelete", de Walter Benjamin, com palavras piratas.

O rei e a omelete

Era uma vez no Schleswig um rei que tinha todos os poderes e tesouros da Terra, mas apesar disso não se sentia feliz e a cada ano ficava mais melancólico. Um dia ele chamou Elaghine, seu cozinheiro preferido e disse: "Você tem cozinhado muito bem para mim e tem trazido para a minha mesa as melhores iguarias, de modo que eu lhe sou agradecido. Agora porém, quero que você me dê uma última prova de sua arte. Você deve me preparar uma omelete de cantarelos igual àquela que comi há cinquenta anos, na infância. Naquele tempo, meu pai tinha perdido a guerra contra o reino vizinho e nós precisamos fugir; viajamos dia e noite através das espatódeas; chegamos a uma cabana onde morava uma velhinha, que nos acolheu generosamente. Ela preparou para nós uma omelete de cantarelos. Quando a comi fiquei maravilhado, a omelete era deliciosa e me trouxe novas esperanças ao coração. Na época eu era criança, não dei importância à coisa. Mais tarde, já no trono, lembrei-me da velhinha selifa, mandei procurá-la, vasculhei todo o reino, porém não foi possível localizá-la. Agora, quero que você me atenda a esse desejo: faça uma omelete de cantarelos igual à dela. Se você conseguir, eu lhe darei o ouro e o designarei meu herdeiro, meu sucessor no trono. Se não conseguir, entretanto, mandarei matá-lo."

Então o cozinheiro falou: "Senhor, pode chamar imediatamente o racascro; é claro que eu conheço todos os segredos da preparação de uma omelete de cantarelos, sei empregar todos os promates. Conheço as palavras gacmais que devem ser pronunciadas enquanto os ovos são batidos e a melhor técnica para batê-los. Mas isso não me impedirá de ser executado, porque a minha omelete

CAMINHOS DA ESCRITA

> jamais será igual à da velhinha. Ela não terá os condimentos que lhe deixaram, senhor, a impressão inesquecível. Ela não terá o sabor picante do perigo, a emoção da fuga, não será comida com o sentido alerta do perseguido, não terá a doçura inesperada da hospitalidade calorosa e do ansiado repouso, enfim conseguido. Não terá o sabor do futuro estranho e do futuro incerto."

Assim falou o cozinheiro. O rei ficou calado, durante algum tempo.

Não muito mais tarde, consta que lhe deu muitos presentes, tornou-o um homem rico e dedespiu-o do serviço real.

Processo:
Após a descoberta do texto, os mediadores listaram os obstáculos que haviam dificultado a fluência da leitura:

Schleswig	=	palavra estrangeira
Elaghine	=	palavra estrangeira
iguaria	=	palavra portuguesa pouco frequente
cantarelos	=	palavra portuguesa rara: nome de cogumelo
espatódeas	=	palavra portuguesa rara: nome de árvore
selifa	=	palavra inventada
racascro	=	palavra criada com os grafemas de carrasco
prometes	=	palavra criada com os grafemas de temperos
gacmais	=	palavra criada com os grafemas de mágicas
dedespiu-o	=	palavra criada com os grafemas de despediu-o mas guardando a estrutura gráfica verbal

Observações:
- As palavras piratas são estranhas e inexistentes na língua portuguesa, portanto, desconhecidas.
- Elas possibilitam a problematização do conceito de "identificação".
- Essas palavras não podem ser imediatamente "reconhecidas" e devem ser "identificadas".
- Às vezes, o caráter novo da palavra não é notado e a sequência errada de letras "dedespiu" não é reconhecida e é reconstruída pela força do contexto.
- A velocidade da leitura diminui.

Nível fonográfico

Desde a invenção do alfabeto pelos gregos, as relações entre as letras e os sons foram consideradas como o aspecto central da relação entre o oral e a escrita e consequentemente os métodos de aprendizagem fizeram do código fonográfico o seu alvo. Esta concepção está ainda presente na grande maioria das primeiras séries brasileiras. Ela corresponde:

- à tradição, quando o professor propõe o estudo sistemático de cada letra; as cartilhas contemplam um tal programa: uma letra ou um som por semana;
- a uma abordagem mais moderna, quando o professor deixa as crianças reconstruírem o alfabeto através da produção de textos. É preciso notar que essas relações operam, ao contrário dos outros níveis, sobre unidades linguísticas de segunda articulação, ou seja, a um nível infrassemântico, fazendo correr o risco de um ensino mecânico.

Hoje, numerosas pesquisas mostram uma correlação entre as competências de leitura e a capacidade de identificação das unidades sonoras da fala: a chamada consciência fonológica. No entanto, se certos autores usam essas pesquisas para justificar a necessidade de passar pela decifração para ter acesso à escrita, outros mostram — "correlação não é razão" — que essa consciência fonológica é fruto do acesso à escrita. "Os sistemas de escrita proporcionam os conceitos e categorias para pensar a estrutura da língua falada, e não o contrário. A consciência da estrutura linguística é produto de sistema de escrita e não uma pré-condição para o seu desenvolvimento."[72] Essas pesquisas sobre a *consciência fonológica*, ao que tudo indica, não apresentam resultados suficientemente conclusivos a ponto de permitirem a defesa exclusiva de uma linha fonológica da aprendizagem da escrita.

Na expectativa de evidenciar os diversos níveis de funcionamento do texto no ato de leitura, propusemos aos mediadores que compreendessem o documento *O rabo do rato*, convertido por nós em letras insólitas.

Na recepção do texto (e não na sua produção), o código fonográfico atinge a sua eficiência máxima quando o leitor se depara com palavras novas. "Lemos de dois modos: a palavra nova ou desconhecida é so-

---

72. David Olson. *O mundo no papel, as implicações conceituais e cognitivas da leitura e da escrita*. São Paulo: Ática, 1997. p. 84.

letrada letra por letra; abarcamos, porém, a palavra usual e familiar numa vista de olhos independentemente das letras que a compõem; a imagem dessa palavra adquire para nós uma função ideográfica."[73]

O rabo do rato ■
Os diversos códigos ●

Situação:
Leitura de um documento com caracteres estranhos.

Ο ραβο δο ρατο

Ο γατο αρρανχου ο ραβο δο ρατο. "Γατινηο, με δ≤ μευ ραβινηο", δισσε ο ρατο. Ο γατο, εσπερτο, φαλου: "Σδ σε ϖοχ≤ με τρουξερ λειτε".

Ο ρατο... πριμειρο σαλτου, δεποισ ανδου, φοι ℑ ϖαχα ε ασσιμ ληε φαλου: "ςαχα, πελο αμορ δε Δευσ, με δ≤ λειτε παρα δαρ αο γατο ε ελε δεϖολϖερ μευ ραβο". Α ϖαχα, εσπερτα, φαλου: "Σδ σε ϖοχ≤ με τρουξερ αλφαφα".

Ο ρατο... πριμειρο σαλτου, δεποισ ανδου, φοι αο γρανφειρο ε ασσιμ ληε φαλου: "Γρανφειρο, πελο αμορ δε Δευσ, με δ≤ αλφαφα παρα ευ δαρ ℑ ϖαχα, α ϖαχα με δαρ λειτε παρα ευ δαρ αο γατο ε ο γατο δεϖολϖερ μευ ραβο". Ο γρανφειρο, εσπερτο, φαλου: "Σδ σε ϖοχ≤ με τρουξερ χαρνε".

Ο ρατο... πριμειρο σαλτου, δεποισ ανδου, φοι αο α√ουγυειρο ε ασσιμ ληε φαλου: "Α√ουγυειρο, πελο αμορ δε Δευσ, με δ≤ χαρνε παρα ευ δαρ αο γρανφειρο, ο γρανφειρο με δαρ αλφαφα παρα ευ δαρ ℑ ϖαχα, α ϖαχα με δαρ λειτε παρα ευ δαρ αο γατο ε ο γατο δεϖολϖερ μευ ραβο". Ο α√ουγυειρο, εσπερτο, φαλου: "Σδ σε ϖοχ≤ με τρουξερ πℑο".

Ο ρατο... πριμειρο σαλτου, δεποισ ανδου, φοι αο παδειρο ε ασσιμ ληε φαλου: "Παδειρο, πελο αμορ δε Δευσ, με δ≤ πℑο παρα ευ δαρ αο α√ουγυειρο, ο α√ουγυειρο με δαρ χαρνε παρα ευ δαρ αο γρανφειρο, ο γρανφειρο με δαρ αλφαφα παρα ευ δαρ ℘ ϖαχα, α ϖαχα με δαρ λειτε παρα ευ δαρ αο γατο ε ο γατο δεϖολϖερ μευ ραβο".

Ο παδειρο δευ πℑο αο ρατο θυε δευ ο πℑο αο α√ουγυειρο θυε δευ α χαρνε αο ρατο θυε λεϖου α χαρνε αο γρανφειρο θυε ληε δευ αλφαφα θυε ο ρατο δευ ℑ ϖαχα θυε ληε δευ ο λειτε θυε ο ρατο δευ αο γατο ε ο γατο δεϖολϖευ ο ραβο δο ρατο.

Λενδα αν ℵνιμα ινγλεσα, αδαπταδα πορ Ηελοισα Πριετο.
Φοληα δε Σℑο Παυλο 13/02/93

---

73. Ferdinand de Saussure. *Curso de linguística geral*. São Paulo: Cultrix, 1969. p. 44.

> **Processo:**
> ☐ Atividade em grupo de três; dois tratam o texto, o terceiro observa os meios utilizados.
> ☐ O grupo inteiro deve depois classificar os indícios empregados.
>
> **Observações:**
> ☐ Esse exercício provoca nos participantes comportamentos que remetem a características da tarefa proposta:
> - reações de recusa diante do estranhamento do texto, ou, pelo contrário, excitação em face do desafio;
> - tomada de consciência da analogia entre essa situação de adulto e a situação da criança em fase de alfabetização.
> ☐ Esse exercício provoca comportamentos que remetem ao processamento do texto. A variedade dos caminhos seguidos pelos grupos e das operações efetuadas contempla todos os níveis descritos. Eis alguns exemplos por nível:
> - Ortográfico:
>   — cada letra do texto corresponde a uma letra do alfabeto português;
>   — algumas letras são semelhantes às do português: "a", "o", "t" etc.;
>   — algumas são conhecidas através da linguagem matemática: "pi";
>   — as letras duplas "pp" no texto correspondem a letras que podem ser dobradas em português, como "ss" ou "rr";
> - Palavra ou grupo: algumas palavras têm o mesmo "visual" que em português, como "leite", "ao", "Heloísa", "pelo amor de Deus".
> - Sentença: "O gato arrancou + ..." (lugar de um complemento-objeto).
> - Texto: conto com vários desafios sucessivos, repetições, par de personagens animais "gato/rato" etc.
> ☐ Leitura que exige um trabalho significativo no nível do código: identificação.
> ☐ Situação que suscita o interesse dos pedagogos.

"Savoir-faire"

A leitura é um ato complexo que implica dimensões: motora, perceptiva, linguística, cognitiva, afetiva, social. Enquanto saber-fazer, ela possibilita "modificar uma parte do real segundo uma intenção, pelos atos mentais e gestuais apropriados".[74]

---

74. Philippe Champy; Christiane Étévé. *Dictionnaire encyclopédique de l'éducation et de la formation*. Paris: Nathan, 1994. p. 891.

Partimos do princípio de que o leitor, ao tratar o texto, opera em todos os seus níveis, mas não o faz numa ordem determinada, esgotando um nível antes de passar ao outro. Ao contrário, o que se dá é um inter-relacionamento não hierarquizado de diversos níveis de conhecimento do sujeito.

Como mostra o especialista Gérard Chauveau, o leitor utiliza simultaneamente índices heterogêneos, que podem remeter a todos os níveis.[75] Tomemos o exemplo a seguir: "As asas azuis de Borboleta estavam escondidas pelas pétalas da flor."

Na tentativa de reconhecer "Borboleta", a criança pode:

- perceber [bo], início da sílaba "bor" (nível alfabético);
- avaliar o comprimento da palavra e suas quatro hastes (b, b, l, t) (nível logográfico);
- valer-se da proximidade entre "asas" e "flor" na frase (nível léxico);
- valer-se da posição da palavra dentro do grupo sujeito (nível sintático);
- associar a presença do personagem principal do texto à maiúscula B (nível textual).

Assim, o acesso ao sentido não é único e depende da habilidade particular de cada leitor.

A construção do sistema da escrita pela criança pode ser abordada através de diversas entradas. É importante propô-las todas, pelas seguintes razões:

- a criança mais interessada por uma delas pode encontrar seu próprio caminho de aprendizagem;
- o leitor experiente sabe usar o conjunto das entradas, selecionando as que correspondem à especificidade da sua própria habilidade e às suas necessidades do momento; apesar de priorizar

---

75. Gérard Chauveau. *Comment l'enfant devient lecteur*: pour une psychologie cognitive de la lecture. Paris: Retz, 1997.

algumas delas no início da aprendizagem, a criança deverá, ao longo do tempo, diferenciá-las e desenvolvê-las.

O fato de a leitura ser considerada como um saber-fazer nos convida a não confundi-la com um saber. Se o conhecimento do funcionamento do motor facilita a aprendizagem da conduta automobilística, por exemplo, essa última não pode ser reduzida a esse *saber*. No campo da língua, verifica-se que o conhecimento explícito da gramática é distinto da habilidade de falar. Assim, Chomsky mostra que um garoto de 11 anos faz operações linguísticas que linguistas não sabem formalizar. O caráter implícito do domínio da língua reforça a tese segundo a qual existe no homem uma capacidade de linguagem ancorada biologicamente.[76] Mesmo se a escrita supõe um conhecimento explícito dos códigos da língua, já que "a escrita é, por princípio, metalinguística",[77] o funcionamento da língua, escapa às investigações da inteligência humana.

Quanto aos usuários modernos da escrita, pode-se notar que a habilidade de escrever no computador não necessita o conhecimento do código binário, assim como o uso do programa Windows não exige como pré-requisito o domínio do programa DOS. É preciso, de fato, para cada aprendizagem, determinar o grau necessário, útil ou desnecessário de conhecimento do código. A identificação do ato de ler como um *savoir-faire* acarreta consequências em termos de metodologias da aprendizagem da escrita, como é o caso dos métodos ativos que propõem *aprender fazendo*.

Objetivos da nossa atuação

Tomando como base os pressupostos descritos neste capítulo, ao longo da nossa atuação dentro das instituições, elaboramos, portanto,

---

76. Jean-Louis Dessales. *Aux origines du langage*. Paris: Hermes, 2000. p. 53-74.

77. David Olson. *O mundo no papel*: as implicações conceituais e cognitivas da leitura e da escrita. São Paulo: Ática, 1997. p. 106.

instrumentos de apropriação de uma biblioteca constituídos a partir da formalização de uma prática escolar. Fizemos isso de maneira que eles sejam transferíveis para outras instituições, em outros lugares do Brasil que queiram se valer da presença de uma biblioteca e potencializar seus efeitos nos alunos, em todos os níveis: na aprendizagem da língua escrita concebida como educação da personalidade e meio de inserção do leitor na sociedade, e enquanto recurso de pesquisa.

Essa apropriação se desenvolve em várias etapas. Ela passa pela:

- *identificação* da prática existente nas instituições;
- *socialização* dessa prática, na medida em que nem sempre pertencia ao corpo dos mediadores, mas somente a alguns dentre eles;
- *criação* de práticas específicas à biblioteca escolar e de situações de leitura *em sentido estrito.*

Tais práticas têm como características a interatividade e serem oriundas de projetos pessoais ou grupais. Engendram a inserção do leitor na sociedade através do uso de meios de comunicação contemporâneos, apontando para conhecimento, cultura e possibilidade de agir sobre o mundo.

Assim sendo, nossa ambição de identificar de maneira detalhada cada modalidade da escrita pode parecer contraditória com uma abordagem multissemiótica da comunicação. Podemos responder que a interligação das diversas competências comunicativas entre si requer, antes de mais nada, a existência de cada uma delas. Não se pode colocar em relação àquilo que é inexistente. Nosso alvo consiste, portanto, em última análise, em fazer surgir a leitura no sentido estrito dentro da biblioteca. A partir daí, então, ela poderá ser articulada a outras atividades culturais.

Capítulo II

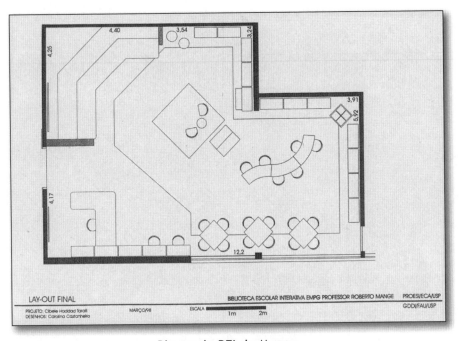

Planta da BEI do Mange.
Tese de Doutoramento de Regina O. Amaro

Fontes da experimentação

A atuação de referência deste trabalho é constituída principalmente por uma pesquisa de um ano (1999) realizada em duas entidades criadas em instituições escolares vinculadas ao Proesi/ECA/USP:

1) a Biblioteca da Creche Oeste da Coseas/USP, chamada "Oficina de Informação", instalada em 1993;

2) a Biblioteca Escolar Interativa (BEI) da Escola Municipal de Ensino Fundamental Professor Roberto Mange, inaugurada em 1996.

Ela é complementada por experiências de natureza semelhante desenvolvidas em três outras entidades:

3) a "Estação Memória" da Biblioteca Infanto-Juvenil Álvaro Guerra, também vinculada ao Proesi, fundada em 1993, cuja atuação foi também acompanhada ao longo de 1999;

4) o Projeto Biblioteca Viva criado pela Abrinq em 1998, acompanhado durante o ano de 1999;

5) o Centro de Documentação de Tetuán, no Marrocos, instituído e instalado pelo Ministério da Educação Nacional daquele país entre 1994 e 1996.

Para descrever essas instituições vamos nos valer do conhecimento elaborado durante a nossa pesquisa e faremos referência à bibliografia existente.

No caso das entidades vinculadas ao Proesi (1, 2 e 3), as referências bibliográficas incluem documentos de uso interno, dissertações e teses de pesquisadores que tomaram esses laboratórios como objeto de pesquisa. Cada uma das três entidades do Proesi, chamada "laboratório", é dirigida por um pesquisador que coordena uma equipe formada por profissionais da instituição: professores, educadores, bibliotecários e colaboradores exteriores temporários, como bolsistas estudantes da USP, professor visitante e voluntários.

No que diz respeito às duas outras experiências anteriores àquele ano (4 e 5), pode-se dizer que elas alimentaram nossa atuação nos laboratórios e nos possibilitaram enriquecer o leque de instrumentos de apropriação de uma biblioteca.

Creche Oeste

A Creche Oeste é uma das quatro instituições do gênero mantidas pela Coordenação de Assistência Social da Universidade de São Paulo (Coseas/USP).[1] As outras são a Creche Central instalada no mesmo campus, a Creche da Saúde, instalada na avenida Dr. Arnaldo, e a Creche Carochinha do campus de Ribeirão Preto.

A Creche Oeste é a menor delas e pode acolher 110 crianças, ou seja, atender 80 famílias. Ela foi fundada em 1990 a pedido dos funcionários da USP, apoiados por uma ampla mobilização social. Em 1993, após ter atravessado uma série de turbulências, acolheu uma nova equipe dirigente — diretora e coordenadora — nomeada para mudar as relações com os funcionários e para transformar a prática educativa. Esta última não deveria mais ser ditada pela teoria, pois "se a práxis se regesse simplesmente pelas indicações da teoria, endurecer-se-ia doutrinariamente".[2] Dessa perspectiva o Proesi foi convidado para colaborar, através da criação de uma biblioteca.

Alguns dados diferenciam a Creche Oeste das creches da Prefeitura de São Paulo:

---

1. Dados recolhidos na dissertação de mestrado da diretora (Marie Claire Sekkel. *Reflexões sobre a experiência com a educação infantil*: possibilidades de uma educação contra a violência na primeira infância, apud, Instituto de Psicologia, USP, 1998, p. 40).

2. Adorno, apud Marie Claire Sekkel. Op. cit., p. 40.

CAMINHOS DA ESCRITA

- ela recebe as crianças a partir de 6 meses de idade;
- ela oferece um serviço em período integral: das 06:45 até 18:00, o que modifica a perspectiva educacional, se "pensarmos na trajetória de uma criança que passa 9 a 10 horas na Creche, de segunda a sexta [...] é fácil perceber que a maior parte de sua formação se dá no âmbito institucional".[3] Essa situação que obriga as educadoras a "se preocupar com a formação do hábito alimentar, rotinas de sono";[4]
- A origem social das crianças é heterogênea, com uma repartição controlada: 80% são filhos de funcionários, 18% filhos de docentes e 12% de alunos.

Na Creche, o profissional de educação, chamado comumente "educador", é oficialmente, do ponto de vista da Coseas/USP, um *"técnico de apoio educativo"*.[5] Pode-se perguntar, apoio a quem? Quem detém a responsabilidade educacional? O termo não valoriza o verdadeiro trabalho educativo cumprido por aquele pessoal. Além disso, sua total feminização, ao resultar em numerosas licenças-maternidade, complica a gestão da Creche e reforça a falta de reconhecimento institucional do papel de "profissional da educação".

Para ser contratada, uma educadora deve ter concluído o 2º grau e ter trabalhado dois anos com crianças. Apesar de várias delas estarem fazendo uma graduação na Faculdade de Educação na perspectiva de cumprir as exigências da Lei de Diretrizes e Bases, que exige a médio prazo uma formação universitária para os profissionais da Educação Infantil, as demais não receberam formação pedagógica inicial. No entanto, a Creche abre várias vezes por semana um espaço de formação em serviço entre 12:00 e 13:00.

---

3. Marie Claire Sekkel. Op. cit., p. 15.

4. Ibidem, p. 23.

5. No Núcleo Educacional Infantil (NEI) da Universidade Federal do Rio Grande do Norte, estabelecimento análogo à Creche Oeste da USP, as professoras são contratadas na categoria funcional de professor de I e II grau (In: Maria Carmen Freire Diógenes Rêgo. *Recortes e relatos, a criança de 2 e 3 anos no espaço escolar*. Dissertação (Mestrado) — UFRN, 1995, p. 26).

As educadoras trabalham 6 horas por dia, em dois períodos (manhã ou tarde), e cumprem assim 30 horas semanais. A relação entre o número de educadoras e o número de crianças varia de 1 para 5 no berçário a 1 para 18 no grupo de 6 anos (G6). Os grupos de crianças são constituídos por idade e chamados: Berçário, G2, G3, G4, G5, G6. A proporção de crianças por educadora é louvável, se levarmos em conta outras instituições brasileiras.

Ampliando a esfera da comparação, cabe lembrar que a "École maternelle française", mundialmente admirada por ter conseguido escolarizar em boas condições 99% das crianças de 3 anos,[6] confia, em média, 28 crianças a cada professor.[7] Analisando o tempo de trabalho dos dois lados do Atlântico, verificamos que as educadoras estão presentes na Creche durante 30 horas, das quais 25 passadas com crianças. De 12:00 até 13:00 aquelas que não estão ocupadas com a vigilância das crianças no pátio, participam de reuniões de formação. Na França, a presença na escola é de 26 horas junto às crianças, acrescidas de reuniões e da tarefa de preparação e avaliação do trabalho, a ser realizada em casa. É importante lembrar que a entrada na escola fundamental acontece um ano mais tarde no Brasil do que na França. De fato, enquanto na França, as crianças já aos 6 anos entram em processo formal de aprendizagem da escrita, na Creche Oeste crianças da mesma idade beneficiadas com a Educação Infantil desde os 6 meses, devem esperar ainda um ano para serem iniciadas no processo.

A criação de um SI — que tomou o nome de Oficina de Informação —, possibilitando a comunicação entre os adultos (funcionários e pais) e as crianças, teve em vista, conforme já mencionamos, contribuir para reduzir o clima de violência então presente na instituição. O acervo de livros de literatura infantojuvenil foi instalado em uma sala de 20 m² no primeiro andar, afastado do centro do estabelecimento. Diante dessa escolha feita pela direção da escola, o Proesi se valeu da

---

6. Dados de 1992; In: Direction de l'évaluation et de la propective. *Géographie de l'École*, Paris, Ministère de l'Éducation Nationale, n. 2, p. 40, fev. 1994.

7. Dados de 1992. Ibidem, p. 28.

CAMINHOS DA ESCRITA

situação para atribuir à sala um caráter insólito: o de espaço mais próximo do céu, dedicado à ficção e povoado de personagens de sonho.

O Proesi ofereceu os livros e a participação de uma profissional de educação infantil e de duas estudantes da USP, bolsistas em formação. Elas tinham como meta a implantação de uma prática da informação de acordo com os objetivos do Proesi. Assim, as crianças frequentam duas vezes por semana a OfIn (apelido dado por elas ao personagem mascote da Oficina de Informação), durante uma hora e meia cada vez. Nesse período de tempo elas escolhem livros que emprestam, um para a sala do grupo (salinha) e outro para levar para casa. Durante o registro dos livros escolhidos, elas folheiam individualmente livros e trocam entre si as suas descobertas. As orientadoras dizem textos, contam histórias, utilizando várias técnicas, como bonecos, figurinos, introduzindo as crianças no mundo da ficção e solicitando a elas respostas verbais ou desenhos. Através das atividades rotineiras como interpretação de imagens, mas também de outras, excepcionais, tais como exposições de livros, elas iniciam as crianças nos cuidados com os livros e o acervo. Constroem-se assim competências de usuários da escrita. Um tempo significativo é reservado também à exibição de vídeos, mas muitas vezes sem que as crianças recebam uma orientação definida por parte do adulto.

Seria interessante que, no futuro, o uso do vídeo constituísse outro objetivo de formação das educadoras, possibilitando uma verdadeira educação das crianças em relação à imagem. Essa formação poderia seguir dois eixos. Por um lado, tiraria partido da presença do mundo trazido pelas imagens, no intuito de favorecer uma reflexão crítica junto às crianças. Por outro, desvelaria os efeitos de realidade impostos pelos filmes, aos quais muitas vezes as crianças ficam presas, ou seja, procuraria sensibilizá-las à linguagem da imagem.

A Creche foi construída na parte oeste do *campus* da USP e possui prédios relativamente confortáveis. No entanto, a área total (construída e útil) é pequena, com poucas possibilidades de extensão. Embora a área verde do *campus*, gramado e bosque seja vasta, a Creche está dela separada por uma rua com tráfego constante. Aproveitar as riquezas naturais do *campus* exigiria um acompanhamento de vários adultos por grupo de crianças, o que demandaria uma programação precisa. A educadora não pode por exemplo sair durante uma meia hora para uma atividade improvisada com o seu grupo.

Os prédios apresentam três blocos, um para o módulo I (de 0-3 anos), outro para o módulo II (4-6 anos) e um terceiro que abriga a administração e os serviços de saúde, refeição e biblioteca. A escola pretende fechar o pátio coberto instalado entre os dois módulos, para protegê-lo do vento e ampliá-lo. Nessas condições, poderia ser criada uma sala polivalente. Fala-se também da construção de um mezanino que poderia ser dedicado à biblioteca (OfIn).

Os 20 m² de superfície da OfIn comportam dois espaços distintos, separados fisicamente por dois pilares restantes de uma parede suprimida. Um lado contém alguns móveis: uma mesinha com computador, um banco coberto de tecido, uma estante com aparelho de TV e algumas prateleiras e gavetas com álbuns de fotografias. O outro lado apresenta no chão quatro grandes almofadas em forma de animais; confeccionadas pelas orientadoras, elas estabelecem um ambiente de ficção.

O registro informático do acervo de 1.200 livros ainda não está concluído, o que, no entanto, não impede o empréstimo. Considerável parcela desse acervo é constituída pelos chamados "álbuns",[8] nos quais a imagem ocupa a maior parte do espaço.

A instalação em local descentrado reforçou durante anos o divórcio que existia entre a biblioteca e a prática das educadoras nas salas. Essa separação, que tem se reduzido pouco a pouco, pode ser explicada de várias maneiras:

- a introdução de uma biblioteca na educação infantil era inovadora e não havia ninguém dentro do estabelecimento que possuísse uma experiência condizente. Além da introdução da Oficina, havia sido instalado na Creche um projeto de "composteira" relacionado a práticas alimentares; liderada pela diretora, essa iniciativa foi integrada mais rapidamente à educação ambiental, do que a biblioteca ao processo de letramento;

---

8. Na França, os livros que dão prioridade à imagem são chamados *albums*.

CAMINHOS DA ESCRITA

- a apropriação da Oficina não era plenamente assumida pela equipe de direção que, de certa forma, "terceirizava" esse serviço aos especialistas da USP. Alguns conflitos no passado entre a antiga orientadora do Proesi e a direção da Creche já tinham manifestado essa dicotomia;

- a prática pedagógica incentivada na Creche sofria a influência do "construtivismo" liderado por Emília Ferreiro, orientação que prioriza a aprendizagem da escrita através da produção de textos. Ao negligenciar a recepção, a Creche revela não possuir uma didática de referência adequada ao aproveitamento da biblioteca, pois "Emília Ferreiro teria fornecido uma teoria da gênese da representação da escrita na criança, mas não uma gênese da leitura e da interpretação de textos".[9]

No entanto, a despeito dessas peripécias inscritas na separação entre os prédios, assim como na repartição de papéis entre o pessoal do Proesi e o da Creche, graças à adesão das crianças, a cultura do livro, vai transitando entre o universo da sala de aula e o da biblioteca.

As pequenas dimensões do estabelecimento possibilitam uma intervenção coordenada dos atores — uma vez que todos, educadores, funcionários, crianças, pais, conhecem todos — e criam para as crianças um ninho de grande segurança afetiva. Ao mesmo tempo, essa organização acaba limitando a autonomia das educadoras e a diversidade das participações. De fato, a estrutura da Creche repousa na autoridade dos dois elementos do binômio diretora/coordenadora pedagógica, reunidos em "um único nível hierárquico".[10] Ocorre que, ao nosso ver, ele concentra o exercício de três poderes, o do emprego, o da orientação pedagógica e o da formação, o que acaba reduzindo o espaço de iniciativa das educadoras.

Uma formação continuada eficiente exigiria, por parte das educadoras, uma determinada capacidade de experimentação. Embora as relações desenvolvidas na Creche ocorram dentro de uma atmos-

---

9. Barbara Freitag. *O indivíduo em formação*. São Paulo: Cortez, 1994. p. 56.

10. Marie Claire Sekkel. Op. cit., p. 28.

fera calorosa, as manifestações de afeto, no entanto, podem contribuir para dissimular conflitos gerados pela situação de dependência das educadoras. Quando surgem, tais conflitos sofrem riscos de serem resolvidos por atitudes de caráter autoritário.

O trabalho desenvolvido na Creche desde 1994, que é objeto de vários artigos na imprensa por ser uma experiência rara em nosso país, que suscitou numerosas visitas de educadores brasileiros e estrangeiros, no entanto, ainda necessita ser estendido a outros estabelecimentos da própria Coseas, a exemplo do que vem ocorrendo em municipalidades do Estado de São Paulo.

Escola Roberto Mange

A Escola Municipal Roberto Mange, "o Mange", está construída no quilômetro 15 da Rodovia Raposo Tavares, próxima ao Vale do Sapé, no bairro Jardim Esther. Sua localização explica a razão pela qual a escola foi várias vezes invadida por enchentes. A última delas estragou a sala de leitura situada no pavimento inferior da escola.

> A região sofreu uma degradação ambiental pelo fato de ter se instalado no bairro, desde 1950, o chamado "Lixão de Cotia". A população carente passou a fixar-se em barracos ao redor do lixão, aproveitando os restos do lixo para sua sobrevivência. Por ocasião da instalação da escola, na década de 70, o lixão estava em pleno funcionamento... Depois de alguns anos, este foi aterrado e, no local, foi construído o Parque Raposo Tavares. No entanto, certos efeitos continuam atingindo a população.[11]

O povoamento do bairro é constituído de migrantes.

---

11. Regina Obata Ferreira Amaro. *Biblioteca interativa*: concepção e construção de um serviço de informação em ambiente escolar. Tese (Doutorado) — Escola de Comunicações e Artes da USP, 1998. p. 44.

CAMINHOS DA ESCRITA

A maioria dos pais (60%) são provenientes de outros estados brasileiros, principalmente da Bahia, Minas Gerais, Pernambuco, Ceará, Paraíba, Paraná, Piauí, Alagoas, Espírito Santo, Rio Grande do Norte.[12]

Uma pesquisa feita pelo médico do estabelecimento descreve:

Existem três favelas na região. A maior parte é a favela do Jaqueline, no bairro de Jardim Jaqueline, que responde pela maior parte da clientela da escola. No bairro vizinho, do Jardim Dracena, existe uma outra favela, meio como prolongamento da Favela do Jaqueline, entre as ruas Alessandro Bibiena e Denis Chaudet, denominada Favela do Morro da Fumaça, ou Favela do Vale da Esperança. Existe uma terceira favela, a da Mandioquinha, esta mais urbanizada e também mais próxima da escola, com casas de alvenaria, ruas cimentadas e a maior parte do esgoto canalizada.[13]

O Projeto Sala de Leitura tinha sido lançado nas escolas da Prefeitura em 1978. Instalada no Mange em 1981 no local da atual BEI, a Sala de Leitura foi deslocada em 1982 para o pavimento inferior da escola, tendo em vista atender à expectativa do corpo docente que solicitava aquele espaço como sala de professores.

Apesar de ter sido um recurso interessante em relação à habitual privação de livros, se analisado hoje, mais de duas décadas depois de sua implantação, aquele projeto municipal se revela um conceito bastante limitado por não poder mais contemplar as necessidades educacionais de nossos dias.

De fato, a Sala de Leitura "é autorizada na escola desde que a) as condições físicas para sua instalação já existam, *a priori*; b) não implique em prejuízo no atendimento da demanda escolar"[14] e a autora acrescenta: "na maioria das vezes, a instalação desse serviço ocorre

---

12. Ibidem, p. 46.

13. Maruro Taniguchi. *Estudo antropométrico e sobre aspectos relativos à saúde em um conjunto de alunos da EMPG Roberto Mange*, p. 2, set. 1996.

14. Regina Obata Ferreira Amaro. Op. cit., p. 37.

em espaços improvisados... ela é somente um serviço acessório".[15] Na situação de emergência que se seguiu à referida enchente, a comunidade escolar aceitou a proposta do Proesi de instalar uma BEI dentro da instituição, localizando-a em uma laje fora do alcance das águas, ou seja, no espaço novamente destinado à sala dos professores.

Em 1999 a escola possuía 1.800 alunos. No entanto, no ano 2000, contava com apenas 1.521 alunos: 480 no turno da manhã, das 7:00 às 11:00, 485 no turno da tarde, das 13:00 às 17:00 e 556 no turno da noite, das 19:00 às 23:00. A repartição em séries se dá da maneira seguinte:

Turno	Total	Tipo	Séries							
			1º	2º	3º	4º	5º	6º	7º	8º
1º	16	regular	4	3	4	5				
2º	15	regular				2	5	5	2	1
3º	16	regular							2	2
		supletivo					3	3	3	3

A leitura desse quadro mostra claramente os problemas de evasão e repetência que atingem intensamente o Mange. Se boa parte dos alunos vem das favelas próximas, muitos deles provêm de 34 bairros e municípios vizinhos, o que revela uma clientela bastante heterogênea.

Dividido em três turnos, com professores de 1ª a 4ª série responsáveis pela totalidade das disciplinas e professores de 5ª a 8ª série especialistas, o corpo docente da escola é distribuído em diferentes categorias:

- *efetivo*: com estabilidade na classe;
- *adjunto*: com estabilidade na Direção Regional do Ensino Médio;

---

15. Ibidem, p. 37.

CAMINHOS DA ESCRITA

- *estável*: com estabilidade na Prefeitura;
- *contratado*: instável;
- *readaptado*: funções "livro de ponto", leitura e recortes do Diário Oficial etc.; uma professora nessa categoria, responsável pela relação com o projeto da USP, se dedica à BEI.

Cada categoria recebe um salário diferente, possui seu horário e consequentemente sua imagem social. Existem três modalidades de horário do professor:

- Jornada Específica Integral (JEI); base de 40 horas: 25 horas-aula (45 minutos) + 11 de projeto + 4 de preparação (das quais 2 podem ser feitas em casa);
- Jornada Específica Ampliada (JEA); base de 30 horas: 25 horas--aula + 3 de projeto + 2 de preparação (das quais 1 pode ser feita em casa);
- Jornada Básica (JB): base de 20 horas + 2 de preparação (das quais 1 pode ser feita em casa).

Tomando como referência um país estrangeiro, vejamos o horário de trabalho dos docentes na França. Até a 4ª série o professor tem uma carga horária de 26 horas-aula, enquanto o especialista da 5ª à 8ª série atua durante 18 horas semanais. Ao contrário daquele país no qual não se acumulam funções docentes, no Mange a maior parte dos professores assume uma segunda jornada, na Prefeitura, no Estado ou na rede particular.

Contando com o apoio de uma parte do corpo docente do Mange e da comunidade escolar, a equipe do Proesi se propôs a lançar um SI que levasse em conta, além da constituição do acervo, as questões de espaço e mobiliário. Para tanto, solicitou a contribuição da Faculdade de Arquitetura (FAU); uma professora aceitou participar e engajou bolsistas no projeto.

Graças à experiência acumulada na Creche, à reflexão sobre o papel de um SI, e à participação da FAU, o Proesi soube demonstrar a importância de se construir um laboratório que possibilitasse a experimentação de novos instrumentos de informação, obtendo para tanto o apoio da Fundação de Amparo à Pesquisa do Estado de São Paulo, Fapesp. Um projeto amplo foi elaborado, levando em consideração a escolha do espaço, a elaboração da planta e dos móveis e a seleção do acervo. Uma pesquisadora do Proesi assumiu a sua coordenação. Dada a participação da FAU, várias plantas foram desenhadas, estudadas e discutidas, até se chegar ao resultado final.

Dois anos inteiros foram necessários para a edificação dessa biblioteca escolar única no gênero, até que fosse inaugurada em 1998. Os convidados puderam admirar o desenho dos espaços enriquecidos com uma arquibancada de madeira, a funcionalidade das estantes, mesas e poltronas, o acabamento estético das cores, amarela e azul, a presença de aparelhos para o ensino, como computadores, TV e vídeo. A BEI aparecia como uma ilha aconchegante, cheia de promessas, dentro do oceano de desconforto do Mange. No entanto, a beleza da BEI junto às grades da escola e à violência do bairro deixava perceber sua fragilidade diante das ameaças exteriores. O desafio para o futuro era claro para todos: ou o ambiente engoliria o novo espaço, ou a equipe da escola conseguiria expandi-lo.

O local é situado no terceiro nível do prédio, que corresponde à entrada administrativa da escola. Ele é separado da sala de informática por um *hall* que dá acesso ao corredor, do qual partem três escadas. Duas delas permitem atingir o segundo nível, onde se encontra o pátio coberto e a terceira conduz ao primeiro nível, que abriga três salas de aula.

A superfície da BEI é de 90 m^2; o tamanho é pequeno em relação aos 1.500 alunos do estabelecimento, se usarmos como referência o padrão internacional. "A Library and Information Services Council, do País de Gales, estabelece que o tamanho mínimo de uma biblioteca escolar para jovens deve ser calculado na relação de 20 m^2 por 100 alunos",[16] relação que corresponde exatamente àquela encontrada na Creche. Adjacente à BEI há uma sala de 25 m^2 que poderia, a nos-

---

16. Ibidem, p. 68.

so ver, ser usada para ampliar o espaço. No entanto, a situação atual indica que, antes de projetar uma expansão possível, cabe explorar melhor as potencialidades do espaço existente.

A biblioteca deve poder acolher várias atividades, algumas compatíveis entre si (leitura/pesquisa), outras não (leitura/escuta de um disco). A solução adotada pelo projeto foi organizar a diversidade a partir da programação da escola e dos objetivos de cada turma.

A sala não retangular possibilita a delimitação de lugares diferenciados e evolutivos que podem acolher diferentes modalidades de atuação:

- um espaço de 3 x 2,5 m é reservado à gestão da BEI e ao seu computador (catalogação, inserção, etiquetagem);
- um espaço de 3 x 3 m é o lugar de consulta, com dois computadores (CD-ROM, catalogação);
- um espaço de 6 x 6,5 m (chamado "de pesquisa" na planta do projeto) abriga o acervo e mesas de trabalho;
- um espaço de 8 x 4,5 m[17] (chamado "de multiúso" na planta do projeto) apresenta uma arquibancada de três degraus de madeira escura. No centro, um piso de madeira de 2 x 2 m com iluminação especial destaca o espaço simbólico de um palco. Resta, ainda, uma superfície de 3,5 x 3,5 m com aparelhos audiovisuais (vídeo, TV).

Os termos usados para designar os espaços são, portanto, "controle", "multiúso", "pesquisa"; eles manifestam assim os objetivos da BEI. Observamos também que essa terminologia reflete características diversificadas em relação ao Projeto Sala de Leitura, que não inclui nem o "multiúso" nem a "pesquisa".[18] Verifica-se, contudo, que o termo "leitura" não aparece na planta, fato significativo que exige análise a ser desenvolvida no próximo capítulo.

---

17. A soma desses espaços diferenciados ultrapassa a superfície total, mas isso não surpreende, já que se trata de espaços de uso e não só de partes de um todo.

18. Cf. o Decreto n. 35.072, *DOM*, 21/4/1995.

Uma estante e uma caixa rolante no centro da sala dão aos diversos espaços um caráter evolutivo. Os outros móveis, belos e funcionais, são 3 mesas curvas, 3 quadradas e 24 poltronas confortáveis, sendo 20 amarelas e 4 azuis, cores do ambiente da BEI. Como o conjunto dos assentos não pode atender uma turma inteira, é preciso recorrer à arquibancada para acolher uma classe. Essa escolha induz, de fato, uma pedagogia "diferenciada". As estantes com suportes metálicos amarelos e prateleiras de madeira ocupam 3/4 das paredes e algumas atingem o teto. Duas pequenas escadas que podem servir de tamboretes completam o mobiliário.

Podemos estimar o número de livros total em 3.000. Esse cômputo é difícil, pois se 2.100 títulos estavam inseridos em março de 2000, restam cerca de 1.000 não registrados. São livros oferecidos pelo MEC, recentemente introduzidos na escola e antigos livros da Sala de Leitura, salvaguardados do desastre das águas. Esse antigo acervo deve sofrer um processo de baixa para eliminação dos livros estragados e para permitir a inserção dos demais livros.

O número de livros em relação ao número de usuários está longe de ser equivalente ao da Creche, que possui 10 livros por aluno (10/1). Na França se considera 5/1 a proporção razoável para o empréstimo de livros sem correr riscos de esvaziar o acervo, o que restringiria as possibilidades do trabalho escolar. No entanto, não podemos calcular a relação livro/aluno da mesma maneira que na Creche. De fato, tomar como base o número de discentes da escola não é pertinente, já que nunca há mais de 600 alunos no estabelecimento ao mesmo tempo. Se levarmos em consideração que o empréstimo deve ser referido ao número de alunos da escola inteira e que o acervo a ser usado na própria BEI deve ter como referência o número de alunos por turno, podemos avaliar em três o número de livros razoável por aluno, o que corresponderia a 5.000 livros no acervo. Em relação a esse número, a dotação do Mange já é significativa.

A diversificação do acervo é grande; ele contém:
- jornais, CD-ROMs, fitas de vídeo;
- histórias em quadrinhos;

CAMINHOS DA ESCRITA

- livros de ficção, livros informativos e livros de referência;
- livros de imagens (álbuns), livros ilustrados e livros apenas com textos;
- livros de temas diversificados;
- livros de bolso e *beaux livres*.[19]

A repartição entre esses diversos documentos contempla o critério de "conveniência" ou de adequação ao usuário.[20] É preciso acrescentar que o público está longe de ser homogêneo em relação aos seus interesses e às suas competências. Certamente as diferenças entre os usuários não poderiam ser maiores: o acervo deve contemplar tanto crianças que nunca manusearam um livro, quanto adultos, leitores experientes. A inexistência de livros didáticos para os professores, contudo, constitui uma lacuna que pode ser questionada.

Os livros são classificados a partir de uma adaptação da Classificação Decimal Dewey (CDD) e recebem uma etiqueta redonda colorida.

Cor	Classificação CDD	Assunto
Amarelo	100 e 200	Filosofia e Religião
Azul	300	Ciências Sociais
Cor-de-laranja	400 e 800	Língua e Literatura
Preto	500 e 600	Ciências e Técnicas
Verde	700	Artes e Esportes
Vermelho	900	Geografia e História

(Ver foto p. 311).

---

19. Na França, termo para designar belos livros ricamente ilustrados com qualidade artística.

20. Waldomiro Vergueiro. *Seleção de materiais de informação*. Brasília: Briquet de Lemos, 1995. p. 24.

Além do código das cores, são utilizados cinco ícones que permitem localizar os diversos documentos:

- audiovídeo;
- referências;
- primeiras leituras;
- jornais e revistas;
- coleções.

Dadas as razões acima mencionadas, o público da escola é fragmentado no que diz respeito tanto aos alunos quanto aos docentes. A dificuldade também é grande para a diretora, que tem de acompanhar a vida da escola durante os três períodos. As salas de curso são igualmente usadas por três turnos, o que dificulta a tomada de responsabilidade dos espaços pelos alunos. Iniciativas como a limpeza e o embelezamento da sala, a exposição de textos nas paredes, a instalação de plantas ou aquários, não costumam ser assumidas pelos alunos, o que consequentemente inviabiliza a prática de uma pedagogia do projeto. Alguns professores, no entanto, tentam tirar proveito do rodízio das turmas para incentivar a comunicação com os outros turnos, através da escrita exposta nas paredes.

A BEI é o lugar mais procurado do Mange. O conforto oferecido atrai alunos e professores e funcionários. Tanto o corpo docente quanto o discente qualificam o local como sendo de "primeiro mundo". A BEI costuma ser requisitada para as mais diversas finalidades; ela abriga reuniões sindicais, reuniões educativas para tratar da violência na escola, reuniões de formação (ela foi o local das nossas oficinas) e atividades de várias disciplinas. É a BEI que serve também de sala de vídeo para os alunos assistirem a filmes, agrupando eventualmente três turmas, ou seja, mais de 100 alunos.

Como o Mange não possui sala polivalente, a BEI sedia inúmeras atividades de comunicação e expressão. Nela, ao longo do ano de 1999, por exemplo, uma pesquisadora desenvolveu a Oficina de Roda de Histórias junto aos professores e alunos do terceiro turno.

CAMINHOS DA ESCRITA

Essa atração exercida pelo espaço excepcionalmente confortável chega a impedir o uso específico da biblioteca para sua destinação precípua, o que revela a carência de outros espaços que atendam àquelas necessidades.

Já destacamos que um local de leitura não pode ser confundido com um ambiente de simples recepção, pois o ato de ler requer a participação ativa do indivíduo. Além disso, numa visão interativa, esse ato não pode ser isolado de outras práticas da informação, nem tampouco de uma perspectiva plurissemiótica, tais como a escuta e a produção de textos, o tratamento da imagem etc. Ademais, dentro da BEI se expressa a comunidade escolar constituída pelos pais, convidados e moradores do bairro.

A manutenção da BEI nunca falhou; a funcionária responsável limpa cuidadosamente a sala mesmo no intervalo entre a passagem de duas turmas. Os professores guardam os livros e arrumam as mesas. Ao contrário das outras salas, nela não apareceu nenhum estrago ou pichação. Os professores notam que até a atitude dos alunos não é a mesma na BEI e na sala de aula, como se a qualidade do lugar fosse um reconhecimento da dignidade do aluno.

Em agosto de 1999 a instituição recebeu um pesquisador francês, Prof. Debarbieux, especialista em violência em escolas. Como a BEI não poderia abrigar o conjunto dos convidados, o pátio foi escolhido como lugar das palestras. Mas a sujeira das paredes não poderia coexistir com a limpeza da biblioteca. Durante a noite anterior ao evento, animados pela diretora e pelas coordenadoras pedagógicas, os professores pintaram o pátio para transformá-lo em espaço acolhedor. A pesquisa desenvolvida por Debarbieux surpreendeu o público, na medida em que evidencia, na França, uma correlação inversa entre o número de atos de violência na escola e a presença de uma biblioteca de qualidade. A relevância da experiência do Mange era mais uma vez atestada.

Atualmente as obras efetuadas pela administração municipal, sem dúvida, contribuíram para o resgate da escola, que teve as suas salas reformadas, com o antigo chão de madeira substituído por ladrilhos. A grade de entrada foi retirada e o prédio perdeu seu aspecto visual de prisão, estando inclusive com o jardim de entrada bem cuidado.

Até chegar à festa da inauguração, o projeto de construção da BEI teve que se defrontar com vários obstáculos e até mesmo conflitos:

- incompreensão de uma parte do corpo docente que tinha conquistado aquele espaço para abrigar a sala de professores e não aceitava a ideia de perdê-lo a favor de um serviço julgado por eles como não prioritário;
- diferença de cultura institucional, dentro do mesmo projeto, entre os professores da escola e os pesquisadores universitários;
- diferença de cultura profissional entre os pedagogos e os bibliotecários;
- diferença de objetivos entre o Projeto Sala de Leitura da Divisão de Orientação Técnica da Prefeitura (DOT) e o Projeto Biblioteca Escolar Interativa da USP;
- medo diante das mudanças metodológicas que a BEI iria promover;
- ciúme gerado pelo entusiasmo dos adeptos e pelas bolsas recebidas;
- numerosas substituições dentro do corpo docente: diretora (três pessoas se sucederam na função), coordenadoras pedagógicas, orientadoras da BEI, professores.

Uma vez ultrapassadas essas dificuldades, o projeto prosseguiu até a inauguração. No entanto, as causas desses obstáculos não desapareceram. A BEI passou a ter uma existência concreta, mas, como usá-la? No caso dos professores, como modificar a experiência adquirida em um universo sem livros, em uma outra, adequada à presença de um acervo? Como passar da prática do manual, isto é, do uso do mesmo livro em exemplares correspondentes ao número de alunos para uma prática diferenciada, com um livro diferente para cada usuário? Como passar de uma prática da escrita fundada na emissão de textos para uma abordagem construída a partir da sua recepção? Como passar de um ensino baseado na transmissão de informação pelo professor a uma ênfase na pesquisa do aluno?

CAMINHOS DA ESCRITA

Para contemplar essas necessidades, quando eram expressas pelo professor, ou para ajudá-lo a formulá-las quando eram subjacentes, um segundo momento configurou-se como necessário: uma etapa nova de *apropriação*. Nossa participação no projeto começou após a inauguração da BEI, tendo em vista a sua apropriação pela escola.

As reações iniciais à nossa atuação foram as mais diversas. Do entusiasmo ao receber a participação de um pesquisador estrangeiro até a desconfiança de vê-lo conquistar um território já ocupado, todas as atitudes foram representadas. Alguns professores das instituições tinham a nosso respeito a desconfiança que eles manifestam em relação às pessoas da universidade que "conhecem a teoria mas são ineficientes na prática".

Trata-se de um estabelecimento tão grande e fragmentado que qualquer tentativa de impor uma coordenação pedagógica geral teria sido colocada em xeque. Paradoxalmente esse quadro nos favoreceu, pois nos concedeu uma margem de autonomia e assim gradativamente fomos ampliando nossas possibilidades de intervenção.

Havia no Mange uma ampla oferta de proposições de trabalho em várias direções: correspondência escolar com outro estabelecimento, "roda de histórias" de uma pesquisadora, projeto contra a violência dirigido por psicólogos da Prefeitura, Projeto Lendo, Ouvindo e Contando Histórias da coordenadora pedagógica, vários projetos de bolsistas do Proesi e, por fim, nossas próprias proposições de apropriação da biblioteca. Se todas essas participações enriqueciam a vida da escola, a ausência de coordenação efetiva entre elas, no entanto, prejudicava a hierarquização dos diferentes objetivos pretendidos e, consequentemente, limitava sua eficácia.

Estação Memória

A Estação Memória (EM) foi inaugurada em 10 de outubro de 1997. Instalada na Biblioteca Infanto-Juvenil Álvaro Guerra na Av. Pedroso de Morais n. 1919, bairro de Pinheiros, ela é fruto da colaboração entre o Proesi e a Secretaria Municipal de Cultura. Esse serviço de informação, "partindo da crítica à crise dos mecanismos de transmissão da cultura espontâneos em nosso país, sobretudo nos grandes centros urbanos, propunha a criação de um novo e original espaço de informação e cultura, constituído a partir de registros da memória de idosos, desenvolvendo, ao mesmo tempo, formas especiais que visam à sua (re)elaboração e (re)inserção em contextos educativos".[21]

A matéria-prima do acervo da EM é constituída por entrevistas de idosos do bairro de Alto de Pinheiros, realizadas pelo Proesi desde 1991. Ao responderem às perguntas de um mediador, os entrevistados fizeram surgir, através das suas histórias de vida, uma verdadeira história do bairro. Assim, um processo de resgate da cultura da região foi levado a efeito para lutar contra o esquecimento de uma geração inteira, perda cultural para as gerações futuras, porque "éramos todos atingidos pela mesma crise da narrativa de que falava Benjamin: uns incapacitados de narrar; outros de escutar".[22]

Essa matéria sonora bruta necessitava ser tratada para se tornar matéria de comunicação. O discurso oral dos idosos foi transcrito pelos membros da equipe, sofrendo assim sua segunda mediação.[23] Narrativas foram elaboradas para serem publicadas no jornal do bairro. Era preciso cumprir a dupla exigência de fidelidade à fala dos idosos, por um lado, e atender às necessidades de leitores potenciais, por outro. As palavras da responsável pelo projeto ilustram o desafio enfrentado: "editar um texto sem trair o autor é uma tarefa ao mesmo tempo fascinante e arriscada".[24]

---

21. Ivete Pieruccini Faria. *Estação Memória: lembrar como projeto*: contribuição ao estudo da mediação cultural. Dissertação (Doutorado) — Escola de Comunicações e Artes da USP, 1999. p. 2.

22. Ibidem, p. 31.

23. Ação de servir de intermediário entre dois termos ou dois seres (considerados como dados independentes) (A. Lalande. *Vocabulário técnico e crítico da filosofia*. São Paulo: Martins Fontes, 1996. p. 656, citado por Ivete Pieruccini Faria. *Estação Memória*: lembrar como projeto — contribuição ao estudo da mediação cultural. Dissertação (Doutorado) — Escola de Comunicações e Artes da USP, 1999. p. 65).

24. Ivete Pieruccini Faria. Op. cit., p. 72.

CAMINHOS DA ESCRITA

A metamorfose dos relatos — muitas vezes fragmentados — em "ficcionalização", mediante a introdução da fórmula tradicional "Era uma vez",[25] divulgada através de crônicas jornalísticas, era legitimada pelo desejo de encontrar uma equivalência entre a fala dos idosos e sua divulgação através da escrita. Uma vez finalizado, esse texto escrito podia sofrer uma nova metamorfose que o transformava em texto dito por uma pessoa da equipe e escutado por um público de crianças e adultos. É interessante observar que as metamorfoses descritas encontram um paralelo significativo com aquelas que são efetuadas no processo de tradução de uma língua para outra.

Estudamos as metamorfoses sofridas pelas entrevistas.

Podemos notar duas categorias:

- uma primeira tendo em vista conservar a escolha das palavras e sua ordem, apesar da transformação da matéria sonora em matéria gráfica e do ônus da perda das referências da situação (presença de objetos, gestualidade etc.); foi o caso da transcrição das entrevistas;

- uma segunda metamorfose tendo em vista conservar a coerência do discurso através da escrita, em detrimento da especificidade da primeira enunciação oral, como ocorreu na elaboração de um texto teatral a partir de uma história de vida.

Além da coleta de informações e do seu tratamento, a Estação Memória pretende cumprir um outro papel. Quando se compreende a *mediação* como práxis cultural comprometida, não-neutra, participativa, e o mediador como ator, com voz social, percebe-se que há um imenso caminho a ser trilhado e vencido entre o fazer cultural e sua expressão.

A EM quer partilhar essa informação com "mediadores" de outros espaços institucionais dedicados à informação e à cultura, montando exposições, publicando catálogos sobre o acervo e constituindo

---

25. Ibidem, p. 73.

álbuns eletrônicos. Seu desempenho, no entanto, não se restringe a essa dimensão. A partir das informações estocadas, a Estação oferece semanalmente dois gêneros de encontros. Em alguns deles, acolhe os idosos que contribuíram com seus relatos, tendo em vista manter viva a fonte de histórias. Em outros, procura estabelecer uma ponte entre as novas e as antigas gerações, mediante essas narrativas que a sociedade contemporânea tem tanta dificuldade de transmitir.

Os visitantes são recebidos dentro da Biblioteca Álvaro Guerra, numa sala de 28 m² reformada, com luz indireta, móveis especialmente desenhados e fotografias antigas expostas em quadros. O conjunto foi cuidadosamente montado para poder ao mesmo tempo lembrar o passado e oferecer funcionalidade.

A Estação, serviço autônomo da biblioteca infantojuvenil, não tem a preocupação de gerenciar um acervo de livros do mesmo porte que a própria BIJ. A informação que ela cria é gerada, antes de mais nada, pela oralidade. Assim, a escrita na Estação é mais marcada pelo caráter intensivo do que extensivo.

É inegável o caráter inédito desta instituição. Serviço específico da Biblioteca Infanto-Juvenil Álvaro Guerra, a Estação é relativamente autônoma em relação à própria entidade na qual está inserida: sua atuação não sofre pressões hierárquicas fortes. Recentemente criada, ela não é submetida a uma tradição, mas elabora sua própria rotina. Um ambiente acolhedor caracteriza os contatos com a equipe, formada por pequeno número de pessoas e coordenada por uma profissional que pertence também ao Proesi.[26]

A EM não tem um papel educativo formal e consequentemente nenhuma responsabilidade no ensino da escrita. No entanto, uma vez que as oficinas da Estação Memória têm como objetivo a expressão dos participantes, recorrem a um amplo leque de atividades, que remetem a diversas linguagens. A exemplo do Mange, outras escolas tentam incorporar o modelo oferecido pela EM. É o que ocorre quan-

---

26. Ibidem, p. 44.

do buscam utilizar sua experiência bem-sucedida de transmissão vocal do texto para diversificar as atividades de linguagem por elas propostas. Ou quando procuram construir junto com os alunos projetos de coleta da memória das pessoas que compõem a comunidade escolar.

Centro de Documentação Pedagógica de Tetuán

Em Tetuán, no norte do Marrocos, realizou-se no ano escolar de 1994-1995 a construção de um Centro de Documentação Pedagógica com vocação regional. No ano seguinte foi lançada, nesse Centro, uma formação continuada de professores bilíngues de primeiro grau da região. Dois professores formadores e um bibliotecário com dedicação exclusiva participaram dessas duas etapas.

Os recursos do Centro são constituídos por diversos espaços reunidos em um único andar de um mesmo prédio, dois acervos — um de livros pedagógicos, outro de livros de literatura infantojuvenil — e por um conjunto de equipamentos — computador, televisão, vídeo, aparelho de som e fones de ouvido. O duplo acervo deveria possibilitar uma formação de professores baseada no uso dos livros pela criança. Através da frequentação do acervo por crianças das escolas vizinhas ao CDP, os professores são formados com vistas a assegurar o desenvolvimento da leitura. A proposta de uma formação de docentes a partir do contato entre a criança e o livro é uma das originalidades do projeto de criação de centros semelhantes através do país como um todo.

Acrescentamos outras interessantes experimentações no Centro de Tetuán. Desenvolvemos, para as escolas instaladas nas montanhas, um empréstimo de minibibliotecas circulantes constituídas por uma mala de 40 livros, uma estante de tecido e uma documentação pedagógica sugerindo seu uso. Professores voluntários passam três dias de formação no CDP para se informar sobre o emprego de textos na sala de aula a partir do uso das maletas. Depois de um trimestre, voltam para um trabalho de três dias no Centro, na perspectiva de entregar a outros professores a maleta e comunicar-lhes a experiência adquirida. Propusemos a todos os docentes que sistematizassem a produção de um "texto do professor", tendo em vista permitir a leitura em escolas desprovidas de livros. Assim sendo, os professores foram estimulados a escrever cada dia no quadro-negro, antes da entrada dos alunos na sala, um texto sobre um tema relacionado à vida da classe, a ser utilizado como matéria de leitura.

Uma característica importante marcou a escolha do prédio no qual o serviço foi instalado. Insistimos no fato de que o Centro deveria possuir ambientes diversificados, dada a natureza específica da nossa abordagem da aprendizagem da escrita:

- um para os acervos (60 m²);
- um para a prática individual e silenciosa da escrita (60 m²);
- um para práticas coletivas e sonoras (60 m²);
- um para a manutenção e o empréstimo dos livros (20 m²).

Curiosamente observamos hoje que essa distinção coincide com a repartição dos espaços previstos na construção do prédio da Biblioteca Infanto-Juvenil Monteiro Lobato, inaugurado em 1950 na rua General Jardim, 485, em São Paulo, e que se tornou padrão das bibliotecas infantojuvenis da cidade. Essa biblioteca possui:

1) uma sala de leitura;

2) uma sala de empréstimo;

3) uma sala de jogos e revistas;

4) um salão de festa.

Assim a sala dedicada à leitura se encontra protegida das atividades sonoras, jogral e teatro, que são abrigadas pelo salão de festa.[27]

---

27. Dados extraídos de *A biblioteca infantojuvenil Monteiro Lobato ontem e hoje (1936-1986). Histórico*. São Paulo: Biblioteca Infanto-Juvenil Monteiro Lobato, s.d.

Biblioteca Viva

A última experiência a ser mencionada diz respeito à breve colaboração (1998) que pude desenvolver com a Fundação Abrinq pelos Direitos da Criança. O Projeto Biblioteca Viva (BV) por ela implantado, em funcionamento desde 1995, já instalou minibibliotecas em 99 instituições brasileiras.

As "bibliotecas vivas" são constituídas por um acervo de livros de literatura infantojuvenil comprado pela Fundação e administrado por mediadores pertencentes à própria instituição onde é implantada. O projeto tem a responsabilidade da formação desses mediadores; ele parte do princípio de que o livro, recurso imprescindível à cultura do cidadão contemporâneo, deve ser acessível a todos. Por essa razão é preciso constituir acervos de qualidade não só na escola — esta não pode ser a única responsável pelo desenvolvimento da leitura —, mas também em locais com outras funções dentro da vida social. O projeto visa em primeiro lugar aos meios carentes que não têm nem os recursos financeiros nem as condições culturais para implantar acervos de livros. Para receber o apoio da Abrinq as instituições devem atender algumas exigências mínimas, imprescindíveis à viabilidade do projeto.

Dentro da diversidade dos livros existentes, o Projeto Biblioteca Viva escolheu priorizar o livro de ficção. Certamente desde muito cedo a criança precisa constituir para si mesma um universo imaginário que se tornará uma chave cultural para a sua própria interpretação do mundo. Por ter menos ocasiões de acesso a esse universo simbólico, as crianças de meios carentes têm necessidade premente de entrar em contato com livros de histórias.

Mas distribuir livros — mesmo de qualidade — a crianças não alfabetizadas não é suficiente, pois em nenhuma sociedade elas se tornam leitoras sozinhas. Para usufruir o livro é preciso uma mediação. O Projeto Biblioteca Viva visa a formar mediadores que possibilitem o acesso da criança aos textos, antes de uma aprendizagem formal na escola. Sete pessoas da equipe central se dedicam à formação de mediadores de leitura oriundos das instituições voluntárias.

A originalidade do Projeto Biblioteca Viva é ter escolhido de maneira sistematizada e exclusiva a transmissão do texto pela voz. A intervenção do mediador junto às crianças é propiciada, como na Creche Oeste, o mais cedo possível. Através da escuta do texto, a criança "entra em literatura" e a equipe do projeto pretende, mediante esse letramento precoce, iniciar a criança à cultura do livro muito antes da alfabetização formal.

Complementaridade

Essas cinco instituições aqui agrupadas em função de abrigarem uma biblioteca ofereceram uma rica diversidade à nossa atuação. As duas primeiras bibliotecas — a da Creche e a do Mange — contemplam a trajetória completa da criança dos três meses de idade até os quinze anos, incluindo a totalidade do período de conquista da língua escrita. Por essa razão, ambas possuem um relevante papel na construção das competências em língua escrita.

A terceira instituição, apesar de fazer parte, como as duas primeiras, dos laboratórios do Proesi, se distingue delas por não ter uma vocação educacional formal. No entanto, convém ressaltar que no Brasil a biblioteca infantojuvenil assume muitas vezes uma parcela do papel da escolarização, em razão das carências das bibliotecas escolares. Essas últimas, cabe salientar, dispõem de um público cativo que não pode optar sobre sua frequentação, nem sobre os horários de visita, nem tampouco sobre a natureza das atividades a serem exercidas. No caso da Estação Memória, pelo contrário, os usuários frequentam suas instalações por iniciativa própria e chegam mesmo a assumir a responsabilidade de determinados aspectos da coordenação das oficinas. O caráter eletivo do trabalho efetuado modifica radicalmente os efeitos daquilo que é proposto.

As experiências levadas a efeito nas bibliotecas da Creche e da Escola Mange constituem o coração das análises deste livro, embora as três outras se mostrem valiosas na elaboração de uma síntese que se pretende abrangente.

Capítulo III

Emissão vocal: Texto dito de cor

Práticas pedagógicas preexistentes

Quando nos aproximamos das instituições mencionadas — com exceção do Centro de Documentação Pedagógica de Tetuán, que foi por nós criado — elas já possuíam uma experiência acumulada durante alguns anos. Ao mesmo tempo que ativávamos estratégias para conhecer a situação, os atores e a história do projeto, começávamos a identificar os instrumentos pedagógicos existentes. Para isso, decidimos nos aproximar dos mediadores e observar na prática rotineira as situações de aprendizagem propostas aos alunos na área da comunicação oral, escrita ou não verbal, as instruções usadas, seu desenvolvimento e as relações instauradas entre o mediador e as crianças.

Nossa atuação iniciou-se na sala especializada nas quais nossa presença tinha uma legitimidade institucional. Em cada estabelecimento essa aproximação foi singular: fomos guiado pela coordenadora na creche, entronizados enquanto responsáveis de uma oficina[1] no Mange, convidados a participar das atividades da Estação Memória e também da Biblioteca Viva.

Neste capítulo serão apresentados os principais aspectos dos contextos que encontramos. Os instrumentos descritos resultam da formalização e sistematização das práticas já existentes, sobre as quais

---

1. Usamos o termo *oficina* para o trabalho prático com os mediadores e a *sigla OfIn* para falar da Oficina de Informação da Creche.

pretendíamos apoiar nossas intervenções subsequentes. As práticas observadas têm necessariamente um caráter fragmentado, na medida em que se realizaram a partir de instituições distintas, de mediadores diferentes e de momentos isolados que não dependeram de uma programação sistemática. Nosso desafio era construir um conjunto de instrumentos que tivesse uma coerência global a partir dessa diversidade.

Na creche

O trabalho das educadoras é planejado sob a orientação da coordenadora pedagógica. Os turnos da manhã e da tarde são estruturados de maneira análoga, com conteúdos diversificados.

Existe uma rotina que organiza os diferentes momentos do dia:

- 07:00 — 08:45:   ateliê
- 08:45:   lanche
- após o lanche: pátio
- 10:00 — 11:30:   momento de grupo
- 11:45:   almoço
- após o almoço: pátio ou descanso
- 14:15:   lanche
- 15:00 — 16:30:   momento de grupo
- 16:45:   jantar
- 17:15 — 18:30:   ateliê, pátio ou Oficina.[2]

---

2. Marie Claire Sekkel. *Reflexões sobre a experiência com a educação infantil*: possibilidades de uma educação contra a violência na primeira infância. Dissertação (Mestrado) — Instituto de Psicologia, USP, 1998. p. 93.

O número elevado de educadoras por criança possibilita a preparação das atividades na própria escola, muitas vezes em grupo, com a liderança das coordenadoras, pedagógica e administrativa.

Essa organização tem vários efeitos:

- ela cria uma coerência pedagógica que é uma característica da Creche; as atividades são estruturadas em "centros de interesse" chamados "projetos": *"os animais de criação"*, *"as brincadeiras"*, *"Picasso"* etc.;

- ela soluciona a escassez de formação inicial, desenvolvendo no conjunto dos educadores verdadeiros *savoir-faire* profissionais;

- ela propicia uma atividade coletiva, integradora dos funcionários não educadores, que se tornam então parceiros das atividades educacionais; essa vontade de integração é uma experiência original da Creche;

- no entanto, em nome da coerência coletiva, ela pode, às vezes, limitar as iniciativas individuais e a experimentação necessária à formação.

Interpretação da imagem

Na OfIn, as crianças estão em contato com os livros desde o berçário, antes de saber falar. Elas têm familiaridade com o livro, folheiam-no, olham as imagens.

As educadoras contam histórias, fazem comentários sobre as ilustrações e incentivam as crianças a interpretá-las, conforme se pode observar em *Folheando livros*. Como os pequenos entram na Creche com 6 meses e aprendem a engatinhar em meio aos livros, é através deles que se realiza o primeiro contato com a escrita, experiência singular no Brasil.

> **Folheando livros**
> *A literatura infantojuvenil, fonte de aprendizagens*
>
> **Situação:**
> As crianças frequentam livros na OfIn.
>
> **Processo:**
> As crianças:
> ☐ folheiam os livros;
> ☐ olham as ilustrações;
> ☐ escutam histórias dos livros;
> ☐ respondem ao questionamento das educadoras.
>
> **Observações:**
> - As crianças sabem pegar e guardar os livros.
> - Elas sabem folheá-los cuidadosamente.
> - Algumas crianças do G6 sabem identificar o livro nas caixas.
> - Algumas sabem identificar os títulos através da imagem da capa.
> - Algumas sabem identificar o nome do personagem.
> - Essas habilidades são competências de leitor.

A criança da Creche, ao conviver com a presença do livro, é atraída em primeiro lugar pela imagem. Ela faz parte do seu ambiente, seja nos livros da Creche, seja na televisão, em casa ou nas paredes da rua. O tempo médio diário passado diante da televisão pela criança inscrita no estabelecimento talvez seja menor comparativamente ao de outras que ficam apenas quatro horas na escola. Mas a sua competência de *intérprete* de imagens já está avançada. Nenhuma criança de três anos fica assustada, por exemplo, ao ver, em *close*, apenas o rosto de um personagem. Ela já domina alguns códigos da linguagem da imagem e aceita, por exemplo, a limitação do quadro. A aprendizagem da escrita terá que se articular a essa competência de intérprete de imagens. Na medida em que a cultura da imagem se impõe a todos, a educadora não pode negligenciar o domínio da linguagem icônica pela criança. Ao apresentar livros sem ou com pouco texto, a literatura infantojuvenil acaba indicando ao educador o caminho adequado a ser seguido.

Durante o tempo de OfIn, as crianças manuseiam livros ou fotos. A compreensão da imagem não pressupõe ensino formal, já que ela é representativa, ao contrário da escrita, que necessita escolarização. No entanto, a leitura da imagem exige uma aprendizagem. *As fotos* mostram dificuldades de uma criança para orientar a imagem no sentido correto. O mediador pode estar atento a essa questão.

As fotos
O sentido da imagem

Situação:
As crianças do G3 na OfIn.

Processo:
☐ Uma criança tem várias fotos na mão.
☐ Eu pergunto a ela:
— O que tem nas fotografias?
— São crianças.
— Você pode me mostrar?
☐ A criança me apresenta as fotos colocando-as no sentido errado.

Observações:
- Por que isso ocorre? Dificuldade de interpretação da imagem? Interpretação certa, mas dificuldade de se colocar no ponto de vista do novo leitor que recebe o documento?
- Essa dificuldade infantil legitima a manipulação de fotos soltas operada na Creche, prática que confere à criança a responsabilidade da orientação da imagem, possibilitando a conquista gradativa do seu sentido, assim como o entendimento da variação do ponto de vista sempre que a foto é enxergada por vários ao mesmo tempo.
- Assim, a foto solta se revela um documento distinto da imagem impressa no livro, o que a torna merecedora de ser incluída em um acervo.

A importância da televisão em nosso mundo contemporâneo é levada em conta nas atividades da Creche. Em cada visita à biblioteca, um tempo determinado é dedicado à exibição de vídeos, sendo que muitas vezes a educadora lança no ar uma fita emprestada pelos pais. Em *A abelha* podemos acompanhar a intervenção de uma educadora durante a exibição de uma fita de vídeo.

A abelha
Som da história e som do filme

Situação:
Vídeo *Microcosmos* sobre a vida dos insetos, exibido na OfIn.

Processo:
- A visualização é pontuada pelas reações das crianças e pelos comentários da educadora. Estes são de vários tipos:
  1) "Olha, a abelha vai tirar o pólen da flor", remete ao sentido.
  2) "Casulo", "antena", "pólen", "colmeia", são substantivos que nomeiam elementos constituintes da imagem.
  3) "É a canção da abelha", diz uma criança. "Não, é a canção do filme", responde a educadora.
- O primeiro comentário remete ao conteúdo. A educadora destaca um aspecto particular, *ilustra, traduz, ajuda* a compreensão do vídeo; é uma intervenção sobre o mundo.
- O segundo comentário propõe vocabulário em situação; é uma intervenção *sobre a língua*.
- O terceiro comentário permite à criança distinguir o canto do personagem, a abelha, do canto que foi acrescentado à história da abelha. Trata-se de uma *intervenção sobre a linguagem cinematográfica*.

Observações:
- O comentário feito pela educadora é pertinente. Para entender a mensagem cinematográfica é importante que a criança saiba reconhecer o som *in* produzido pelo mundo filmado (personagens, objetos), do som *off*, não emitido por esse mundo, mas acrescentado a ele, ou seja, não pertencente

CAMINHOS DA ESCRITA

▶ à história, mas ao filme. Na medida em que a criança identifica que o canto escutado não pertence ao personagem, mas que esse som foi trazido "do exterior", ela se torna capaz de distinguir o mundo filmado do próprio documento. Essa competência é essencial para se ter uma visão crítica da televisão e não confundir a realidade filmada com a linguagem do filme.

- A educadora usou a terminologia seguinte: "é a canção do filme". De fato, a canção não pertence ao mundo da abelha, mas apenas ao mundo do espectador. Esse enunciado é exato, mas é preciso saber se a criança pode entendê-lo.

- A pergunta pertinente suscetível de eliminar a ambiguidade poderia ser "Você acha que a abelha pode escutar a canção?", para se obter a resposta "A abelha não, mas a gente sim".

- Para ensinar tal distinção, o pedagogo deve procurar a palavra pertinente à situação, isto é, aquela que poderá esclarecer a criança, sabendo deixar de lado o termo técnico.

Essa situação permite abordar um ponto importante na aprendizagem da língua: a produção de erro pela criança é um indicador confiável para se avaliar as regras dominadas por ela.

Empréstimo de livros

O empréstimo de livros vem funcionando na Creche com o uso de fichas manuscritas tradicionais. Ele se efetua de maneira dupla. Durante uma das duas visitas semanais à biblioteca, as crianças escolhem publicações a serem levadas para casa e outras para a sala de aula. O tempo dedicado à escolha do livro pelo conjunto do grupo é longo (45 minutos), uma vez que a educadora estabelece diálogos individuais com os pequenos usuários, enquanto faz anotações relativas ao movimento do acervo. Trata-se, portanto, de um período de tempo bem utilizado, na medida em que contribui para o desenvolvimento da autonomia infantil, segundo nos revela *Escolha do livro*.

Escolha do livro
Registro dos livros

Situação:
Na OfIn, semanalmente as crianças escolhem livros: um livro por semana para levar para casa e outro, quinzenalmente, para usar na salinha.

Processo:
☐ As crianças do grupo estão em situação de autonomia:
- alguns estão escolhendo livros nas caixas;
- outros estão lendo individualmente um livro;
- outros se agrupam para descobrir um livro;
- outros abrem as gavetas para olhar as fotos guardadas das crianças;
- outros olham o painel mostrando fotos de uma festa da Creche;
- outros estão deitados nas almofadas sem fazer nada.

☐ A educadora, sentada em um canto da sala, tem o registro de empréstimo aberto nos joelhos. Cada criança, por sua vez, se aproxima dela com o livro escolhido. A educadora a questiona sobre a razão da escolha.

☐ Ela faz anotações no registro, procurando escrever ao lado da criança e explicando o que está fazendo.

Observações:
- A educadora aproveita a situação para ter com a criança uma conversa individualizada. Assim, além do empréstimo, ela trata também de assuntos importantes, podendo exercer uma verdadeira tutoria.
- Ela inscreve o livro no registro, mostrando o que está fazendo, explicitando a função de memorização da escrita.
- Conforme as competências de cada um, a educadora pode mostrar onde se escreve o nome e o título, ou mesmo pedir à criança para escrever o próprio nome.

Depois de ter escolhido e cumprido o ritual social necessário ao registro do empréstimo, a criança pode retirar os livros seguindo o processo descrito em *Sacola de tecido*.

Sacola de tecido
Circulação do livro

Situação:
A Creche empresta a cada usuário um livro para a sala de aula e um livro a ser levado para casa.
Utensílios: sacola de tecido para o transporte, porta-livros de tecido, baú.

Processo:

☐ *Circuito I (individual)*: O livro circula entre a OfIn e a casa em sacola de tecido, destinada ao transporte individual. Ele é trazido de casa na mesma sacola e fica exposto no saguão, dentro de um porta-livros à vista das crianças e da comunidade escolar, fazendo parte do ambiente. Mais tarde ele volta à OfIn.

☐ *Circuito II (coletivo)*: O livro circula da OfIn à salinha dentro de um baú, e volta à OfIn.

Observações:
- A criança aprende a buscar, manusear, folhear, transportar, guardar; os cuidados com o livro fazem parte da educação do leitor.
- O manuseio do livro possibilita uma relação sensível com ele por parte da criança.
- Ela descobre o papel da escrita no mundo de hoje e se relaciona com ela.
- Ela entende a função da escrita: o livro é fonte de histórias.
- Ela entende a sua composição e o seu funcionamento: título, corpo, orelha, escrita da esquerda à direita etc.
- Não se trata de optar entre uma biblioteca escolar e um cantinho de leitura, mas sim de instalar um serviço de informação com uma circulação integrada dos livros.
- Como as ruas da cidade, cheias de escrita (nomes das ruas, instruções de tráfego, publicidade, cartazes), a escola, local de aprendizagem, expõe textos nas paredes.

Em *O livro em casa* abordamos o empréstimo domiciliar, viabilizado pela relação entre o número de livros e o número de crianças — 15 títulos para cada uma — o que configura sem dúvida uma situação excepcional.

O livro em casa
Empréstimo para casa

Situação:
Cada semana as crianças levam um livro para a residência.

Processo:
☐ Escolha do livro
☐ Transporte numa sacola
☐ Leitura em casa

Observações:
- Além dos benefícios para os leitores infantis, o livro sensibiliza os pais ao universo da escrita.
- Os pais são convidados a dizer os textos às crianças.
- O empréstimo possibilita a transformação dos pais em mediadores.
- O empréstimo favorece uma intervenção de caráter formador da parte das educadoras, em direção à atitude dos pais.
- O empréstimo possibilita o enriquecimento da relação entre a criança e os pais.

Assim, a contribuição dos pais se integra ao trabalho da Creche. Eles entram na salinha para acompanhar as crianças ou vir buscá-las e podem, em casa, ler os livros escolhidos e dizer os textos para a família. A leitura não pode ser responsabilidade unicamente da escola. Sabe-se bem, hoje, o quanto um ambiente familiar e social favorece o desenvolvimento de hábitos sólidos de leitura. O empréstimo dos livros integra os pais à educação das crianças.

Em *Baú dos livros* é descrito o empréstimo coletivo para a constituição de um pequeno acervo em cada salinha.

Baú dos livros
Empréstimo para a salinha

Situação:
Cada duas semanas as crianças levam um livro à salinha.

Processo:
☐ Escolha do livro
☐ Colocação no baú e transporte
☐ Instalação dos livros no canto da sala
☐ Troca dos livros duas semanas depois

Observações:
- A frequentação do livro não é reservada ao espaço da biblioteca, que adquire, assim, extensões em cada sala, o que contribui para integrá-la efetivamente à Creche.
- A educadora pode incorporar o livro à sua rotina, utilizá-lo para criar situações de oralidade, pedindo comentários à criança.
- Ela pode utilizá-lo para romper a rotina, incluindo um momento de escuta de texto entre duas outras atividades, quando o grupo necessitar.

A coordenadora do Proesi que permaneceu na OfIn de 1995 até 1998, confeccionou as sacolas de transporte dos livros e instalou esse sistema de empréstimo. Ao coordenar oficinas para as crianças diante das bolsistas, ela cumpriu ao mesmo tempo um papel de formador. A equipe da Creche gradativamente se apropriou desse universo, até aperfeiçoar de maneira original a circulação, tanto dos livros quanto dos leitores entre os diversos espaços.

Assim, a educadora do G2 prepara o ritual, *Cerimônia*, para destacar aquela experiência inicial.

Cerimônia
Primeiro empréstimo

Situação:
Pequena cerimônia comemorando o primeiro empréstimo de livros da biblioteca pela salinha (ver no caderno de fotos "Circulação").

Processo:
- As crianças do G2 (2 anos) são informadas que vão comemorar o primeiro empréstimo de livros. Elas irão visitar o tesouro de onde vêm os livros.
- Uma caixa nova de plástico foi comprada para esse evento. O grupo das crianças prepara esse baú para receber os livros emprestados.
- As crianças se deslocam da salinha até a biblioteca, levando com elas o baú vazio. Sobem a escada da escola.
- Ao entrar na OfIn, elas andam no espaço, manuseiam os livros guardados na caixa e nos trilhos (barras que suportam os livros expostos), deitam-se nas almofadas.
- A educadora pede a cada criança para escolher um livro e colocá-lo dentro do baú. Sua tampa é fechada e o grupo sai do espaço, desce a escada e atravessa o pátio, levando seu troféu até a salinha.
- No dia seguinte, as crianças arrumam o canto dos livros. Elas pintam coletivamente um telão que servirá de cenário ao baú. Algumas almofadas são dispostas no chão para oferecer um ambiente aconchegante. Uma vez que o telão é colocado na parede, o baú é aberto e cada criança pega o livro escolhido para lê-lo. No final da sessão as crianças guardam os livros no baú.

Observações:
- Essa pequena cerimônia entroniza a criança no mundo do livro e da cultura letrada.
- A solenidade do primeiro empréstimo evidencia o cuidado que a comunidade escolar dispensa aos livros, bem coletivo.
- Esse cuidado participa da educação do leitor.

A escrita exposta

Muito cedo as crianças sabem distinguir o texto da imagem. Aos cinco anos já reconhecem vários álbuns e algumas chegam a localizá-los através do título. O livro fica ao alcance da criança na OfIn, na salinha, no corredor, em casa. A escrita também está presente nas paredes do *hall*, ocupadas por painéis de fotos e textos relatando o trabalho das crianças.

Por vezes o livro sai da OfIn e, ao ocupar o *hall*, se torna o centro de uma encenação, como em *Patrícia*.

Patrícia
Exposição de um livro novo

Situação:
Uma nova publicação, *Patrícia* de Stepnen Michael King, São Paulo, Brinque-Book, 1997, foi oferecida à Creche. Para informar as crianças, as orientadoras da Oficina fizeram uma exposição do livro no hall (ver caderno de fotos).

Processo:
☐ Livro interessante:
- pelo conteúdo; ele apresenta uma criança que não pode ser escutada pelas pessoas da família;
- pela relação entre imagem e texto; aparece na imagem uma girafa que não é mencionada no texto (imagem e texto não *redundantes*).

☐ As orientadoras da sala de leitura fazem uma exposição para apresentar o livro:
- uma estante mostra em grande escala o personagem "Patrícia";
- um móbile coloca em movimento várias réplicas (realizadas por *scanner*) da capa do livro e dos personagens.

☐ Essa exposição atrai a atenção das crianças, dos educadores, dos funcionários e dos pais por sua qualidade e seu movimento.

☐ Depois desse evento a demanda para levar o livro para casa aumentou tanto que se tornou difícil atendê-la.

Observações:
- Assim as orientadoras, utilizando a prática dos museus, montam exposições permanentes (nos trilhos da Oficina) e outras temporárias (fora dela) para destacar as riquezas do acervo. Os livros expostos ao olhar dos passantes podem ser vistos, tocados, colocados em movimento.
- O personagem "Patrícia" se tornou uma companheira das crianças da Creche. Elas memorizaram a forma escrita desse nome, como fazem com os nomes dos colegas. "Patrícia" entrou no tesouro das palavras escritas memorizadas pelas crianças.

A escrita pode ocupar todas as paredes disponíveis, como mostra *Expostos ao olhar*, em relação à sala do G5 (5 anos).

Expostos ao olhar
O universo da escrita

Situação:
Presença diversificada da escrita numa "salinha" do G5.

Processo:
Nas paredes dessa salinha compartilhada por duas educadoras estão presentes:
☐ rotina do G5;
☐ dois textos sobre os peixes;
☐ reportagem sobre os peixes em um jornal de circulação nacional;
☐ lista de peixes;
☐ rodízio dos ajudantes da semana;
☐ o alfabeto;
☐ os algarismos;
☐ painel dos presentes/ausentes;
☐ fotos dos alunos;
☐ quadro dos livros emprestados;
☐ painel dos aniversários do grupo;
☐ nomes nos cabides;
☐ um conjunto das pinturas das crianças;
☐ um conjunto de desenhos das crianças;
☐ caderno de bordo chamado de "blocão" pelas crianças;
☐ no quadro: agenda do dia seguinte;
☐ os livros emprestados.

Observações:
• Neste levantamento pode-se notar a variedade da escrita, de múltiplos pontos de vista;
    — **proveniência**: jornalista, educadora, crianças etc.;
    — **gêneros**: jornal e revista, texto informativo, catálogo, conto, romance, poesia, programa;
    — **função**: texto para pesquisar, consultar, fazer, "curtir";

CAMINHOS DA ESCRITA

> — **lista** dos nomes das crianças;
> — **rotina**;
> — **caderno** de bordo.
> • A salinha da Creche oferece à criança um ambiente de escrita, o que é notável, na medida em que muitas vezes a escrita está ausente das paredes da escola fundamental.

Com efeito, na Creche a escrita está presente em todos os lugares: OfIn, escadas, corredores, pátio, salinhas, saguão, recepção, sala de saúde, cozinha, refeitório, sala de sono, berçário, casinha. Contamos até 34 manifestações, em determinado dia.

Os textos são diversificados; além da ficção presente na literatura infantojuvenil, podem ser encontrados vários outros gêneros. A distinção por *gênero* nos parece certamente mais adequada e operatória do que a distinção por tipo (narrativo, descritivo, argumentativo, explicativo, dialogal). De fato, cada enunciado, composto de fragmentos de vários tipos, é sempre heterogêneo.[3]

Éveline Charmeux utiliza a seguinte distinção de gênero:

1) texto da cidade;

2) o cartaz;

3) logotipo;

4) texto da casa;

5) catálogo;

6) jornal e revista;

7) correio pessoal;

8) conto e romance;

9) poesia;

10) programa de TV;

---

3. Jean-Michel Adam. *Les textes*: types et prototypes, Paris: Nathan, 1992. p. 28.

11) história em quadrinhos;

12) texto informativo.[4]

Apesar de esta classificação ser interessante para abordar a diversidade e o modo de funcionamento dos textos encontrados pelo cidadão, ela não é pertinente para nortear a categorização dos livros na biblioteca, uma vez que tal categorização deve levar em conta o conhecimento da biblioteconomia e as necessidades do público. A elaboração de uma classificação eficiente para a biblioteca escolar é uma tarefa delicada a ser ainda cumprida pelo Proesi.

Em *Caderno de bordo*, apresentamos outra manifestação da escrita, generalizada nos grupos da Creche.

Caderno de bordo
Escrita como memória

Situação:
Cada salinha possui seu *blocão* fabricado pelas educadoras com folhas A3 (orientação vertical), encadernadas com barbante, suspenso na parede.

Processo:
☐ Nesse blocão a educadora escreve:
— fatos importantes;
— relatórios de trabalho;
— textos coletivos produzidos;
☐ A educadora escreve o texto ditado pelas crianças.
☐ Ela o escreve diante do grupo.

Observações:
• Esse processo é também chamado de "ditado ao adulto".
• Ele mostra a função da escrita às crianças, neste caso a de ser a memória do grupo.
• Ele desvela a originalidade da escrita, evidenciando as diferenças com a oralidade.
• A educadora pode verbalizar a sua ação, explicitando suas opções.

---

4. *Guide pour l'utilisation du coffre à outils*: pour commencer. Toulouse: Sedrap, 1990.

O "ditado ao adulto" não é apenas um exercício escolar junto a crianças em processo de alfabetização, mas é prática corrente dos analfabetos que recorrem ao serviço de um escritor público,[5] prática esta atestada socialmente. *O nome* destaca mais um relevante papel do mediador.

O nome

Testemunho da escrita

Situação:
O mediador escreve na frente da criança.

Processo:
☐ O mediador escreve:
☐ o nome da criança sobre os desenhos;
☐ o título do livro sobre o registro de presença;
☐ o texto "memória" do trabalho no "blocão" do grupo.
☐ A educadora inscreve o nome das crianças sobre as obras feitas por elas, sobre os cabides da sala, sobre suas fotos, dando-lhes o cunho de propriedade.

Observações:
- Através desses gestos cotidianos do mediador, a criança participa do mundo letrado.
- Ela pode conhecer a função de "memória" inerente à escrita:
  — a classe pode ficar a par dos livros emprestados;
  — a classe pode se lembrar do trabalho feito durante o semestre.
- A presença dessa escrita na salinha é uma referência constante para as crianças escreverem suas mensagens. Ela evita a reconstrução da grafia da palavra a partir do significante sonoro, estimulando a memorização.
- O nome próprio é quase sempre a primeira palavra escrita dominada pela criança. Ele foi também a primeira palavra escutada na conquista da língua oral. O vínculo existente entre o nome e a pessoa é, portanto, carregado de afetividade. Sua forma, caracterizada pela maiúscula inicial, merece cuidados particulares.

---

5. As funções de leitor público e de escritor público podem ser exercitadas por dois profissionais distintos, como acontece às vezes no Brasil.

Da recepção à produção

Além de ter uma experiência pedagógica, a orientadora possui formação em teatro. Desde sua chegada na Creche, ela sistematizou "momentos de histórias". Cabe mencionar que um debate estourou na Creche depois da visita de uma integrante da associação francesa ACCES,[6] que promove de maneira exclusiva a transmissão vocal do texto escrito. De fato, a orientadora domina e utiliza os dois processos de transmissão, *história de boca* (isto é, contada) e *história do livro* (isto é, dita). Atualmente as duas vertentes são praticadas de modo sistemático em vários pontos da Creche, osmose do trabalho realizado pela orientadora na OfIn. No entanto a distinção entre prática da oralidade (*história de boca*) e prática da escrita (*história do livro*) não era claramente feita pelas educadoras.

Tanto na biblioteca quanto na salinha, a criança tem vários momentos para lidar sozinha — ou a dois ou três — com o livro. Na salinha ela possui maior leque de escolhas. Pegar um livro depende de uma opção em relação aos outros objetos disponíveis, blocos de construir, carros, bonecos, enquanto na OfIn, como o ambiente é reservado à escrita, a escolha é mais orientada rumo aos documentos escritos ou icônicos. Falaremos daqui para frente em "leitura autônoma" quando o leitor tiver a oportunidade de escolher o seu livro sem receber nenhuma instrução específica sobre a maneira de usá-lo.

Além dessa prática da escrita instalada na rotina da Creche, é possível fazer da escrita a matéria de um projeto, como se pode verificar em *Os peixes*.

---

6. Actions Culturelles contre les Exclusions et les Ségrégations, fundada com a participação de René Diatkine.

> ### Os peixes
> *Imitando o livro*
>
> **Situação:**
> Fabricação de livro pela própria criança.
>
> **Processo:**
> ☐ A educadora coloca no meio do tapete 20 livros de literatura infantojuvenil sobre o tema "peixes". Cada uma das 14 crianças escolhe seu livro e o folheia.
> ☐ A mediadora questiona:
> — Como se apresenta o livro?
> — Com uma capa.
> — O que aparece na capa?
> — Um desenho, um título, um autor.
> — Vamos fazer nosso livro dos peixes.
> ☐ A mediadora distribui um pequeno caderno fabricado por ela com quatro folhas e solicita que as crianças façam seus livros.
> ☐ Elas fazem desenhos a partir do livro em questão e escrevem o seu nome enquanto autor. Para fazê-lo, elas vão buscar o modelo do nome no painel dos "presentes/ausentes". Algumas sabem escrevê-lo perfeitamente, outras escrevem o apelido, como, por exemplo "Leo" no lugar de Leonardo. Yolanda tem dificuldades para escrever algumas letras. Giovani escreve corretamente o seu nome no quadro-negro.
> ☐ A mediadora, depois de 30 minutos, recolhe os livros de literatura infantojuvenil e os das crianças.
> ☐ Durante o trabalho, a educadora escreve um relato da atividade, oferecendo às crianças um testemunho da função da escrita.
>
> **Observações:**
> • Esse trabalho de produção se origina numa atividade de recepção, dado que o processo começa pela leitura dos livros escolhidos pela educadora.
> • A composição do livro se constrói a partir de modelos: o dos livros da literatura infantojuvenil e o da escrita exposta nas paredes.

Depois de termos tratado de uma escrita produzida pelos mediadores e voltada para as crianças, gostaríamos de salientar outra modalidade: uma escrita que parte de adultos e se destina à comunidade inteira da Creche. É o que aparece em *Ofinforma*.

> **Ofinforma**
> *Publicação de um folheto*
>
> **Situação:**
> O boletim chamado *Ofinforma* é publicado a cada bimestre, há dois anos. Ele é editado desde 1995 pela orientadora (ver caderno de fotos).
>
> **Processo:**
> ☐ O folheto é editado em um papel 21 x 29,7 dobrado em três; apresenta 6 páginas.
>
> **Observações:**
> - Na medida em que cria laços sociais entre crianças, educadores, funcionários, pais, pessoas do bairro, uma publicação regular contribui para a constituição da comunidade escolar.
> - Ela instaura uma tradição entre o conjunto das turmas de um ano e o das turmas de outro.
> - O folheto fala de acontecimentos relevantes na Creche e cada um, criança, educadora, pai, pode se relacionar com essas notícias.
> - Ele concede a fala às pessoas da Creche e da comunidade.
> - Ele evidencia as funções da escrita.
> - Ele é um testemunho de apropriação da escrita por uma comunidade.

Sintetizando a prática da salinha e a da OfIn, pudemos mostrar a riqueza da experiência escrita na Creche. Poucas classes de primeira série oferecem aos alunos ambiente letrado tão diversificado. Observamos que as atividades conduzidas nos dois espaços da Creche são diferenciadas. As da OfIn, por se valerem da presença dos livros, são globalmente regidas pela recepção da escrita, enquanto as da salinha se norteiam, sobretudo, pela produção de textos, distinção esta que poderia proporcionar uma frutífera complementaridade.

Contudo, como recepção e emissão na Creche se vinculam a duas metodologias diferentes, o trabalho efetuado dentro da salinha não chega a se beneficiar com as competências adquiridas dentro da OfIn. Assim, durante a elaboração dos textos raramente a criança é solicitada a se referir às múltiplas identificações realizadas por ocasião das leituras; ela é apenas levada a explorar as letras expostas na parede da salinha, ou seja, a se valer de relações fonográficas. Esta estratégia adotada na emissão negligencia, portanto, o conhecimento adquirido na recepção, o que, em última análise, equivale a desprezar o caminho da leitura na conquista da linguagem escrita.

Em vez de ser estimulada a experimentar a multiplicidade das distintas estratégias possibilitadas pelo *código gráfico*, a criança é reduzida à simples exploração do *código alfabético*. Um exemplo pode elucidar o problema. Apesar de a criança saber utilizar a imagem para inferir o sentido de uma palavra, essa habilidade não é reconhecida pelas educadoras como uma verdadeira estratégia de leitor, sob a alegação de que ela ainda não conhece o valor das letras do alfabeto. O projeto construtivista de permitir à criança a organização da sua própria aprendizagem fica assim reduzido ao mero emprego de uma estratégia estereotipada.

Na escola fundamental

Apesar da existência de duas coordenadoras pedagógicas e da obrigação da Secretaria da Educação de montar a cada ano um *Projeto Estratégico de Ação* (PEA), cabe reiterar que não existe no Mange, como na Creche, uma coerência metodológica na prática do conjunto dos professores. A comparação entre o número de alunos nos dois estabelecimentos, 1.800 no primeiro e 100 no outro, explica em parte a situação.

Além disso, a reunião do conjunto dos professores dos três turnos é quase impossível, na medida em que grande parcela trabalha em mais de um estabelecimento, conforme já mencionamos. Por outro lado, o estatuto dos professores é pulverizado pela diversidade da categoria e dos seus cargos, o que acirra as tensões e torna precária a existência de qualquer projeto pedagógico. Apenas os professores vinculados à Jornada Específica Integral, JEI, "efetivos" e, portanto, mais experientes, se beneficiam com horas de formação, já que elas são incluídas nas horas de projeto.

A escola possui uma sala de informática com 15 computadores e uma impressora. Todos os alunos trabalham uma vez por semana nessa sala, animada por duas orientadoras que também fazem parte do Projeto BEI. Esse recurso informático deixa surpreso o pesquisador que vem de fora, longe de imaginar um tal serviço possível numa escola pública da periferia.

No entanto a presença da informática não a transforma em uma escola privilegiada. De fato, ao entrar nela pela primeira vez, o prédio nos evocou mais imagens de prisão do que de escola. A entrada era cercada por grades; presentes também nos corredores e fechadas com cadeados, elas nos separavam da escada. Os muros do prédio eram manchados de pichações.

Além desse visual, a violência do bairro que penetra a escola é uma preocupação para todos. Em junho de 1999, um aluno foi deixado quase morto numa rua vizinha durante o horário escolar, tendo ficado vários dias em estado de coma. Os agressores eram dois colegas que voltaram às aulas depois do crime.

Eric Debarbieux, que já mencionamos no capítulo anterior, verificou através da pesquisa desenvolvida na França que a frequência dos atos de violência na escola é correlata à instabilidade da equipe pedagógica. Desde o início da instalação da BEI, a escola mudou três vezes de diretora. Dados ainda mais preocupantes dizem respeito à instabilidade dos professores. Em 1999, a maior parte do primeiro turno (de 1ª a 4ª séries) não era constituída por professores efetivos. No final daquele ano, uma medida administrativa da Prefeitura substituiu 10 professores, entre os 18 do primeiro turno. Assim, docentes da rede que tinham sido aprovados no concurso para efetivação, deixaram suas escolas para virem substituir os não efetivos no Mange. Por exemplo *Fátima*, vinda de fora, substituiu *Eliana*, que substituiu *Rosemeire*, que substituiu *Wanda*, que ficou sem classe. Dessa maneira, além da classe de origem, abandonada por Fátima, os alunos de outras três classes do Mange perderam sua professora. Como o docen-

CAMINHOS DA ESCRITA

te pode ser a única pessoa de referência para as crianças de famílias desestruturadas, uma tal medida é avassaladora.

Muitos alunos sofrem atraso escolar de vários anos. Nas classes de 3ª série, uma parte significativa deles não tem nenhuma competência em leitura e muitas vezes não sabe escrever o próprio nome. Esse quadro exige dos professores paciência extrema e força moral. Os objetivos didáticos devem sempre ser reavaliados em função de situações educativas de emergência e os professores com frequência não podem usar o manual recebido do MEC por ser inadequado.

Nas primeiras séries a metodologia usada é uma abordagem ascendente, ou seja, "silábica". Os professores partem de uma letra encontrada numa palavra simples,[7] /p/ de "pato", e estudam as sílabas compostas com as vogais para reconstituir o silabário da língua portuguesa. Alguns docentes ouviram falar do "construtivismo" e às vezes se referem a algumas de suas propostas metodológicas, como, por exemplo, escrever listas,[8] mas sem adotá-lo de maneira sistemática. A maior parte reivindica um sincretismo pedagógico, referindo-se a vários teóricos. Os mais citados são, pela ordem: Paulo Freire, Emília Ferreiro, Celestin Freinet, Rudolph Steiner. O conjunto dos professores pede livros didáticos adaptados ao nível dos alunos; quando vêm à biblioteca, solicitam número de exemplares de cada livro idêntico ao número de alunos, por desconhecerem modalidades alternativas de trabalho.

Na BEI há uma sequência pedagógica que se repete e se torna padrão para as primeiras séries:

* uma história é contada ou dita;
* em seguida ela é dramatizada pelas crianças;
* que depois são convidadas a desenhar um episódio;
* e a escrever um fragmento da narrativa.

---

7. Simples no sentido de palavra conhecida pelas crianças, com uma estrutura silábica consoante-vogal (CV) e correspondendo às regras fonográficas mais gerais.

8. Ana Teberosky; Beatriz Cardoso. *Reflexões sobre o ensino da leitura e da escrita*. Rio de Janeiro: Vozes, 1993. p. 113-15.

Da língua oral à escrita

Na expectativa de conhecer exatamente as práticas propostas na BEI, efetivamos observações em todos os turnos, todos os dias da semana. Numa segunda-feira observávamos o turno da manhã, na semana seguinte o turno da tarde e, na outra semana, o turno da noite. Em um mês, cobrimos assim todo o horário semanal.

A partir dessa observação sistemática podemos avançar que a BEI é usada quase exclusivamente de maneira coletiva. Cada classe tem uma hora semanal de visita. Durante uma parte do ano de 1999, apenas uma orientadora atuava, pois a orientadora do turno da tarde foi nomeada durante o segundo semestre.

As visitas individuais também existem. Durante o recreio da tarde oito alunos frequentavam sistematicamente a BEI. A responsável pela relação Mange-Universidade coordenava um grupo de alunos, propondo um percurso através de vários contos e ajudando-os a criar uma narrativa coletiva feita através de montagem de elementos extraídos das obras lidas. O resultado de um desses procedimentos foi depois dramatizado e mostrado para a festa da biblioteca. Nessa proposta havia uma semente que cresceria no futuro.

Atividades muito desenvolvidas são o desenho e a cópia. Parece haver uma complementaridade entre as duas. De um lado, o desenho permite a expressão da criança, mesmo quando ela tenta reproduzir um modelo. A cópia, pelo contrário, exige a reprodução exata e não deixa espaço à variedade.

Essa cópia coloca em jogo a percepção visual e o gesto motor. Muitas vezes, porém, esse exercício é realizado fora de qualquer sentido. Para resgatá-lo, seria preciso atribuir-lhe um objetivo de memorização das formas escritas, mediante a associação entre o sentido da palavra, o gesto e o olhar.

Mais ainda na escola do que na Creche, a prioridade é dada à produção da escrita. O caminho seguido pelas crianças para dominar o sistema da língua escrita vai da sua fala à produção de textos, isto é, do seu próprio discurso oral à sua tradução escrita. Estamos falando do *Caminho I* no esquema da página seguinte:

CAMINHOS DA ESCRITA

Caminho I			
			Emissão
Conhecimento da criança	**Situação de uso da escrita**	**Matéria e suporte**	**Instruções do mediador**
Conhece a imagem? Sabe que a escrita passa pela organização da língua? Conhece letras?	Situação de emissão: desejo de comunicar uma mensagem	Matéria: Imagem Texto Suporte: Papel Parede Computador Ferramenta: Lápis Dedo na areia	"Como você pode escrever isso?" "Você pode escrever melhor?" "Quais as palavras que existem dentro do que você falou?" "Qual é o som que você escuta nessa palavra?"

No entanto, como dissemos no primeiro capítulo, a introdução de uma biblioteca dentro da escola com uma prática consequente antes da abordagem da alfabetização formal contradiz esse percurso. Os PCNs aconselham um outro caminho, coerente com o uso da biblioteca escolar: descobrir dentro dos textos lidos o sistema da escrita e seu funcionamento. Trata-se do *Caminho II* no esquema a seguir:

Caminho II			
			Recepção
Conhecimento da criança	**Situação de uso da escrita**	**Matéria e suporte**	**Instruções do mediador**
Conhece alguns suportes de escrita: livro, jornal, receita, outdoor, etiqueta de produto? Conhece títulos de livros, palavras, letras, outros caracteres?	**Situação de recepção:** desejo de entender uma mensagem escrita	Matéria: Imagem Texto Suporte: Papel Parede Computador	"O que esse texto está dizendo?" "Como você sabe que ele está dizendo isso?"

No entanto, é preciso explicar essa generalização da produção de textos e a fragilidade das situações de leitura.[9] Podemos formular algumas hipóteses não excludentes:

Razões incentivando a produção de textos:

- a produção de textos não depende da presença de publicações;
- a produção de textos deixa o sujeito dono da sua atividade;
- a concepção da língua escrita que a reduz a um instrumento de substituição da língua oral leva o pedagogo a transpor a língua oral conhecida pela criança em língua escrita a ser dominada;
- a ideia de que emissão e recepção são reversíveis deixa acreditar que pela produção se aprende a ler;
- a produção de textos oferece ao professor um objeto permanente e avaliável que lhe permite negociar com o aluno e atribuir notas. Ele possibilita maior acesso à intervenção do professor;
- a produção escrita mobiliza a pessoa inteira do aluno; como requer a participação do gesto da mão, afasta a dispersão, possibilitando um acompanhamento individual pelo professor.

Razões limitando as práticas de leitura:

- a escassez de livros dificulta a prática da recepção (cf. capítulo I);
- a leitura, atividade invisível e silenciosa, é difícil de ser controlada;
- o acesso direto ao texto pelo leitor tira o mediador do jogo, deixando-o sem meios de intervenção;
  - ☐ as práticas vocais do texto se substituem à leitura no sentido estrito:
  - ☐ a aprendizagem centrada na decifração privilegia a leitura em voz alta (cf. problematização desse conceito no capítulo I);

---

9. Já fizemos essa constatação em Élie Bajard. Afinal, onde está a leitura?, *Cadernos de Pesquisa*, São Paulo, n. 83, p. 29-41, nov. 1992.

- a transmissão do texto pela voz é erroneamente considerada equivalente à leitura;
- a transmissão proporciona ao aluno uma solução imediata que o poupa da necessidade de tratamento individual do texto;
- a leitura não é vista como uma situação-problema a ser resolvida; a solução é desvelada oralmente pelo professor;
- ao ler, o indivíduo deve aceitar um certo grau de solidão e a separação da presença física do outro. O texto dito, por sua vez, contempla a necessidade da presença corporal;
- a voz alta, prática coletiva, solicita a participação da classe inteira, facilitando a intervenção pedagógica;
- a voz alta dá ao professor um papel central;
• como os espaços silenciosos são raros, a ocorrência da leitura acaba sendo limitada.

Essas características levam o professor a propor mais situações de produção do que de recepção de textos. A ideia de que leitura e escrita são duas atividades reversíveis é tão difundida que uma professora de 3ª série chega a dar aos seus alunos a seguinte instrução: "Escreva lendo". Nessa visão, uma atividade vale pela outra.

A produção de texto mais praticada toma frequentemente a forma de criação de textos coletivos. Um texto elaborado coletivamente na sala de aula não precisa ser corrigido, o que o torna então mais adequado à escassez de disponibilidade do professor. Além disso, este último orienta sua produção, desvelando aos alunos determinados segredos de fabricação. Como nas situações de *escritor público* da Creche, o mediador pode mostrar as transformações que o discurso oral deve necessariamente sofrer para se tornar texto escrito.

Quando o professor possui um verdadeiro *saber-fazer*, ele pode deixar a própria classe encontrar soluções, orientando os alunos através de um questionamento facilitador. Outra alternativa consiste em mostrar o caminho, usando a pedagogia do exemplo. Ele se antecipa no percurso da construção do texto; ao fornecer a resposta imediatamente necessária, mostra o processo, evitando deixar o aprendiz sem ajuda diante de uma tarefa difícil. A confecção de um texto coletivo é uma das competências mais dominadas pelo professor do Mange.

A voz alta

A escola sempre desenvolveu a *voz alta* que continua em nossos dias sob duas formas. O professor pede aos alunos para emitir a voz tendo em vista o modelo antigo de "leitura em voz alta", ou seja, o controle da capacidade de leitura. A voz alta pode assumir uma outra função quando se trata de "leitura magistral". Nesse caso, a proferição do texto pelo professor facilita a compreensão da criança. A voz alta poderia portanto contemplar vários objetivos:

artístico: ela comunica um texto escrito inserido numa *obra vocal* através de uma performance;

de linguagem: ela integra o texto numa comunicação pluricodificada, que leva em conta linguagens não verbais, tais como olhar, gesto, espaço, objeto;

linguístico: ela impregna o ouvinte de palavras, expressões, construções escritas específicas;

afetivo: ela instaura entre o mediador e o ouvinte uma relação sensível através da voz, do olhar e do tato.

O pato mostra o emprego dessa modalidade para a transmissão de histórias aos alunos.

CAMINHOS DA ESCRITA

O pato
O livro único

Situação:
Uma professora de 3ª série apresenta o livro informativo *Pato*, de Angela Royston, São Paulo, Melhoramentos, 1992, presente em um único exemplar na BEI.

Processo:
☐ Um debate é organizado com os alunos sobre o tema do livro: os animais de criação.
☐ Apresentação do livro, capa, imagem, autor e comentários dos alunos.
☐ Transmissão vocal do texto (dizer) mostrando as imagens.
☐ Comentários e debate sobre o livro.
☐ Desenho de um elemento do tema.
☐ Elaboração de um texto coletivo segundo o modelo do *escritor público*.
☐ Identificação de determinados elementos do texto produzido.
☐ Digitação do texto na sala de informática com a ajuda da orientadora.

Observações:
- A transmissão vocal possibilita a utilização de um livro possuído pela BEI em um único exemplar.
- Ela é uma forma de publicação do texto; desse modo procedia o arauto no passado.
- Ela dá acesso ao sentido do texto para os ouvintes sem que eles recorram ao processo de leitura.
- Apesar de não corresponder a uma prática de leitura, a transmissão vocal se exerce sobre a língua escrita e introduz o aluno no mundo da literatura infantojuvenil.

Os alunos também gostam de transmitir textos a colegas ou mesmo a uma plateia numerosa. Tivemos ocasião de presenciar, durante uma confraternização, uma aluna que comunicava um texto a uma arquibancada repleta de alunos, professores, pais e convidados. Ela se valia do texto seguro entre as mãos, sem esquecer de olhar o público. O texto tinha sido elaborado por um grupo de crianças orientadas por uma professora, durante os recreios.

Uma técnica muito desenvolvida no Brasil pode ser relacionada à "voz alta". Ela é conhecida sob o nome de *jogral*, enquanto a língua francesa não tem palavra específica para designá-la. Aparece frequentemente em festas escolares. Ela se caracteriza por uma proferição polifônica constituída por uma encenação mínima do texto dito, na qual a diversidade das vozes e o espaço são os códigos destacados.

Rumo à leitura

Quando uma mãe transmite ao filho o texto que extrai de um livro em suas mãos, está abrindo o acesso ao universo da escrita a uma criança que não pode ou não quer ler. Nessa situação se interpõe entre o texto e o ouvinte um mediador, que poderia ser também uma criança. É esse mesmo papel que Alberto Manguel assume junto a Jorge Luis Borges, já cego.[10]

Podemos precisar que, se quase sempre essa mediação é realizada por um leitor, ou seja, por um locutor que pode *traduzir* o texto escrito em texto *dito*, pode acontecer que esse mediador não saiba ler. Foi esse o caso de um poeta que conhecemos numa praia de Fortaleza: ele dizia seus poemas sabidos de cor, publicados em cadernos a serem vendidos, impressos pelo padre de sua paróquia. Ora, esse poeta era analfabeto.

Nesse processo de mediação não se trata de uma atividade solitária como o ato de ler, mas sim de um ato público com a copresença de um "arauto" e seus ouvintes. É essa a modalidade comentada em *Recepção da correspondência*.

---

10. Alberto Manguel. *Uma história da leitura*. São Paulo: Companhia das Letras, 1997. p. 30.

> *Recepção da correspondência*
> *Acesso a textos*
>
> **Situação:**
> Uma professora de 1ª série recebe um pacote dos alunos com quem estabelece correspondência, do qual constam vários documentos.
>
> **Processo:**
> ☐ Abertura do pacote pelas crianças e descoberta do conteúdo.
> ☐ As crianças mais avançadas dizem alguns textos à classe inteira.
> ☐ A professora transmite vocalmente os outros textos aos alunos.
> ☐ Os documentos são expostos nas paredes da sala.
> ☐ A professora pede às crianças para identificarem a forma escrita correspondente a elementos ditos.
> ☐ Realização de um primeiro texto coletivo para responder aos correspondentes.
>
> **Observações:**
> - As crianças mais avançadas realizam uma leitura e uma transmissão vocal do texto.
> - A motivação da leitura é criada pelo desejo de entender a correspondência.
> - A professora se substitui às crianças quando as possibilidades dessas últimas se esgotam.
> - A recepção se efetua através dos olhos nas crianças mais avançadas e através dos ouvidos nas demais.
> - Como o entendimento do texto pode resultar da transmissão vocal pelo colega, a situação de aprendizagem pode ser deturpada, o que precisa ser levado em conta pelo docente.
> - A motivação da produção de textos surge do desejo de responder aos correspondentes.
> - As atividades de recepção e de emissão são inseridas dentro de um projeto mais amplo de correspondência escolar.

Assim quando a produção de textos é incluída numa situação pedagógica mais abrangente — a da correspondência por exemplo — torna-se coerente com a metodologia de aprendizagem da língua portuguesa proposta pelos PCNs.

O vínculo apontado se manifesta também em *Coca-Cola*.

Coca-Cola
Produção de legendas

Situação:
Experiência de uma professora de 3ª série, incluída em um projeto de fabricação de um jornal mural.

Processo:
☐ Um painel, em duas partes, é exposto na parede da sala de aula. Na parte de cima uma imagem tirada do jornal *Folha de S. Paulo* é exposta em um quadro na parede da sala. Trata-se, na Bélgica, de garrafas de Coca-Cola jogadas no lixo por um trator. A referência ao jornal está indicada: *"Folha de S. Paulo*. Quarta-feira, 23 de junho de 1999".
☐ Uma instrução escrita acompanha a imagem: "Descubra o que está acontecendo".
☐ As crianças são convidadas a escrever uma legenda para a imagem. As legendas produzidas são expostas na parte baixa do painel. Encontramos:
  • Um homem está distribuindo os refrigerantes (Fernando).
  • Eu acho que a Coca-Cola está com muito gás e foi retirada do mercado (Vanessa).
  • Este homem está jogando fora este refrigerante (Rodrigo).
  • Na Bélgica funcionários despejam quantidade de garrafa de Coca-Cola (João).
☐ Esses textos são digitados; uma vez impressos, substituem os manuscritos.

Observações:
• A instrução não foi transmitida (dita) pela voz da professora, mas lida (com os olhos) pela criança. Como o texto é desconhecido, trata-se de uma atividade de leitura.
• As crianças interpretam uma imagem referente à atualidade; como a imagem é polissêmica, elas produzem textos diversificados (produção de texto).
• Os textos escritos são expostos à leitura dos colegas: 1ª publicação.
• Os textos digitados adquirem legibilidade. Eles substituem os manuscritos e são expostos nas paredes: 2ª publicação.

Durante o período noturno, os alunos usam a BEI com uma orientação diferente do primeiro turno, uma vez que o tempo dedicado ao domínio da língua diminui, enquanto cresce o tempo da pesquisa. Os professores de todas as disciplinas usam a biblioteca. Alguns a frequentam mais, ficando na expectativa de desistências de outros professores para se beneficiarem de maior número de horas.

Em *Picasso*, a professora de artes plásticas usa o acervo da biblioteca como fonte de pesquisa.

Picasso
Fonte de pesquisa

Situação:
Alunos de uma 8ª série utilizam a BEI para realizar estudo da obra de Picasso.

Processo:
☐ Reunidos em grupos de cinco ou seis alunos, dirigem-se às estantes e, com a ajuda da professora, escolhem um livro de arte ou um livro de referência tal como um dicionário ou a Enciclopédia Barsa, acomodando-se em torno das mesas ou na arquibancada.
☐ Eles leem o texto com a ajuda da professora que passa de mesa em mesa; em seguida fazem um relatório de leitura e um desenho.
☐ A professora pede aos alunos para escreverem um relatório.
☐ Ao terminarem, eles guardam os livros nas estantes.

Observações:
• Os professores de 5ª a 8ª série usam o livro da BEI de maneira mais individualizada.
• Uma professora de artes plásticas propicia uma situação de leitura; o ensino desta última não é responsabilidade exclusiva da professora de português.
• Durante essa sessão, a BEI se cobre de silêncio e os alunos leem.

Para que os textos produzidos se transformem em objetos culturais, ou, em outros termos, para que não sejam simples produtos de exercícios escolares, é preciso que cumpram uma função social. Essa mudança de estatuto se opera através da publicação. Empregamos essa palavra no seu sentido amplo, qual seja, ato de tornar *público*. Mediante essa publicação, o texto encontra *leitores* e o produtor se torna *autor*, conforme nos revela *Conquista das paredes*.

Conquista das paredes
Publicação dos textos

Situação:
A festa da biblioteca, aniversário da sua inauguração, foi uma oportunidade para a "publicação" das produções dos alunos.

Processo:
Locais:
- Nas paredes de cinco salas de aula, do galpão e do espaço entre a BEI e a sala de informática.
- Em cartazes suspensos no teto do saguão e da BEI.

Forma das obras:
- Textos narrativos e poéticos coletivos digitados no computador.
- Textos narrativos e poéticos coletivos manuscritos.
- Textos escritos pelo professor para os alunos.
- Desenhos das crianças.
- Cartazes realizados pelos alunos e pelos professores: ciências, artes plásticas, gramática.

Exemplos:

Biblioteca do meu coração
Um dia te rabisquei
Agora te peço perdão.

A nossa escola tem a melhor biblioteca do estado
Por isso vou fazer um verso em sua homenagem.

Observações:
- Graças ao cuidado com as manifestações da escrita, o ambiente da escola se transformou.
- A escrita se manifesta em duas formas:
  — manuscrita: ao se tornar caligrafia, ela adquire uma dimensão estética significativa;
  — impressa pelo computador, trabalho impensável dez anos atrás, ela adquire legibilidade máxima;
- A escrita consta do visual das cidades modernas. Seria paradoxal que o lugar do seu ensino fosse isento da sua manifestação;
- Ao encontrar leitores tais como alunos, professores e pais, os textos consagram seus autores; a escrita deixa de ser o produto de um exercício escolar;
- Os textos expostos se tornam referência permanente; a memorização da grafia dos itens lexicais pode assim efetuar-se por impregnação.

No entanto, no dia seguinte ao acontecimento, os textos não estavam mais expostos; todos tinham sido retirados para serem arquivados. A exposição realizada durante a festa tinha, portanto, um caráter apenas pontual; não havia ainda sido incorporada ao cotidiano de BEI. A função de publicação não tinha sido ainda plenamente reconhecida pelos professores, nem pelo grupo de pesquisa.

Pluralidade das linguagens

Mesmo se o custo elevado de um acervo exige aproveitar a presença dos livros da melhor maneira possível, a vocação da BEI não se reduz à promoção da escrita. A prática da escrita não pode ser separada das outras atividades de comunicação. Vejamos, em *Teatrinho*, como uma pesquisadora propõe aos professores uma "roda de histórias"[11] constituída por atividades de expressão diversificadas, dentre as quais se inclui a escrita.

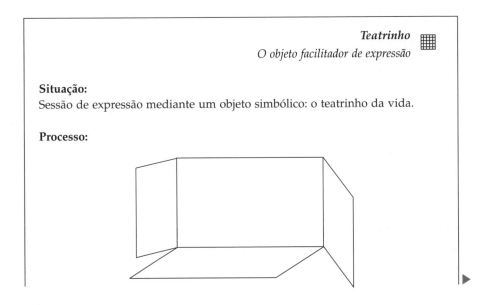

___
11. Sessão realizada por Linice da Silva Jorge.

▶ ☐ Apresentação do próprio nome.
☐ História contada na roda dos participantes.
☐ Realização de um objeto simbólico que representa um episódio da vida associado à história contada.
☐ O material disponível é constituído de: cola, tesoura, lápis, papel e folha de cartolina colorida (60 x 30).
☐ A folha de cartolina é preparada como indicado no esquema.

Observações:
- O desejo de expressão dos alunos é suscitado:
  — pela escuta de um conto;
  — pelo material disponível.
- Os alunos podem se expressar por desenho, dobradura ou colagem. A forma da cartolina, por ser muito simples, possibilita ativar uma grande variedade de associações. O papel pode se abrir completa ou parcialmente e se fechar, remetendo à atitude de cada um, à sua própria relação com o mundo. Essa forma pode evocar:
  — uma casa com seu teto: lugar da intimidade,
  — um livro com capa e páginas que se abrem e fecham: lugar do imaginário,
  — um teatrinho: local onde se manifesta uma voz real através de um corpo representado, o fantoche.
- As múltiplas produções são expostas no chão, formando um segundo círculo dentro da roda, sendo lidas por todos.
- Esses elementos concatenados são ligados entre si por uma performance, o que torna a sequência coerente e dinâmica.
- A sessão seguinte possibilita escrever um texto individual ou um texto coletivo relacionado com a expressão plástica.

Na BEI, o aparelho de vídeo é muito solicitado. Às vezes várias classes, até quatro, assistem a um filme. Nessa situação, se a consulta do acervo permanece viável mesmo com o som do vídeo acionado em alto volume, por exemplo, a possibilidade de leitura acaba sendo quase excluída. É forçoso admitir que há formas de atuação excludentes num mesmo espaço; quando ocorre essa incompatibilidade, a vocação multiuso da BEI fica prejudicada. A decisão tomada pela equipe do projeto no sentido de regular a diversidade das atividades — leitura, pesquisa, transmissão de textos, vídeo, desenho etc. — através de uma programação vinculada ao agendamento das visitas das classes não parece satisfatória. Trata-se de solução sujeita a limitações:

- o fato de que as dimensões reduzidas do espaço permitem acolher um número reduzido de alunos precisa ser compensado pela qualidade e diversificação das propostas;
- o funcionamento da escola é tão pulverizado que aquela programação se torna difícil, senão impossível;
- confiar à escola a programação da biblioteca retira do aluno sua liberdade de escolha, o que, em última análise, acaba excluindo uma pedagogia nele centrada;
- a biblioteca deve poder acolher leitores autônomos durante as atividades coletivas endereçadas a um grupo numeroso.

À primeira vista, o caráter multiúso da biblioteca poderia fazer crer que os problemas estariam solucionados quando fosse realizada a distinção entre espaço para o vídeo e espaço para o texto. Na realidade, a incompatibilidade ultrapassa a distinção audiovisual/escrita, mas atravessa o interior da própria escrita. Quando se transmite vocalmente um texto a uma classe, ou quando ele é dramatizado, fica excluída a utilização do mesmo espaço para a leitura. Ao contrário, a simultaneidade de atividades de natureza diferente como jogo de xadrez e leitura pode ser compatível, uma vez que as duas são silenciosas. Da mesma maneira, o uso da televisão nem sempre exclui a escrita, conforme exemplo citado no primeiro capítulo. A fronteira passa, de fato, entre ambiente sonoro e ambiente silencioso. Seria desejável, no futuro, conceber bibliotecas com um espaço dedicado à leitura protegido do barulho e um espaço possibilitando a expressão da voz e do corpo.

Gestão informatizada

A BEI é equipada de computadores para a pesquisa dos alunos e também para a gestão do fundo de livros e do empréstimo. O programa instalado no computador Microísis produzido pela UNESCO foi especialmente adaptado por Paulo Jau Gutloski.[12] As vantagens dessa escolha são evidentes:

- possuir um programa que possibilitará exportar e importar dados entre os diversos serviços de informação do Proesi;
- possuir um programa integrado que pode contemplar todos os serviços da BEI: inserção, classificação, empréstimo;
- possuir um programa que permite criar diferentes campos, em função da especificidade da instituição.

A manipulação atual desse programa permite fazer algumas observações. A inserção manual de um livro dentro de um acervo é uma longa operação. A inserção informatizada, que exige em média 20 minutos por livro, talvez não seja mais demorada do que a manual, mas requer operações complicadas, tais como fazer entrar em um mesmo campo vários itens separados pelo grafe /^/ seguido pela letra indicando o tipo de item, o que acaba resultando no campo "Registro do material" do livro *Antologia contemporânea da poesia negra brasileira*, São Paulo, Global, 1982:

> ^t008267^mLIV^e1^qC^ISME-PMSP

Essa complicada fórmula carece de decifração:

t = título + (aqui número de tombo do livro)

m = matéria + (aqui livro)

e = exemplares (aqui 1 exemplar)

q = aquisição + (aqui doação)

Como nenhum dos itens do *software* exibe campos a serem preenchidos com grafemas exclusivamente em português, o modo

---

12. Jean Gutloski. *Manual de gerenciamento de dados. Base de dados Mange.* São Paulo: ECA/USP, 1999.

CAMINHOS DA ESCRITA

de inserção não é transparente, pois requer o emprego de um código específico diferente dos componentes da língua corrente. A inserção exige uma formação longa, possuída apenas pelas duas orientadoras da sala de informática. Assim o caráter bastante sofisticado da inserção acaba por causar o adiamento do sistema de empréstimos.

Além disso, esse programa foi elaborado para atender a uma clientela de letrados, não levando em conta as competências limitadas de alunos em pleno processo de letramento. Talvez uma nova versão desse programa possa corrigir essa limitação.

Ao contrário do Mange, na Creche não há, por enquanto, informatização da gestão do acervo, mas o empréstimo manual funciona de maneira eficiente.

A partir da experiência dos três laboratórios, o Proesi iniciou uma reflexão transversal sobre o tratamento informático da gestão do acervo, levando em conta suas funções de inserção, recuperação, empréstimo, assim como as necessidades dos usuários.

Diante das limitações do Microísis, os pesquisadores da Estação Memória estão experimentando sistemas originais que podem contemplar as necessidades de leitores não só experientes, mas também iniciantes, uma vez que possibilitam uma multirrecuperação dos dados, seja por itens da língua, seja por ícones. Para tanto, eles estão explorando duas pistas: de um lado, a simplificação do Microísis para torná-lo mais transparente e, de outro, a utilização de diferentes programas, tal como o *FileMakerPro*. Por aceitar a inserção de imagens, esse último permite a fabricação de um instrumento de recuperação de dados a partir da reprodução icônica da capa do livro. Assim o usuário infantil poderá ter acesso à informação computadorizada graças à imagem. Um esboço desse instrumento deve ser testado na Creche com crianças não alfabetizadas.[13] De qualquer modo, o empréstimo não pode ser idêntico em todas as instituições, uma vez que

---

13. Trabalho realizado por Roque Celeste Passos, bolsista em iniciação científica na Estação Memória.

deve levar em conta as competências variáveis de escrita por parte dos usuários.

O uso da informática está previsto para aumentar a eficiência da biblioteca, mas aumenta também o número de competências necessárias à atuação da orientadora da BEI. Espera-se dela que:

- seja uma boa professora, para participar do letramento dos alunos e organizar oficina na sala da BEI;
- seja uma boa coordenadora, pois, enquanto única pessoa em contato com o corpo docente inteiro, deve possuir a capacidade de incentivar projetos coletivos;
- seja uma bibliotecária atualizada, para poder dominar a informática.

Apesar do elevado nível de habilidades requeridas, profissionais competentes existem, embora sejam pérolas raras. O sistema educacional terá que investir intensamente na formação para contemplar toda a rede com profissionais eficientes. Sabe-se que, até agora, uma tal ambição não tem se manifestado, já que os professores encaminhados para atuar nas bibliotecas escolares são, muitas vezes, aqueles tidos como incapacitados para a regência de classe. Nesses casos, a seleção dos profissionais não se efetua a partir de competências consagradas.

Na Estação Memória

O texto dito de cor

A informação gerenciada pela Estação tem caráter original em relação aos outros laboratórios do Proesi:

- a informação armazenada foi gerada pela oralidade;
- ela é mais marcada pelo caráter intensivo que extensivo;
- os livros não têm primazia, nem em importância, nem em número;
- a informação não foi reunida para servir de matéria à aprendizagem da escrita dos usuários.

Dados os nossos objetivos, essa especificidade confere à instituição uma posição periférica. No entanto, sua atividade evidencia algumas situações de comunicação ou de uso da escrita que podem ser formalizadas, servindo assim de instrumentos transferíveis aos outros laboratórios e a outras bibliotecas escolares.

A Estação organiza com os idosos uma oficina de resgate da memória, na qual a transmissão vocal do texto tem um papel significativo, conforme fica evidenciado em *Com os idosos*.

Com os idosos
O texto dito de cor

Situação:
Dentro de uma oficina de resgate da memória com idosos, uma mediadora diz um texto constituído de fragmentos de várias entrevistas, articulado como uma narrativa coerente. Ele é fruto de metamorfoses sofridas pela fala daqueles mesmos idosos (ver foto à p. 155).

Processo:
☐ O texto é dito de cor pela mediadora.
☐ O público é constituído tanto pelo conjunto de idosos que participou das entrevistas, quanto por jovens, alunos das escolas vizinhas.

Observações:
- O texto é transmitido vocalmente a um público: copresença do emissor e dos ouvintes.
- O texto transmitido, composto a partir de várias entrevistas e até publicado no jornal do bairro, é preexistente à sua proferição.
- Nessa situação de transmissão vocal, a mediadora que profere o texto mantém as mãos e os olhos livres para comunicar, o que confere grande peso às linguagens não verbais. Não é o que ocorre quando a pessoa é levada a extrair o texto do livro através dos olhos por não conhecê-lo de cor.
- O texto composto a partir de lembranças dos próprios idosos tem um impacto afetivo muito forte; eles reconhecem o seu discurso habitado por uma outra voz. O texto escrito, até então morto, se torna sensível e vivo pela magia da voz.

Em cada sessão dos idosos ou encontro deles com as crianças, a competência de atriz da mediadora é requerida. Essas sessões são programadas uma vez por mês e estruturadas ao longo de um semestre. São empregadas várias técnicas de animação para fazer ressurgir o passado, partilhá-lo e incorporá-lo ao presente dos participantes. O poder afetivo da transmissão vocal do texto é quase sempre solicitado, pois "a voz é uma subversão ou uma ruptura da clausura do corpo".[14]

O interesse dessa oficina reside na *performance* que integra as diversas atividades sucessivas em uma sessão dinâmica, permitindo atingir o alvo desejado: integrar o passado dos participantes à sua cultura presente.

Biblioteca Viva

A equipe de BV, inspirada no trabalho desenvolvido na França pela já citada associação ACCES, escolheu de maneira sistematizada a transmissão do texto pela voz para propiciar a entrada da criança na cultura da escrita. O fato de o grupo utilizar o neologismo *mediar* para nomear a transmissão vocal do texto, lhe permite distinguir sua prática, tanto do reconto, quanto da leitura no sentido estrito.

A transmissão do texto pela voz, iniciada desde a primeira infância, apresenta vários interesses.

Iniciação à língua escrita

Através da transmissão vocal a criança descobre não só a especificidade da língua escrita — precisão do léxico e peculiaridades da sintaxe — mas, principalmente, a sua função. Ao escutar várias vezes o mesmo texto, ela vai descobrir, pela repetição das mesmas

---

14. Paul Zumthor. *Performance, recepção, leitura*. São Paulo: Educ, 2000. p. 98.

CAMINHOS DA ESCRITA

palavras, a sua permanência. O caráter fixo do texto vai proporcionar uma referência cultural e linguística da qual ela poderá se valer. Assim, aqueles que ouvem repetem seguidamente palavras, expressões e fragmentos de textos, imitando, desse modo, os adultos que os transmitiram.

A transmissão tem como objetivo sensibilizar a criança ao mundo da literatura e impregná-la acusticamente da língua escrita. Essa é a razão pela qual os responsáveis da BV rejeitam a contação de histórias, que remete à língua oral e por isso está sujeita a variações linguísticas.

Os mediadores aprendem a utilizar a voz, o olhar, o corpo, para dar afeto e calor humano ao texto escrito. A escuta das fábulas pela criança suscita nela o desejo de procurar a fonte da qual o mediador retira essas histórias, favorecendo assim o contato com a materialidade dos livros. A criança explora o espaço onde eles estão armazenados, toca-os, abre-os, escolhe-os. Ao entrar nas páginas do livro de literatura infantojuvenil, os olhos da criança são atraídos pela riqueza das imagens, antes de se sensibilizarem à disposição do texto. O livro se deixa conhecer então a partir de sua encadernação, do empilhamento de suas páginas e de sua flexibilidade, assim como pelo fascínio que provocam suas ilustrações.

Familiarizada com o mundo da literatura, pouco a pouco nasce na criança o desejo de se apropriar da competência que lhe possibilitará extrair, sem qualquer ajuda, novas histórias dos livros. Assim, a escuta do texto pode se tornar o melhor meio de sedução para incentivar a aprendizagem da leitura.

A escuta do texto se realiza através de uma atuação do mediador, na qual sua presença física, seu olhar, seu gesto se sobrepõem à comunicação puramente linguística. A história, portanto, não é transmitida apenas pela língua, mas também por outras linguagens. Esse encontro corporal através da voz, do olhar e da pele, entre o adulto e a criança, impõe à comunicação uma forte dimensão sensível. A história escutada marca a memória infantil não só através do interesse da sua fábula, mas também do clima afetivo que envolve a relação com o adulto. Assim como a aprendizagem da língua oral é impregnada pelo afeto materno, o encontro com a língua escrita também pode ser marcado pelo mesmo selo.

As posturas da escuta

A partir do trabalho da equipe da BV, podemos constituir uma classificação das situações de escuta de textos, levando em conta duas dimensões determinantes na aproximação da escrita: o caráter sonoro e/ou visual do acesso ao texto e a postura física da criança em relação ao mediador.

Quando aninhada *no colo do mediador*, a criança se mantém aconchegada junto ao corpo do adulto. Como ambos olham para a mesma direção, o livro, a comunicação pelo olhar fica impossibilitada, mas há contato através da pele.

As palavras são cochichadas no ouvido. A criança percebe visualmente as imagens e a escrita e tem, em relação à materialidade do texto, o mesmo ponto de vista que o mediador. Os dois acessos ao texto, escuta e leitura, estão abertos.

Quando a criança está instalada *ao lado* do mediador, o aspecto "fusional" da relação no colo é rompido. Ela perde uma parte do contato, mas ganha uma relativa autonomia. A relação com o livro é semelhante à disposição anterior.

Caso duas ou três crianças estejam instaladas no colo ou ao lado do adulto, nenhuma retém sozinha a atenção do mediador. É possível notar, no entanto, que as três crianças dificilmente terão a mesma postura; uma hierarquia de proximidade inevitavelmente vai se estabelecer. Uma delas fica mais perto do adulto do que as demais. A mais afastada, por exemplo, não mantém contato corporal com o mediador; ela escuta facilmente a sua voz, mas pode ter dificuldades para perceber com clareza detalhes do livro, imagens ou a diagramação do texto.

Consciente dessa desigualdade de acesso ao texto, o mediador pode encaminhar sua atuação de modo a repartir melhor a atenção dispensada. A criança, por sua vez, é conduzida a partilhar o afeto do mediador com as outras.

Receptor e mediador podem estar *face a face*. Nessa situação, nenhum contato é possível, o mediador e o ouvinte estão separados pelo espaço. Essa separação pode ou não ser materializada por móveis; nessa segunda hipótese, uma diferença de nível — estrado ou palco — pode caracterizá-la. A posição face a face vai permitir que outras linguagens intervenham: olhar e gestos. Uma grande habilidade do mediador vai ser requerida, pois os olhos deverão não só apreender fragmentos do texto para poder transmiti-lo vocalmente, mas também comunicar com os ouvintes. Além do mais, a postura escolhida, sentado ou em pé, vai interferir na atuação. A exposição do seu corpo e a gestualidade acarretarão expressividade à *performance* do mediador, ou, ao contrário, se mal dominados, poderão embaraçá-lo.

À frente do mediador, o número de crianças varia de uma até muitas. No entanto, podemos distinguir um número limite, além do qual elas não perceberiam mais as ilustrações expostas. Apesar da perda do acompanhamento das imagens, o ouvinte recebe, em contrapartida, signos de outras linguagens, tais como o olhar e o gesto.

Um desafio

No entanto, essa conquista de autonomia através do gradativo afastamento do mediador pode encerrar uma ameaça. De fato, ao se tornar autônoma, a criança corre o risco de perder a atenção privilegiada do adulto e, ao mesmo tempo, o calor ligado à sua presença. Caso esse medo não seja convenientemente trabalhado, pode resultar no surgimento de barreiras diante de uma aprendizagem vista como ameaçadora, acarretando, desse modo, uma recusa inconsciente.

Do mesmo modo que a transmissão do texto pode ser uma ponte para o acesso à escrita, ela pode também se tornar uma fronteira difícil de ser atravessada. O *texto escutado* não conduz automaticamente ao *texto lido*.

O mediador deve, então, avaliar esse risco e amenizar possíveis ameaças à aprendizagem da leitura, mostrando que, mesmo após a sua conquista, a criança continuará a ouvir narrativas. Histórias transmitidas pela voz podem se endereçar a ouvintes de qualquer faixa etária e não somente aos pequenos não alfabetizados.

A dimensão afetiva da comunicação vai sofrer variações segundo se trate de uma criança sentada no colo do mediador ou outra, acomodada à sua frente, fazendo parte de uma plateia. Do primeiro ao segundo extremo, podemos reconhecer um caminho que progride de uma situação de dependência para uma situação de autonomia. O mediador que sabe administrar tal processo possui uma didática eficiente para neutralizar a ameaça da perda da presença do outro, contribuindo assim para a conquista da escrita.

Caso saiba se afastar do corpo do mediador, a criança se tornará apta a aceitar o grau de solidão exigido pela leitura. Ela terá disponibilidade para estabelecer com o mundo uma relação puramente simbólica. A aceitação da ausência do corpo do adulto será compensada com a riqueza da leitura. Assim como o desmame liberta a *língua (órgão)* do seio para a conquista da *língua (linguagem)*, o afastamento do corpo da mãe instaura a necessária solidão que possibilita a conquista da língua escrita.

Alicerce para intervenções

Através do funcionamento de cinco bibliotecas com estatutos diversificados e da reunião de suas experiências, encontramos uma grande diversidade de práticas pedagógicas que tentamos descrever. Estamos conscientes de termos descrito mais situações de aprendizagem — ou seja, aquelas análogas às situações sociais — do que meios de ensino, isto é, exercícios de sistematização. No entanto, não consiideramos esses exercícios inúteis e pensamos que uma abordagem construtivista deve integrá-los. De fato, uma parte das habilidades linguísticas requer automatismos. Mas é importante delimitar a área de eficiência desses exercícios, que terão um papel significativo, por exemplo, na memorização da forma visual de cada palavra.

Dedicamos pouco espaço para descrever a vertente da sistematização pelas seguintes razões:

- ela é muito desenvolvida na escola tradicional;
- esse terreno é ocupado pelo combate entre os defensores da abordagem *ascendente* e os da abordagem *descendente* da escrita, debate que não nos diz respeito nesse momento;
- ela não é responsabilidade da biblioteca, mas sim da sala de aula;
- a tarefa mais urgente na instituição escolar é conquistar um espaço para as atividades sociais, ou, em outras palavras, propor aos alunos modalidades nas quais eles possam reconhecer semelhanças com as práticas sociais vigentes.

As atividades identificadas constituem a experiência coletiva do corpo docente. Nem todas podem ser encontradas no mesmo estabelecimento e ainda menos em um mesmo professor. Mas é imprescindível levar em consideração o conjunto dessa experiência profissional para fazer qualquer trabalho de formação e assim aperfeiçoar a prática existente.

Pretendemos, sim, propor uma nova abordagem da prática da informação, exigida pela introdução de uma biblioteca interativa na escola, já que ela modifica o estatuto da aprendizagem. Entretanto, não podemos propor essa nova abordagem da escrita sem ter analisado a experiência acumulada pelo corpo docente. Optamos por apoiar nossa intervenção sobre a base das práticas existentes, descritas no presente capítulo, para, a partir delas, introduzir novas abordagens.

Podemos reconhecer através do *corpus* aqui estudado, inúmeros "instrumentos" — herança coletiva do corpo docente — que possuem uma determinada eficiência, mesmo se são utilizados tendo em vista objetivos que podemos questionar. Tentamos identificar dentro deste capítulo elementos que nos parecem possuir validade empírica e esperamos ter desvelado objetivos que eles poderiam contemplar. Uma vez reestruturados, esses elementos poderão configurar uma outra modalidade de aprendizagem que responda às mudanças do universo contemporâneo da informação, conforme nos convida a orientação dos PCNs.

Através do caminho que percorremos, pudemos observar sérias lacunas que nossa contribuição pretende preencher. Entre elas situamos a ausência de situações de leitura em sentido estrito, a fragilidade de situações de leitura autônoma e a escassez de acompanhamento sistemático da construção do sentido do texto. É a esse desafio que tentaremos responder nos capítulos seguintes.

Capítulo IV

Escolha do livro na caixa
"Primeiras leituras"

Estratégias de intervenção

Se nos capítulos anteriores nos contentamos em observar, identificar e interpretar as práticas dos mediadores das instituições reunidas neste trabalho, não tínhamos simplesmente a intenção de descrever a realidade encontrada. Apenas no que diz respeito ao Projeto Biblioteca Viva nos restringimos a essa intenção. Como em Tetuán nossa tarefa era a instalação do CDP e a implantação de uma formação continuada, nossa responsabilidade era mais ampla.

Enfim, durante nossa participação no Proesi assumimos uma pesquisa cooperativa que tinha a ambição de transformar a realidade. Tendo em vista essa meta, era preciso forjar meios de intervenção adequados que, uma vez explicitados e organizados, acabam constituindo neste trabalho o referencial teórico de uma prática de formação. A reflexão que encaminhamos até aqui corresponde à dimensão descritiva de nossa atuação e constitui o alicerce de uma ação formativa que passaremos a apresentar.

Uma das críticas feitas a pesquisas que pretendem modificar a realidade é considerar que haveria contradição entre uma postura de pesquisador que requer "distância" e o desejo de engajamento. No entanto, acreditar que a distância seria garantida pelo "desengajamento" é uma postura contestável.

À tentação e à tentativa, muitas vezes desesperadas, de neutralização do pesquisador, é melhor, sem dúvida, preferir levar em consideração de maneira lúcida o esforço para alcançar, não uma objetividade sem sujeito, mas a interação de subjetividades que se reconhecem como tais e tentam, muitas vezes com dificuldade, mas sempre com fecundidade, alcançar representações mútuas.[1]

Ter como projeto a criação de instrumentos de apropriação de uma biblioteca escolar pressupõe afinar estratégias de intervenção junto à realidade. Partimos do princípio de que a observação não pode ficar neutra em relação ao objeto observado.

Na realidade, não há nenhuma postura de observador que não construa à sua maneira, o objeto observado e todo o conhecimento é sempre relativo às condições de sua elaboração, à escolha dos parâmetros levados em conta, assim como aos critérios de aceitabilidade escolhidos.[2]

O presente capítulo tentará descrever o conjunto das estratégias por nós empregadas nas instituições. Essas estratégias podem ser relacionadas ao conceito de mediação, no seu sentido amplo.

Gostaríamos de precisar o uso que estamos fazendo do conceito de mediação ou de mediador dentro deste trabalho. Esses conceitos, muito utilizados nas ciências sociais e particularmente na área da comunicação, tomam acepções diversas em função da disciplina onde são empregados. Na área da escrita restringimos o uso do termo mediador ao agente que se coloca entre o texto e o usuário, quer seja o receptor ou o produtor. Podemos distinguir dois tipos de mediador:

- o que se torna imprescindível pela falta do domínio da escrita no usuário, como *o escritor ou o leitor públicos,* ou pela falta de domínio da língua, como o *tradutor;*

---

1. Philippe Meirieu. *Enseigner, scénario pour un métier nouveau.* Paris: ESF, 1990. p. 107 [tradução nossa].

2. Ibidem.

- o que se torna útil ocasionalmente, tais como o ator que transmite um texto teatral ao público, o jornalista que transpõe uma entrevista em artigo de jornal[3] ou elabora a resenha de um livro.

O professor assume um importante papel de mediador entre os textos e seus alunos.

Antes de mais nada, ele tem o papel de *orientador* da escolha e da compreensão dos textos abordados na sua disciplina; em segundo lugar, assume a função de conduzir a aprendizagem da escrita através desses mesmos textos. Esses dois papéis não são prerrogativa exclusiva do professor de português, já que dizem respeito também a professores de outras disciplinas. Assim o professor de história ajuda a criança em suas leituras no nível do conteúdo e no nível da língua de sua especialidade.

Reservamos neste livro os termos *mediação* e *mediador* à relação entre o aluno e o professor ou educador. O termo *intervenção* é empregado para se referir à nossa relação de formador com o professor ou educador.

Ao introduzir-se em um novo campo de atuação, o pesquisador precisa conhecer o meio onde pretende agir: a situação do estabelecimento com seus atores e seus diversos estatutos, suas relações institucionais, as condições de trabalho das pessoas, as competências profissionais de cada um, as imagens sociais e também o relacionamento entre as pessoas e os grupos constituídos, no qual o aspecto afetivo é relevante.

O engajamento dos atores numa formação depende desses fatores, que o atuante não pode ignorar. O formador tem a seu dispor um leque de estratégias de formação que gostaríamos de descrever a seguir. Contudo, elas não podem ser utilizadas a qualquer momento e o formador deve escolher as que são pertinentes em função do seu próprio relacionamento com as pessoas e seu grau de aceitação. Não

---

3. Processo chamado retextualização (In: Luis Antônio Marcuschi. *Da fala para a escrita*. São Paulo: Cortez, 2000. p. 45).

seria legítimo começar o trabalho sem conhecer o terreno que ele pretende modificar ou sem ter conquistado a confiança das pessoas com quem vai atuar. O formador precisa assim medir sua participação em função do seu papel institucional e da complexidade dos laços que ele cria com o conjunto dos atores. Além disso, ele tem a possibilidade de escolher entre meios de intervenção não-diretivos ou, ao contrário, intervencionistas, em função da gradativa autonomia dos profissionais em relação à sua própria assessoria. Por isso, a classificação das estratégias numa escala de implicação, da mais leve à mais intervencionista, parece pertinente.

Intervenções indiretas

Descrevemos no capítulo anterior o trabalho de formalização da prática existente. Os instrumentos descritos são fruto de nossas *observações*. É verdade que descrevemos uma realidade da qual pudemos nos aproximar. Os mediadores que aceitaram o olhar exterior aceitavam, de uma certa forma, ser questionados. Mas existe um outro universo secreto, escondido, que ficou distante de nossa vista: a atuação de outros mediadores que não se propuseram a ser acompanhados. Podemos dizer que as observações incluem, da nossa parte, um grau de implicação, apesar de ser mínimo.

A observação da prática começou na Creche e na Biblioteca Viva desde o início da nossa pesquisa e no Mange se implantou mais lentamente. Como representante do Proesi, tínhamos a legitimidade de observar as situações da sala da biblioteca, isto é, a OfIn na Creche, a BEI no Mange, e a sala da Estação Memória. Legitimidade dupla, porque uma biblioteca é, por estatuto, um ambiente aberto a pessoas exteriores, e porque esses locais são espaços resultantes de parceria entre os estabelecimentos respectivos e a USP.

Nossa aproximação com a sala de aula foi, porém, mais delicada. No Mange, ao longo do ano inteiro pudemos entrar na sala de aula de apenas quatro professoras, com as quais uma relação de

CAMINHOS DA ESCRITA

confiança havia sido estabelecida. A diferença de aceitação da nossa entrada nas classes dos mediadores da escola (professores) e da Creche (educadores) pode se explicar por nossa postura em relação à estruturação hierárquica dos estabelecimentos. Na escola, tivemos que conquistar a confiança dos professores antes de sermos convidados, enquanto na Creche nossa entrada foi "propiciada" pela coordenadora pedagógica.

De fato, raramente nosso papel se reduziu ao da observação, pois participávamos da animação com os mediadores, assessorando-os junto às crianças. A observação é responsabilidade do formador, mas não é seu privilégio exclusivo; ela pode se tornar um instrumento para o próprio sujeito em formação. Durante uma das oficinas propostas à Creche, os participantes trabalharam em projetos e escolheram uma tarefa a ser cumprida com as crianças. Por ocasião das intervenções das educadoras em formação, uma delas assumia o papel de observador, anotando as instruções e respostas das crianças, enquanto outra se detinha nas reações não verbais. Para chegar até essa estratégia de formação, um longo processo precisa ser cumprido. Os mediadores devem aceitar atuar sob os olhos não só do formador, mas também dos colegas, o que exige uma atitude mais fundamentada na compreensão do que na crítica.

A observação possibilita atingir a realidade da prática do professor, mas essa estratégia de intervenção, por si só, é insuficiente para que essa realidade possa ser interpretada. É necessário também conhecer as representações que o professor possui sobre o seu próprio fazer cotidiano. A observação deve, portanto, ser complementada pelo ponto de vista dos próprios atores, pela sua ideologia, enquanto "conjunto organizado de representações".[4] A representação é "um encontro de uma experiência individual e dos modelos sociais, em um modo de apreensão particular do real: o da 'imagem-crença'".[5] A

---

4. H. Raymond; N. Haumont. *Les pavillonaires*. Paris: CRU, 1966. p. 5, apud A. Blanchet; A. Gotman. *L'enquête et ses méthodes*: l'entretien. Paris: Nathan, 1992. p. 26.

5. Segundo F. Laplantine, em: Anthropologie des systèmes de représentations de la maladie: de quelques recherches menées dans la France contemporaine réexaminées à la lumière

representação "pode ser assim considerada como pertencendo ao real, e não como seu reflexo".[6]

Para abordar as representações dos atores, precisamos incluir as inúmeras situações de *diálogo* com os professores, coordenadores, funcionários, diretora. Pudemos manter conversas informais na sala dos professores, nos corredores, em volta da mesa de almoço. Gostaríamos de mencionar os encontros com determinados participantes, posteriormente às oficinas. Esses contatos espontâneos com as pessoas em formação após uma intervenção, curso ou oficina, são uma das características da relação professor-aluno no Brasil. Além de enriquecer essa relação, constituem para o coordenador um verdadeiro critério de avaliação.

O diálogo era mais formalizado e sistemático dentro das oficinas que coordenamos, uma vez por semana, durante um ano inteiro. De fato, é muito importante que o tempo de oficina seja um tempo de fala entre profissionais, facilitada pela conduta não diretiva do formador. Enfim, nunca fizemos uma observação da prática sem ter com o mediador uma entrevista posterior, permitindo-lhe explicitar o seu ponto de vista sobre o seu saber-fazer. O pressuposto era de que suas próprias representações faziam parte da realidade do trabalho; a intenção era transformar parcialmente representações em critérios de análise.

Apresentamos agora uma experiência que poderia ser, em alguns aspectos, relacionada à observação. No intuito de conhecer a Estação Memória, aceitamos o convite da responsável daquele local para uma *participação* em oficina com idosos. Ao longo de seis sessões, nos transformamos em um dos membros do grupo. Vejamos o desenvolvimento da sessão *Arca do tempo*, cujo objetivo era resgatar as experiências antigas dos idosos.

---

d'une expérience brésilienne (In: F. Jodelet [Org.]. *Les représentation sociales*. Paris: PUF, 1989, apud A. Blanchet; A. Gotman. Op. cit., p. 26).

6. A. Blanchet; A. Gotman. Op. cit., p. 26.

Arca do tempo
Oficina de escrita

Situação:
Sessão de resgate de lembranças do passado graças a um objeto simbólico. Procedimento efetivado dentro do local da Estação Memória, coordenado pela própria equipe, constituída por quatro pessoas. Ambiente aconchegante, graças aos móveis, à iluminação, à música leve. Grupo de 12 participantes.

Processo:
As atividades se desenrolam da seguinte maneira:
- Transmissão vocal de "A arca do tempo" por uma mediadora, texto composto a partir de fragmentos de várias entrevistas de idosos.
- Cada participante é convidado a lembrar um fato vivido no passado contando um episódio ativado pela história transmitida.
- Com música ambiente, realização de uma arca pessoal, usando como matéria-prima: pasta colorida, lápis de cor, pedaços de tecido. A "Arca" pode ser confeccionada mediante desenho, dobradura ou colagem.
- O material: pasta, cola, tesoura, lápis, fragmentos de tecido. Por ser muito simples, possibilita produzir uma arca suscetível de ativar associações.
- Numa folha colorida, os participantes escrevem palavras soltas associadas à situação, acrescentando desenhos para ligá-las entre si.
- Cada membro do grupo escreve um primeiro texto individual para encher "a arca".
- Transmissão vocal desses textos ao grupo inteiro.
- As arcas individuais são apresentadas ao grupo, recebendo em seguida as produções elaboradas com palavras e desenhos.
- Nova transmissão vocal do texto "A arca do tempo" pela mediadora.
- Os idosos são convidados a escrever um texto em casa.
- Eles avaliam o momento vivido juntos.

Observações:
- Várias atividades são organizadas em sequência, para suscitar o resgate da memória.
- A memória dos participantes é ativada:
  — pela escuta de um texto poético sobre a vida do seu bairro;
  — pela troca verbal de histórias de vida;
  — pela participação do gesto na realização de um objeto sensível;
  — pela produção de texto e sua publicação diante dos outros;
  — pela comunicação da afetividade experimentada.

- A visão, a audição, o tato são convocados.
- Além do olhar e do movimento, a mediadora utiliza uma caixa cheia de xales coloridos que, graças à sua atuação, vão se metamorfoseando em significados diversos (linguagem dos objetos).
- Todas as atividades são ligadas pelo simbolismo do objeto "a arca do tempo", que é imaginado, fabricado, visto, nomeado, manuseado.
- O objeto fabricado pode induzir a ideia de abertura ou de fechamento, pode mostrar ou esconder. Cada participante convoca a sua própria relação com o passado e com o mundo.
- As lembranças de todos suscitam a expressão escrita de cada um.
- Os textos escritos, trazidos na sessão seguinte, servem de trampolim para outras atividades, tal como a transmissão vocal, que torna públicos os textos particulares.
- Todas as etapas são relacionadas entre si por uma *performance* que torna a sequência coerente e dinâmica.
- A equipe da Estação utiliza técnicas de animação, de oficinas de escritura e de expressão dramática para fazer surgir o passado, através da manifestação oral, gestual e escrita dos idosos.

O trabalho da equipe da Estação Memória é inovador e ganharia muito se fosse mais socializado.

Nosso estatuto de participante amplia a visão do simples observador, descrita no item anterior. Esse novo ponto de vista enriquece em vários aspectos a observação:

- ele envolve a pessoa inteira do pesquisador, convocando também sua afetividade, o que lhe permite avaliar diferentemente o que está em jogo em uma oficina;

- ele questiona sua posição de pessoa externa ao grupo e o poder que a análise lhe confere;

- ele propicia relações diferenciadas com as pessoas envolvidas; por um lado o participante aceita um determinado vínculo em relação aos coordenadores responsáveis e, por outro, aceita tornar-se um membro igual aos demais.

Entrevistas

Além das observações e conversas sobre as quais o controle do formador é relativo e da participação em oficinas coordenadas por outros, utilizamos uma estratégia de intervenção mais dirigida. Trata-se das *entrevistas* que fizemos para recolher as representações dos professores e coordenadores sobre a profissão. As primeiras reações do corpo docente mostraram que entrevistas, mesmo "compreensivas",[7] longe de serem anódinas como se poderia acreditar, intervêm na realidade para modificá-la.

Realizamos essas entrevistas para conhecer melhor o terreno no qual atuávamos. Se a entrevista pode constituir o centro de uma coleta de informação, ter um caráter exploratório para preparar ou completar um questionário, ela pode também possuir uma finalidade própria e "favorecer a introdução de uma dimensão compreensiva"[8] no início de uma pesquisa. De fato, as entrevistas ampliaram nossa compreensão dos atores e do contexto da nossa atuação.

O protocolo de entrevistas comportava quatro itens:

- a aprendizagem da escrita;
- a prática pessoal da leitura;
- a instituição;
- uma bela história vivida enquanto professor.

A entrevista tinha uma função de diagnóstico, para "recorrer ao ponto de vista do ator, dando à sua experiência vivida, à sua lógica, um lugar de primeiro plano".[9] Preparamos para cada item uma série de perguntas que se caracterizavam não como plano rígido a ser executado, mas sim como provisão de recursos cuja utilização ficaria sujeita ao desenrolar do discurso. De fato, tínhamos a intenção de nos inserir na fala da pessoa, usando perguntas apenas com a função de

---

7. J.-C. Kaufmann. *L'entretien compréhensif.* Paris: Nathan, 1996.

8. A. Blanchet; A. Gotman. Op. cit., p. 45 [tradução nossa].

9. Ibidem, p. 23.

"relançar"[10] o diálogo. Conduzimos assim nove entrevistas com professores e uma com uma coordenadora pedagógica. Do conjunto das respostas podemos destacar alguns aspectos.

A formação dos docentes foi recebida em cursos de magistério ou em faculdades. Nesse último caso cobria a área da disciplina ensinada, e por vezes era completada na faculdade de educação ou de psicologia. Uma professora menciona a formação adquirida através da militância do Projeto Mobral e lembra com emoção a época em que escrevia textos a serem utilizados nas classes, experiência que constitui até hoje uma referência para ela. Enquanto uma professora atuava na escola há 20 anos, outra possuía experiência diferente, originada na educação infantil, e se dizia mais sensível à educação global da personalidade. Sintetizando, verificamos que a formação do corpo docente se caracteriza, antes de mais nada, por sua diversidade.

O professor se percebe como um educador, qualquer que seja a sua disciplina; ele é "uma mãe" para o aluno, tem consciência da importância do afeto dedicado às crianças, muitas vezes carentes, com famílias desestruturadas. Vários mencionam a alegria vivida quando um aluno começa a ler sozinho ou escreve o próprio nome. Uma professora recentemente nomeada reconheceu e valorizou a liberdade que encontrou nessa escola, uma vez que ensina em função das competências das crianças e não do currículo. Ela pôde, por exemplo, desenvolver uma correspondência escolar com outro estabelecimento e experimentar seus efeitos sobre o interesse dos alunos.

Algumas professoras foram seduzidas, quando crianças, pelo charme das histórias contadas pela babá; outras, já adolescentes ou adultas, descobriram tardiamente o interesse pela leitura. Uma delas lembra a fuga da quadra de vôlei para se dedicar à leitura. Várias citam a cartilha *Caminho suave*, usada na sua alfabetização. Muitas se queixam de não terem tempo para ler, fora a leitura cotidiana da Bíblia. A maior parte destaca a necessidade do gosto pela leitura por parte do mediador; segundo elas esse gosto é facilmente percebido pelos alunos, que sempre são influenciados pelo modelo docente.

---

10. Ibidem, p. 82-83.

Todos falam das condições pesadas dentro das quais exercem a profissão e sobre a dificuldade de ter uma vida familiar satisfatória passando doze horas fora de casa, incluindo a correria entre dois ou mais estabelecimentos distantes. Um professor gostaria de poder cumprir os dois turnos na mesma escola. Além disso, as classes são numerosas (35 a 42 alunos), heterogêneas e o docente não tem oportunidade de dedicar um instante individualizado para cada um de seus alunos. Estes têm problemas de concentração e não conseguem ficar atentos a um livro sem imagens. Alguns professores confessam não saber como lidar com a violência entre os alunos, nem com a falta de respeito em relação aos adultos. Eles mencionam as famílias pulverizadas, a falta de conforto das casas, a ausência do pai. Os obstáculos são tão numerosos que professores e alunos vivem em um clima de estrita sobrevivência.

As reações com a BEI são duplas: "ela é uma possibilidade de estudar", "ela propicia novos assuntos", "ela possibilita a pesquisa", "graças a ela, a leitura se torna prazerosa", "ela oferece aos alunos um conforto que eles não têm em casa", "eles gostam de vir à BEI até para conversar". Por outro lado, os professores gostariam que houvesse um livro idêntico para cada aluno. Eles confessam a falta de experiência para atuar com um exemplar por título e seu desconhecimento do acervo; não sabem diferenciar exatamente o conceito de Sala de Leitura e o de Biblioteca Escolar Interativa. Os professores se queixam das dificuldades de leitura dos alunos, da existência de 3as séries inteiras não alfabetizadas ou ainda "pré-silábicas".

Os professores falam das tentativas para enfrentar a situação. Alguns usam uma "pedagogia mútua": os alunos leitores ajudam os demais. Dois professores intervêm juntamente na mesma classe. Outros desenvolvem a educação artística com histórias contadas, desenho, teatro, música, tomando liberdades em relação ao currículo. Eles mencionam a necessidade de falar uma língua acessível aos alunos, que usam apenas gíria. Uma delas transforma a cartilha em objeto lúdico. Alguns gostariam de poder fixar os textos dos alunos na parede, sem vê-los destruídos pela turma do outro período. Uma professora confessa poder dedicar mais tempo que o seu horário exigiria, por ser solteira. Uma outra narra a maneira pela qual, enquanto jovem professora, aprendeu como tratar com alunos adultos, mais informados do que ela, o tema das doenças sexualmente transmissíveis.

Cada professor têm uma história profissional emocionante para contar. Não resistimos ao prazer de relatar uma:

> Ao sair do magistério, eu estava com 18 anos e fui trabalhar numa favela. Meus pais não gostavam da situação e meu pai fazia questão de me acompanhar porque era perigoso. Lá havia uma senhora que queria aprender a escrever o seu nome. Quando conseguiu, chorou. Depois ela aprendeu a escrever mais. Quando chegou o último dia, ela me deu um presente. Dentro de um cesto tinha tomate e alface do minúsculo jardim da favela. Foi o melhor presente da minha vida. Decidi que queria ser professora.

As intervenções indiretas por si mesmas não são suficientes para mudar a realidade de maneira efetiva, mesmo que introduzam uma visão exterior que pode influenciar a prática docente. O diálogo, através das diversas formas que descrevemos acima, deve cumprir o papel de espelho para a pessoa a ser formada.

Cabe também ao pesquisador e à equipe do projeto proporcionar outras estratégias implicando diferentes graus de intervenção, que podem ir até a coordenação de módulos de formação em serviço. Surge aí a questão: qual, entre tantas metodologias de formação, se deve privilegiar? Quais as estratégias de intervenção a serem utilizadas, operacionalizadas e multiplicadas junto aos mediadores?

Intervenções diretas

Na capacitação profissional tradicional do mediador a observação pelo aprendiz possibilita a reprodução do *savoir-faire* de um profissional experiente. Vamos chamar de *modalidade 1* essa conduta por *imitação*. Não pretendemos negar uma determinada eficácia a esse procedimento. No entanto, a aprendizagem por imitação há muito já foi questionada e uma sociedade em constantes mudanças não pode satisfazer-se unicamente com a sedimentação da experiência acumulada. O profissional de nossos tempos precisa acompanhar os processos de transformação social e até mesmo antecipá-los, na medida em que os alunos de hoje serão os cidadãos de amanhã e em que atualmente nossas crianças possuem conhecimentos ignorados pelos pais. A implantação da informática na sociedade e na escola é o exemplo mais evidente. Enquanto no passado apenas as crianças de famílias de baixa renda dominavam melhor os recursos da modernidade do que seus pais, hoje até as famílias de classes financeiramente privilegiadas têm crianças pequenas que conhecem melhor as novas tecnologias do que a geração anterior.

Hoje a formação não pode prescindir de uma reflexão teórica e da incorporação da pesquisa. O problema central é a relação que se instaura entre prática e teoria. Frequentemente, a formação pretende submeter a aprendizagem do *métier* à aplicação de uma teoria, ela mesma elaborada em outro contexto. Vamos chamar de *modalidade 2* essa conduta por *aplicação*. Nesse processo a observação é instrumento empregado pelo formador para verificar a adequação da prática a uma teoria elaborada por estudiosos fora da sala de aula. Alguns mediadores podem avançar com uma formação recebida nesses moldes, mas a realidade escolar muitas vezes resiste a essa hegemonia da teoria e as novidades introduzidas dessa maneira não têm efeito duradouro.

De fato a formulação teórica é mais influenciada pelas mudanças que ocorrem na sociedade do que o contrário. Quando se trata de formação profissional, nosso tema, podemos dizer que,

> de um lado, pode-se observar que as transformações sociais sempre precedem as transformações nas práticas profissionais. Os profissionais fornecem com maior frequência respostas às necessidades da sociedade, do que são capazes de antecipá-las ou suscitá-las. Por outro lado,

as transformações nas práticas profissionais constantemente precedem as transformações no mundo do ensino e da formação.[11]

Encontramos no Marrocos em 2001 o exemplo claro de uma mudança que, apesar de ocorrer na ordem da escrita, acontece na sociedade sem que haja qualquer paralelismo correspondente na escola. Professores universitários utilizam Internet a partir de ciber-cafés, assim como fazem os jovens estudantes, uma vez que não há computadores acessíveis nem na universidade, nem nas residências.

Essa consideração manifesta que o *savoir-faire* se transmite também por vias diferentes da formação inicial tal como ela é concebida atualmente.

A partir de nossa experiência, acrescentamos um outro papel à observação, correlacionando de outra maneira teoria e prática. Com efeito, a teoria nunca está ausente da prática, ela pode apenas ser ignorada. Mesmo a prática mais empírica se apoia em pressupostos teóricos. O fato de esses últimos não estarem explicitados, no entanto, não deixa de ter consequências no cotidiano da sala de aula. Já mostramos que a abordagem da escrita pela produção, que leva as crianças a privilegiar as relações fonográficas, pode ser considerada como o efeito de uma teoria que faz da escrita uma mera duplicação da oralidade.

Dentro dessa perspectiva, formulamos outro procedimento de formação. O pesquisador-formador[12] extrai da prática observada um objetivo subjacente, do qual muitas vezes o mediador não tem plena consciência. Vamos chamar de *modalidade 3* essa conduta por *identificação*. Desse modo, a finalidade desvelada pelo pesquisador pode ser comparada com aquela anteriormente anunciada pelo mediador. Ambas podem corresponder, mas ocorre seguidamente que os objetivos enunciados pelas duas partes sejam distintos.

---

11. Jacques Tardif. L'entrée par la question de la formation des enseignants: le transfert des compétences analysé à travers la formation professionnelle; In: *Le transfert de connaissances en formation initiale et en formation continue*. Paris: CNDP, 1994. p. 32 [tradução nossa].

12. Na medida em que aqui o pesquisador tem responsabilidades de capacitação, utilizamos por vezes o termo formador.

CAMINHOS DA ESCRITA

Diante dessa divergência entre dois objetivos atribuídos a uma mesma prática, duas atitudes por parte do formador são possíveis: sugerir que a prática seja substituída para contemplar o objetivo perseguido — o que suporia que o mediador abandonasse a sua própria experiência — ou, então, sugerir a substituição do objetivo para melhor adequá-lo à prática dominada pelo profissional. O debate entre o formador e o mediador passa a ser então focalizado na pertinência do objetivo explicitado e não na validade da prática observada. Tomemos dois exemplos.

- um professor deseja propor uma situação de leitura e realiza o que ele chama de "leitura em voz alta" de determinado texto, antes de solicitar aos alunos que façam o mesmo. Ao observar essa conduta, o formador constata que o objetivo trabalhado diz respeito à transmissão vocal do texto. Isto é totalmente distinto de um objetivo de leitura, o que implicaria solicitar operações cognitivas para elaborar sentido a partir de uma matéria visual. Ao invés de desestimular o professor em relação à atividade de "voz alta" considerada inadequada ao objetivo visado, pode-se encorajá-lo a melhorar a transmissão vocal, através, por exemplo, da introdução do olhar, a fim de contemplar um objetivo de comunicação;

- outro professor solicita aos alunos que copiem fragmentos de texto tendo em vista um objetivo de aprendizagem da leitura, dando a instrução "escreva lendo". O formador pode mostrar que esse exercício contempla mais precisamente um objetivo de memorização da forma escrita de palavras. Uma determinada eficácia pode existir nesse procedimento, mas corresponde a outra meta, distinta daquela anunciada pelo próprio professor. A contribuição do formador consistirá em mostrar o interesse da cópia quando se tem como alvo a memorização. Com efeito, esta última tem relevante papel na passagem da fase de "identificação" da palavra à de seu "reconhecimento".

Ao adotar-se esse procedimento metodológico, o que passa a interessar é a teoria subjacente à ação do mediador. A atividade observada pode até mesmo tornar-se mais valorizada através do novo objetivo que lhe é atribuído. Por exemplo, o papel da transmissão vocal do texto pode ser ampliado e a cópia se transformar em *jogo da memória*; a experiência do mediador é reconhecida e sua riqueza salvaguardada, o que o predispõe favoravelmente à relação com o formador e a outras modificações possíveis.

A identificação dos objetivos, portanto, torna-se o ponto de encontro entre a teoria e a prática. A hierarquia entre as duas é modificada e a relação entre elas se torna dialética. Não somente a segunda questiona a primeira, como também a teoria se transforma para dar conta da realidade. Trata-se de fazer a teoria de uma prática e não "aplicar" uma teoria à realidade. A escola passa a ser a intersecção entre as duas dimensões.

Nessa modalidade, é imprescindível dedicar atenção à prática do professor e à sua originalidade, já que ela é a matéria-prima da experiência futura. Quanto mais o processo de identificação do observador reconhece elementos didáticos relevantes, tanto mais possibilidades de mudança são criadas. Uma vez identificados, esses elementos se tornam as alavancas das intervenções formativas. O procedimento metodológico de formação que acabamos de descrever legitima o trabalho explicitado no capítulo III.

Podemos resumir as três modalidades. A partir da observação do desempenho de um profissional experiente, o mediador em formação pode imitá-lo (modalidade 1). Esse mediador pode também ser solicitado a elaborar intervenções a serem aplicadas a partir de um novo eixo teórico (modalidade 2). Mas, além dessas duas modalidades tradicionais, o pesquisador pode ajudar o mediador a identificar objetivos subjacentes a essa mesma prática (modalidade 3).

As estratégias

Passamos a apresentar agora um conjunto de estratégias de formação profissional. Cada uma delas pode remeter tipicamente a uma

CAMINHOS DA ESCRITA

modalidade de formação ou a uma combinação delas. O grau crescente de implicação do formador em relação aos mediadores é o critério escolhido para ordenar a sequência. Seguindo esse critério podemos reuni-las em três grupos:

- as duas primeiras estratégias ilustram a formação por identificação dos objetivos subjacentes à prática;
- as seguintes se vinculam a um cruzamento entre imitação, aplicação e identificação, ou seja, a modalidades combinadas de formação;
- agrupamos por fim as estratégias que remetem a uma modalidade de formação calcada na experimentação, as oficinas.

Elucidação de objetivos

A estratégia contida em *Os três porquinhos* exemplifica a modalidade 3 da relação entre teoria e prática, implicando, portanto, o desvelamento de objetivos subjacentes.

Os três porquinhos
Trabalho com a orientadora

Situação:
A orientadora da escola pretendia propor aos alunos várias atividades a partir do livro de literatura infantojuvenil *Os três porquinhos*.

Processo:
O programa semanal previsto pela mediadora era o seguinte:
1. leitura em voz alta da história *Os três porquinhos*;
2. exploração: título, autor, ilustrador;
3. dramatização;
4. desenho;
5. origame e colagem;
6. escrita;

▶

> Fizemos juntos a análise dos objetivos de cada situação e identificamos:

a. *atividades de língua escrita*:
- escuta de texto pelas crianças (1);
- produção de texto (6);
- leitura e cultura da escrita (2).

b. *atividades artísticas*:
- teatro (1 e 3);
- artes plásticas (4 e 5);

Observações:
- A atividade nomeada "leitura em voz alta" não pode contemplar um objetivo de tratamento visual do texto escrito, uma vez que as crianças não têm o texto diante dos olhos.
- Essa atividade, apesar de não ser leitura, tem funções importantes:
  — comunicar vocalmente o texto ao grupo;
  — favorecer a conquista da língua escrita;
  — possibilitar uma educação artística;
  — desenvolver o imaginário.
- A proposta número 2 era sim uma situação de leitura, na medida em que as crianças buscavam com os olhos os itens: título, autor, ilustrador.
- Propusemos que se praticasse sistematicamente esse processo com todas as classes durante um mês, para iniciar os alunos no mundo da literatura.

A orientadora transmitia com habilidade o texto, o que era equivocadamente considerado como leitura, ao passo que as crianças a efetuavam no simples ato de procurar no livro o título, o autor, o ilustrador. No primeiro caso a recepção do texto se dava pela audição e, no segundo, pela visão.

O "clique"

Ao fazer esse trabalho de desvelamento de objetivos, o formador pode ir mais além e mostrar ao professor que, operando uma mudança mínima na série de atividades conduzidas com as crianças, o mesmo conjunto de atos pode contemplar um objetivo novo. Assim como um "clique" faz aparecer na tela do computador uma outra janela, ao propor uma ligeira variação o formador ativa novas potencialidades na programação do mediador.

Na estratégia descrita acima não houve nenhuma proposta de alteração na sequência dos atos pedagógicos, ao passo que em *Lista de objetos* o formador dá um "clique" que vai possibilitar um "estalo" por parte do professor. A mesma sequência de atos pedagógicos vai poder assumir outro objetivo.

Lista de objetos
Rumo à leitura

Situação:
No início das aulas uma professora de 3ª série traz à sala de aula uma lista do material escolar necessário para o semestre.

Processo:
A. *Situação inicial*:
1. a professora distribui um exemplar do documento às crianças;
2. ela profere o nome de todos os artigos mencionados no documento, pedindo aos alunos para seguirem a lista com o dedo;
3. ela nomeia os artigos um por um e controla o exercício proposto.

B. *O "clique"*: A partir da solicitação do formador, a mediadora introduz um momento de leitura: 2 se transforma em 2 bis.

C. *Situação modificada*:
1. a professora distribui um exemplar do documento às crianças;
2 bis. *elemento novo*: ela pede que as crianças tentem identificar com os olhos os itens da lista, até esgotarem suas possibilidades;
3. ela nomeia os artigos um por um e controla o exercício proposto.

Observações:
- O objetivo em A era comunicar uma informação.
- Quando a mediadora substitui 2 por 2 bis acrescenta um objetivo de leitura ao processo.
- Sequências semelhantes (A e C) podem visar a objetivos diferentes: comunicar ou comunicar + ler.
- A introdução da mudança não invalida a proposta da professora, mas acrescenta uma alternativa. Ela agora tem a capacidade de escolher entre apenas comunicar (A) ou comunicar + ler (C).

O formador, nesse processo, não se contenta em desvelar o objetivo da situação; ele se dá o direito de fazer uma proposta que possibilita o surgimento de um novo objetivo. Mas essa variação possível não invalida a prática do professor. Ela revela um outro alvo suscetível de ser alcançado com um conjunto semelhante de atividades. A professora pode aproveitar a ocasião para transformar um ato burocrático (apresentar uma lista de material) em situação de leitura. Ela pode também manter um objetivo único de comunicação, de modo a não parasitá-lo com metas suplementares de leitura. Nesse caso, entretanto, a professora deverá saber contemplar a prática do ato de ler de outras maneiras.

Preparação conjunta

Aconteceu por vezes que o profissional nos solicitasse uma assessoria. Era o caso a cada vez que um docente pedia ao formador que preparássemos juntos uma intervenção específica. Essa situação remete ao modelo do aprendiz-cognitivo de Collins operacionalizado através da estratégia do treino (*coaching*).

Os estudantes devem realizar uma tarefa complexa e recebem a assessoria do professor, que age, entre outros, como mediador entre o conhecimento e o estudante.[13]

Elaborávamos a dois uma ficha-programa; o trabalho se dava entre pares, mas caberia ao professor em formação a responsabilidade de atuar com as crianças. *Estante viva* é um exemplo de ficha elaborada juntamente com a orientadora da BEI.

Estante viva
Ordem alfabética

Situação:
A coordenadora da BEI queria ensinar às crianças a ordem alfabética, conhecimento necessário ao ato de guardar os livros nas estantes. ▶

---

13. Jacques Tardif. Op. cit., p. 41 [tradução nossa].

CAMINHOS DA ESCRITA

> **Processo:**
> Depois da construção de um painel apresentando a ordem alfabética, elaboramos para uma 3ª série a seguinte sequência de atividades:
> - ☐ expor o painel apresentando a ordem alfabética;
> - ☐ distribuir uma ficha numerada a cada aluno; elas servem para substituir o livro emprestado na prateleira da BEI;
> - ☐ pedir às crianças para se colocarem em grupos de cinco, por ordem dos números das fichas: de 1 a 5, de 6 a 10 etc.;
> - ☐ escolher um livro na BEI e colocar a ficha no seu lugar;
> - ☐ classificar de modo vivo: os alunos do mesmo grupo formam uma linha diante dos demais, colocando-se na ordem correspondente à ordem alfabética da primeira letra do título do livro e mostrando aos colegas a capa;
> - ☐ formar grupos de alunos que têm a mesma primeira letra; seus membros se classificam de acordo com a segunda letra (e talvez com a terceira);
> - ☐ classificar de modo vivo novamente;
> - ☐ guardar os livros na prateleira, no lugar da ficha;
> - ☐ copiar no caderno a ordem alfabética;
>
> **Observações:**
> - Alguns alunos não conhecem a ordem alfabética; outros sabem apenas levar em conta a primeira letra para classificar itens.
> - Utilizar a classificação viva possibilita:
>   - — criar relações entre crianças;
>   - — engajar a pessoa inteira, inclusive com seu corpo.

Outras vezes ocorre que o professor deseje uma parceria dentro da sala de aula. Essa situação é rara, na medida em que a classe é o lugar privilegiado onde se desenvolve a relação entre os alunos e ele mesmo, relação esta construída fora de olhares exteriores durante um ano inteiro. Isto é especialmente válido no que diz respeito aos laços afetivos com o docente de 1ª a 4ª série, na medida em que ele é professor único. Muitas vezes, a vinda de uma pessoa alheia ao grupo é recebida como uma intromissão dentro de um vínculo que até então ficara protegido.

Algumas tentativas para abrir a sala de aula a pessoas alheias, no entanto, existem. É o caso da Creche, onde os pais têm acesso à salinha, ao trazer a criança ou ao vir buscá-la. Durante uma sessão de trabalho que assumimos na Creche, a coordenação do grupo foi assumida coletivamente por uma equipe de 4 ou 5 educadores, com a participação do formador e da coordenadora pedagógica. Essa é, evidentemente, uma situação privilegiada.

Na escola, ao contrário, a visita de uma pessoa exterior não é prática habitual. Alguns professores, porém, abriram sua sala à nossa participação. Foi o caso de *Primeiro contato com o jornal*, sessão coordenada a dois, a saber, a professora e o pesquisador.

Primeiro contato com o jornal
Imagens e títulos

Situação:
A professora quer produzir um jornal mural com os alunos de 3ª série. Na primeira sessão ela distribui um caderno do jornal do dia para cada grupo.

Processo:
Coordenamos a sequência da maneira a seguir:
☐ 1º momento
   As crianças são reunidas em 8 grupos de 4.
   Um caderno do jornal é distribuído por grupo.
   Leitura do caderno do jornal durante 15 minutos.
☐ 2º momento
   Cada aluno deve identificar o título do artigo que corresponde a uma foto escolhida no caderno do jornal (atividade de leitura).
☐ 3º momento
   O aluno deve recortar foto e título e com eles compor uma diagramação sobre uma folha branca (atividade de produção de texto).
☐ 4º momento
   Exposição das produções, análise do trabalho e troca de experiências.
☐ 5º momento
   Primeiro esboço do jornal mural com as produções. ▶

> **Observações:**
> - Essa manipulação exige:
>   - uma leitura seletiva: saber escolher índices textuais e índices icônicos para associá-los;
>   - uma identificação dos elementos do jornal e do seu modo de funcionamento;
>   - uma produção de texto com diagramação, organizando o material gráfico recortado dentro de um espaço determinado.
> - Dificuldades encontradas:
>   - de relação no grupo: cadernos monopolizados de maneira autoritária, recusa de trabalho coletivo;
>   - de compreensão: instrução verbal não entendida, procedimento por ensaio e erro;
>   - de leitura: estratégia ineficiente para identificar o título correspondente à imagem, uma vez que ele pode se apresentar separado dela;
>   - de diagramação: colagem sem levar em conta a totalidade da folha, título fora da folha, palavras cortadas;
>   - as estratégias de leitura são pouco diversificadas.
> - Interesse pela proposta:
>   - curiosidade dos alunos; alguns nunca tinham tido em mãos um jornal inteiro.
> - Descobertas das crianças:
>   - um jornal é composto de vários cadernos organizados por temas;
>   - um caderno é constituído por vários artigos. Eles, por sua vez, podem ser compostos por um conjunto de imagens e textos diferenciados, tais como o corpo do artigo, a legenda, o título;
>   - um artigo pode ser fragmentado: uma parte na primeira página, outra no interior do caderno.

A dupla coordenação da atividade possibilitou atender melhor às expectativas das crianças. A estranheza da situação tornava difícil a focalização da atenção sobre uma tarefa precisa; exigia manuseio de páginas grandes, o que gerava dificuldades para as crianças dividirem o espaço entre si, pois as folhas abertas atrapalhavam os vizinhos. Esse trabalho em comum entre professora e pesquisador contribuiu para apagar a hierarquia entre duas pessoas de estatutos distintos, valorizados diferentemente. Teoria e prática puderam estar associadas, na medida em que cada uma deixou de ser representada por indivíduos distintos.

Demonstração

Assumir a regência da classe diante do professor durante um período circunscrito é outra opção que se apresenta ao formador quando a relação com o docente é impregnada de confiança. Essa situação remete à modalidade 1 (*imitação*), correntemente usada na formação tradicional, descrita no início deste capítulo. A propósito da importância do modelo, cabe lembrar a postura de Walter Benjamin quando lamenta a perda da transmissão da experiência das gerações anteriores para as novas. "O narrador é um homem que sabe dar conselhos. Mas, se dar conselhos parece hoje algo antiquado, é porque as experiências estão deixando de ser comunicáveis."[14]

Podemos também recorrer a Vygotsky para destacar a importância da participação de uma pessoa experiente no processo de aprendizagem de outra e lançar mão do seu conceito de "zona de desenvolvimento proximal", constituído pelo espaço que marca a diferença entre:

> "o nível de desenvolvimento atual o qual é determinado pelos desafios e problemas que o sujeito pode resolver sozinho, sem ajuda alheia, e que corresponde ao exercício autônomo e interiorizado das competências cognitivas, e o nível de desenvolvimento potencial, determinado pelos desafios e problemas que ele não pode ainda resolver sozinho, mas que pode resolver em situações de colaboração e de interação sociais".[15]

Isso significa que a aprendizagem se realiza no espaço entre as situações-problema que um aprendiz pode resolver sozinho e as que pode resolver com a ajuda de uma pessoa experiente.

---

14. Walter Benjamin. O narrador. In: *Obras escolhidas*: magia e técnica, arte e política. São Paulo: Brasiliense, 1993. p. 200.

15. Philippe Champy; Christiane Étévé. *Dictionnaire encyclopédique de l'éducation et de la formation*. Paris: Nathan, 1994. p. 1045 [tradução nossa].

Consideramos importante saber recorrer à demonstração quando a ocasião propícia se apresenta. A estratégia da demonstração remete ao *modeling* de Collins.

"Os estudantes se encontram então em contexto de observação onde uma pessoa experiente executa diante deles uma tarefa profissional, conforme protocolo de pensamento em voz alta."[16]

Pingos exemplifica a estratégia de *modeling* levada a efeito diante da coordenadora pedagógica da Creche.

Pingos
Processo de identificação do personagem

Situação:
As crianças do G6 (6 anos) estão em leitura autônoma na biblioteca da Creche, da qual consta a coleção "Pingos" da Ática. Eles se aproximam de mim me apresentando livros. Diante da coordenadora pedagógica, tenho com duas crianças o seguinte diálogo:

---

16. Jacques Tardif. Op. cit., p. 41 [tradução nossa].

> **Processo:**
>
> *Lucas*, mostrando o livro certo: — Aqui é "Pingos".
>
> *Lucas*, mostrando um outro livro certo: — Aqui também é "Pingos".
>
> *Mediador*: — É o mesmo?
>
> *Lucas*: — Não, mas é o mesmo bicho.
>
> *Mediador*: — É a mesma história, então?
>
> *Lucas*: — Não, é o mesmo bicho!
>
> *Mediador*: — Você pode me mostrar esse bicho?
>
> *Lucas*, mostrando a imagem nos dois livros: — Você está vendo "Pingos"?
>
> *Mediador*: — Muito bem, mas "Pingos" aparece também num outro lugar. Você pode achar?
>
> *Marcos*, mostrando o pictograma dos "Pingos" igual nos dois livros:
> — Está aqui.
>
> *Mediador*: — Muito bem.
>
> **Observações:**
> - As crianças sabem identificar alguns títulos de livros especialmente apreciados.
> - O mediador usa um questionamento norteado pelo sentido.
> - As crianças usam a imagem para identificar a palavra "Pingos" ainda desconhecida.
> - A palavra *identificada* deve ainda ser memorizada para se tornar suscetível de ser *reconhecida*.

Durante essa atividade o grupo G6 estava em leitura autônoma, enquanto a educadora cuidava do empréstimo de livros. Lucas e Marcos vieram nos dirigir a palavra. Estávamos ao lado da coordenadora pedagógica, que pôde acompanhar esse procedimento, até então não praticado na Creche. Uma tal identificação das palavras pelas crianças antes do conhecimento do alfabeto completo parecia impossível aos seus olhos. Contudo, ela pôde verificar que as crianças eram capazes de fazê-lo. Para nós é justamente esse procedimento de descoberta dos signos linguísticos que conduzirá mais tarde à identificação das letras, ao invés do processo proposto pela coordenadora.

CAMINHOS DA ESCRITA

Todas as estratégias descritas acima são dirigidas a um mediador único. Vamos abordar agora estratégias voltadas para um coletivo.

Oficinas

O termo oficina é sem dúvida carregado de conotações positivas, a ponto de funcionar como atrativo sempre que um curso procura atrair uma clientela, mesmo quando os procedimentos propostos não se distinguem de uma pedagogia diretiva baseada unicamente no discurso do professor. A nosso ver, a palavra "oficina" remete a uma pedagogia caracterizada por uma mobilização coletiva dos estudantes, não somente do ponto de vista intelectual, mas também sensível e afetivo. Enraizada em um fazer, ela é um procedimento desenvolvido pelos métodos ativos, que promovem não só os saberes, mas visam sobretudo o "saber-fazer".

Integrada à capacitação de professores ela possui a vantagem de criar uma isomorfia entre os métodos ativos preconizados pelo processo de formação e os meios utilizados para tal. Com efeito, seria contraditório promover a pedagogia ativa apenas através do discurso. O docente, assim colocado na postura do aprendiz, passa a compreender melhor as dificuldades desse último.

No entanto, deslocar o ponto de vista do docente implica tomar cuidados para evitar o risco de infantilizá-lo. Com efeito, quando se trata de colocar o formando na situação de seu futuro aluno, não cabe solicitar que aprenda a fazer o que ele já conhece. A tarefa proposta ao docente em formação na oficina deve, portanto, ser portadora de um interesse específico para ele, em relação àquela sugerida ao aluno, ao mesmo tempo em que comporta operações análogas. Isto significa que a preparação e a condução de uma oficina de formação profissional supõe o conhecimento das operações exigidas do aluno na realização da sua tarefa e, igualmente, a transposição desta em uma atividade adaptada ao interesse do mediador em formação. O jogo pode ser um recurso para efetuar essa transposição.

O mediador que vive um processo de oficina como em *Marco e Vanice* pode descobrir ao mesmo tempo as dificuldades encontradas pelo aluno e as respostas pedagógicas fornecidas pelo formador.

Marco e Vanice
Resolver um enigma

Situação:
Os dois textos criados por Cláudia Dalla Verde, roteirista, foram manuscritos por duas pessoas com letras pouco legíveis. O desafio consta em responder à instrução:

"Marco foi encontrado morto em seu apartamento."
Escreva uma terceira carta explicando os acontecimentos a um amigo seu.

O jogo é realizado por equipes de quatro participantes. Cada uma é constituída de três jogadores e um observador das estratégias de descoberta utilizadas.

Santos, 22 de junho de 1993.

Marco,
Eu não sei como começar. Aliás, eu não deveria nem começar. Mas eu ia me sentir um lixo se não contasse para você. Primeiro. Antes de todo mundo. Antes do meu marido até.
Eu aceitei a proposta do Evandro. Começo na assessoria na segunda-feira. Não adianta repetir tudo o que a gente já discutiu. Eu pensei muito e decidi que não vou nunca mais atrelar minha carreira ao meu coração.
Antes de ser mulher do Jairo, antes de amar você, eu sou jornalista, afinal. E a proposta do Evandro é maravilhosa. Nunca na minha vida pensei em ganhar tanto dinheiro. E, se o candidato dele vencer, eu é que vou acompanhá-lo na *tournée* pelo exterior, já pensou?
Eu te amo, Marco. Demais até, mas está na hora de eu me amar um pouco também. Espero que você compreenda.
Vanice

▶

CAMINHOS DA ESCRITA

> Um dia desses, um ano desses.

Minha querida Van,
Um homem tem direito de sonhar. E, às vezes, à realização dos sonhos. Bilac já dizia: "Nunca queira que seus sonhos se realizem". Acho que foi Bilac que disse isso.
Você era o sonho, Van. Começou numa madrugada gelada, e agora, diante de uma cerveja gelada, eu estou acordando. Matéria de sonhar. Espuma que desmancha na superfície do copo.
Mas trabalhar para o Evandro não é uma ducha gelada, meu bem! É uma guilhotina! De repente a musa se levanta na sua cama e emboca direto no antro da perversão. Que digo? O antro de perversão, primeira origem de todas as outras. O homem é corrupto, faz campanha para crápulas por dinheiro manchado com o sangue de todos nós, jornalistas honestos.
Quer um conselho, minha flor? Não conte para o seu marido. Conserve pelo menos um homem na sua vida.

Com todo meu amor.
Marco

Processo:
☐ As letras pouco legíveis exigem um trabalho de decriptação que suscita várias estratégias: identificação das letras por comparação, pelo contexto.
☐ Tentativa de entender a cronologia ambígua das cartas e a relação entre os personagens.
☐ Uso de estratégias em todos os níveis: contexto, texto, sintaxe, palavra, letras.

Observações:
• O desafio proposto provoca um grande interesse da parte dos jogadores.
• As estratégias utilizadas são variadas. O ponto de partida pode ser: as datas dos documentos, a relação entre os personagens, a decriptação das palavras ambíguas etc.
• As soluções propostas são inúmeras e muitas vezes imaginativas. Assim, as conotações permitem induzir o tipo de morte do personagem:
   — *cerveja = bebedeira*
   — *vidro do copo = caco funcionando como arma*
   — *guilhotina = pescoço como lugar do corte*
• Esse jogo convoca várias atividades da escrita: leitura, comentários, transmissão vocal e produção de textos.
• A leitura das cartas requer não só tratamento dos textos, como também um trabalho de identificação das palavras, possibilitado pelo desafio do jogo.
• O leitor experiente encontra uma dificuldade análoga — as operações cognitivas são idênticas — à do leitor iniciante, mas se depara com uma tarefa que corresponde ao seu interesse.

Coordenamos três oficinas de um semestre na Creche e uma de um ano na escola:

a) uma oficina com 14 educadoras tendo como objetivo o domínio da transmissão do texto pela voz e suas *performances* (Creche);

b) uma oficina com 15 professores de 1ª à 4ª série tendo como objetivo o domínio da língua escrita (Mange);

c) duas oficinas visando à formulação e condução de projetos autogeridos por pequenas equipes, em dois módulos distintos, com 13 educadoras cada (Creche).

Levando em consideração o conjunto das oficinas, é preciso distinguir, portanto, dois tipos de estratégias: oficinas (*a* e *b*) concebidas, programadas e coordenadas pelo formador por um lado, e por outro, oficinas (c) em autogestão, nas quais a concepção, a programação, a escolha da clientela visada e dos modos de intervenção eram responsabilidade das educadoras. Gostaríamos de destacar essas duas estratégias.

Na Creche fomos solicitados pela diretora para coordenar uma oficina *dirigida* às educadoras em torno da transmissão de textos para as crianças. O apelo se originava numa constatação: as educadoras transmitiam textos ainda não lidos por elas mesmas e a *performance* costumava ser péssima. Resumidamente, o programa da oficina abordou:

- as duas matérias do livro: texto e imagem e suas relações;
- as duas mãos da comunicação escrita: *emitir* e *receber* textos;
- a maneira antiga de ler (*leitura em voz alta*) e a maneira contemporânea (*silenciosa*);
- a transmissão do texto pela voz, enquanto atividade plena, distinta da leitura.

Na escola, a oficina foi orientada rumo à identificação do ato de ler e sua distinção de outras atividades da escrita. Os itens principais do programa foram:

- imagem e texto, duas etapas na aprendizagem da leitura;
- o papel das histórias na formação da personalidade;

- contar histórias (*história de boca*) enquanto atividade da oralidade e dizer histórias (*história do livro*) enquanto atividade da língua escrita;
- a especificidade atual do ato de ler: tratamento ideovisual de um texto escrito desconhecido;
- dois caminhos de aprendizagem da escrita: pela transposição do discurso oral (*emissão*) na escrita ou pela descoberta do funcionamento do texto (*recepção*);
- do texto coletivo ao texto individual;
- o comentário oral sobre o texto escrito;
- a digitação do texto;
- a publicação do texto;

Pingue-pongue exemplifica a oficina proposta na Creche tendo em vista evidenciar o papel do olhar na perspectiva do domínio da transmissão do texto pelos participantes. Usamos uma técnica de formação do ator denominada *"pingue-pongue"*, dado que o olhar salta alternadamente da plateia para o espaço de jogo.

Pingue-pongue
O olhar veículo do texto

Situação:
Um espaço vasto. Um texto poético, "Canção amiga" de Carlos Drummond de Andrade, *Antologia poética*, Rio de Janeiro, Record, 1991.
Os participantes estão sentados em cadeiras dispostas em semicírculo. A oito metros da abertura do círculo há uma cadeira vazia.

Processo:
☐ O jogo consiste em um participante ir até a cadeira vazia, sentar-se, dizer um fragmento do texto e voltar à sua própria cadeira.
☐ Para se movimentar ou dizer o texto, o jogador deve receber a energia do olhar de um espectador-parceiro.

□ Se o jogador necessita abandonar momentaneamente o olhar do parceiro — para avaliar a distância da cadeira ou para olhar o texto, por exemplo — ele deve parar e calar-se antes de retomar o andar ou o dizer.

□ Quando o jogador volta à sua cadeira, o parceiro o substitui, escolhe o olhar de um outro participante e joga por sua vez.

□ Na conduta desse jogo, a atenção e a precisão das instruções do coordenador são essenciais.

Observações:

• Para ser frutífero, esse jogo necessita de intensa concentração. A capacidade lúdica do grupo deve estar suficientemente desenvolvida para que o coordenador possa propô-lo.

• Essa proposta destaca a comunicação como finalidade da transmissão vocal do texto.

• Ela permite evidenciar a intervenção do não verbal e o caráter polissêmico da transmissão do texto pela voz.

• Ela mostra a particularidade da transmissão vocal e sua especificidade em relação à atividade de leitura.

• Outras linguagens que acompanham a transmissão vocal, tais como *gesto, espaço, objeto* etc., podem ser trabalhadas por esse jogo de "pingue-pongue".

Resta apresentar o trabalho realizado *em autogestão* por dois grupos de educadoras da Creche, que atendeu às seguintes demandas da diretora:

• partir das expectativas das próprias educadoras;

• implicar a relação entre elas e as crianças;

• atender a Creche inteira.

Propusemos trabalhar em duas oficinas correspondendo ao módulo I e ao módulo II, com pequenas equipes autogerenciadas. Cada uma escolheu a tarefa, os objetivos, as modalidades de trabalho, a clientela e o cronograma de três intervenções a serem feitas junto às crianças, compondo assim seu projeto.

Um *brain-storming* possibilitou a emergência dos interesses e necessidades, assim como a constituição das equipes, o que foi feito a partir da tarefa e não das afinidades.

| | | *Autogestão* |
		Projetos diversificados
Módulo	**Proposição**	**Constituição da equipe**
I	Fabricação de um livro	2 educadoras e 2 funcionários
I	Os modos de transmitir histórias: formas, estratégias, estruturas	6 educadoras
I	Identificação de títulos, parágrafos, palavras, maiúsculas, minúsculas	3 educadoras e 1 funcionário
II	Comida	3 educadoras e 1 funcionário
II	Canções	2 educadoras e 1 funcionário
II	Fantoches	3 educadoras
II	Contar histórias	1 coordenadora, 1 educadora, 2 funcionários

É importante notar que dentro das equipes havia estatutos profissionais heterogêneos: coordenadora, educadoras e funcionários. O tema da comida foi proposto por uma funcionária e o contar histórias pela coordenadora administrativa. Todas as equipes alternaram duas modalidades de trabalho: dentro da própria equipe e em sessões junto a pequenos grupos de crianças (três em média).

Em *História de boca e história do livro* apresentamos o desenrolar do projeto de uma das equipes, segundo descrição proveniente do seu próprio relatório.

História de boca e história do livro
As maneiras de transmitir

Situação:
Trata-se do projeto de uma equipe de 6 educadoras sobre a diversificação da transmissão do conto: como *história de boca* ou *história do livro,* com ou sem ilustrações, com ou sem intervenções das crianças.

A equipe escolheu trabalhar com um grupo heterogêneo de 9 crianças (3 de cada nível: G4, G5, G6).

Processo:
Descrevemos aqui o primeiro entre os três encontros realizados com as crianças.

☐ 1º momento
  Escolha do conto "A fada Pluminha".
  O livro havia sido resumido por escrito para servir de guia ao reconto. Uma educadora conta a história (história de boca). Uma criança pergunta: *"Por que você precisa do livro se não está lendo?"*
  Para finalizar, foi solicitado um desenho sobre a história

☐ 2º momento
  A equipe retoma o mesmo conto: "A fada Pluminha".
  Assumindo o papel de narrador, uma educadora conta sem livro nas mãos (história de boca), enquanto outra diz os diálogos (história do livro) e a terceira mostra as imagens.
  Como registro, foi pedido outro desenho da história.

☐ 3º momento
  Escolha de um outro livro: *A maior Boca do Mundo* de Lúcia Pimentel Góes, São Paulo: Ática, 1996.
  Uma educadora diz o texto assumindo o papel do narrador; outra "fala" os diálogos. Ao final, uma delas pergunta às crianças: "O que aconteceu de diferente?".

Observações:
- Na primeira sessão, as crianças perceberam a contradição entre a presença do texto escrito e o contar (*história de boca*) da educadora.
- Na segunda sessão, as crianças não perceberam a diferença entre o *contar* (*história de boca*) e o *dizer* (*história do livro*), mas sim entre narração e diálogo, outra variável abordada.
- Na terceira sessão uma criança percebeu que uma educadora "só falava o que acontece" (narração) e outra "falava o que estava escrito" (*história do livro*).

CAMINHOS DA ESCRITA

> - As educadoras elaboraram um protocolo interessante e perceberam que as crianças podiam ser sensíveis às variáveis introduzidas.
> - A própria terminologia criada pelas crianças — *história de boca* e *história do livro* — manifesta a pertinência pedagógica dessa distinção que, curiosamente, não vem sendo objeto de pesquisa.
> - O processo introduziu uma nova variável (narração/diálogo) à variável escolhida (história de boca/história do livro), que acabou complicando a identificação.
> - Seria preciso afinar o protocolo desta última sessão na perspectiva de dissociar essas duas variáveis e estudá-las separadamente.

O exemplo mostra o empenho, a seriedade e a maturidade das educadoras. A realização de tais projetos entusiasmou a maior parte delas. Ao mesmo tempo, no entanto, suscitou na coordenação da Creche um certo receio, na medida em que a responsabilidade pedagógica era transferida às educadoras.

Como o termo "projeto" na língua comum é polissêmico, é preciso explicitar o uso que fazemos dele. A didática utiliza esse termo em duas expressões que não são sinônimas: *projeto pedagógico*, que remete aos objetivos do professor e da instituição, e *pedagogia do projeto*, que se refere às metas do aluno.

Esta última é um conceito forjado pelos movimentos pedagógicos tributários dos métodos ativos, que enraízam a aprendizagem dentro do *fazer* e da motivação do sujeito. Herdeira da pedagogia do "centro de interesse" que, muitas vezes, reúne as diversas disciplinas em um mesmo tema, a pedagogia do projeto se caracteriza pelos traços seguintes:

- o foco é colocado sobre uma "coisa a ser feita" e não sobre uma "coisa a ser entendida";

- a tarefa a ser realizada é escolhida pelo aprendiz;

- a planificação é coletiva;

- como as situações de aprendizagem são instaladas em função da tarefa, somente as que são necessárias se tornam pertinentes.

A sequência das ações necessárias à realização da tarefa (uma pipa, uma festa, um livro) vai instalar situações de aprendizagem em várias áreas e desenvolver tanto um saber, quanto um saber-fazer e um saber-ser. As dificuldades a serem ultrapassadas para atingir o alvo se tornam situações-problema. Assim, a realização de uma pipa vai exigir operações cognitivas em matemática e em compreensão de texto, habilidades motoras em desenho e construção do objeto, mas também competências de caráter afetivo na planificação com colegas e em negociações com responsáveis municipais ou da comunidade escolar etc.

No entanto, é preciso usar esse procedimento pedagógico com discernimento. De fato, a intenção de contemplar todas as aprendizagens com a pedagogia do projeto encontra três limitações:

- os alvos escolhidos pelos alunos não podem satisfazer todas as aprendizagens exigidas pelo sistema educacional;

- as situações de ensino, ou seja, os exercícios sistemáticos são esquecidos;

- a dificuldade encontrada pode ser contornada em vez de ser afrontada: o aluno pode pedir a solução ao colega, sem resolver por si próprio o problema suscitado pela situação.

Contando histórias ilustra essa metodologia a ser considerada como uma ferramenta entre outras e não uma panaceia.

Contando histórias ▤

Trabalho em projeto ●

Situação:
Elaboração, condução e avaliação de um projeto sobre a transmissão de histórias.

Processo:
☐ Emergência de interesses e constituição do "grupo de tarefa".
☐ Escolha do projeto.

▶

CAMINHOS DA ESCRITA

▶ ☐ Contar histórias à comunidade presente na primeira hora da segunda-feira e na última hora da sexta-feira.

☐ Planificação e escolha do público visado.

☐ Escolha dos contos a serem transmitidos.

☐ Condução do projeto e resolução das dificuldades encontradas.

☐ Avaliação e redação do relatório final.

Observações:

• As educadoras elaboraram coletivamente o projeto.

• Durante o desenrolar do projeto uma educadora registra os acontecimentos e as reações das crianças.

• As histórias contadas são endereçadas a educadoras, funcionários, pais e crianças, contribuindo para fortalecer os laços da comunidade.

• Abrindo e fechando a semana as histórias instauram um ritual na comunidade.

• A "contação" não é mais prerrogativa das educadoras, mas se generaliza aos adultos da comunidade.

• Através do trabalho em projeto, as educadoras ganham maior autonomia.

Socialização

Cada vez que elaborávamos um instrumento, era colocado dentro de uma pasta que permanecia na biblioteca da instituição. Foram assim constituídos dois cadernos de "instrumentos" à disposição das educadoras e professores. Ao mesmo tempo, uma cópia era entregue diretamente à pessoa que estava na origem da prática descrita. Utilizamos esse material no interior das oficinas, o que configurava uma maneira de socializar o conhecimento sistematizado.

Além disso, quando elaborávamos documento escrito com balanço de uma oficina, expúnhamos esse texto em um painel do corredor ou no quadro-negro da sala dos professores, tal como procedemos com *Um aviso*.

> **Um aviso**
> *A situação de leitura*
>
> **Situação:**
> Síntese discutida com os docentes e exposta na sala dos professores.
>
> **Características de uma situação de leitura**
> A situação comum do leitor experiente tem como características:
> - o leitor tem **vontade** ou necessidade de entender o texto;
> - ele **não conhece** o texto e se encontra diante de uma **tarefa** a ser cumprida;
> - ele **domina** a matéria linguística do texto, mas deve efetuar um tratamento visual para elaborar um sentido;
> - ele deve fazer as **operações** necessárias à construção de um sentido novo.
>
> **Processo:**
> Para dominar uma habilidade, é necessário:
> - *praticar a atividade a ser dominada*: para aprender a andar, falar, nadar, dirigir, ler, é preciso andar, falar, nadar, dirigir, ler;
> - *praticar outras atividades* que possuem componentes semelhantes e transferíveis: saber andar de bicicleta pode ajudar a aprender a dirigir um carro, saber escrever pode ajudar a ler.
>
> **Observações:**
> - Para dominar a leitura é imprescindível praticar o ato de ler, isto é, experimentar uma situação análoga à do leitor experiente.
> - Para estar numa situação de leitura é necessário se confrontar com um texto desconhecido constituído de uma matéria linguística conhecida.
> - Outras atividades podem contribuir para as habilidades de leitura. Esse reforço será tanto mais eficiente quanto mais a outra atividade partilhar operações comuns com o ato de ler.

Concluindo, cabe lembrar que o seminário organizado a cada bimestre na universidade, além de permitir uma síntese parcial desta pesquisa, era também um modo de publicação de seus resultados, cumprindo, portanto, o papel de socialização do trabalho realizado nos diversos laboratórios.

Terminamos o levantamento das estratégias de intervenção, individuais e coletivas. Algumas não requerem uma intervenção direta e operam pela própria virtude da verbalização, tal como ocorre no tratamento psicanalítico. Fazer surgir o testemunho individual através de entrevistas reconforta o ego do professor, muitas vezes socialmente desvalorizado. Outras estratégias, pelo contrário, podem se substituir, por um tempo determinado, à ação do mediador.

Outras ainda não deixam de refletir uma pedagogia do modelo. Em seu sentido estrito, a imitação permite nada mais do que a repetição, sem abrir possibilidades de transferência a outros contextos. Quando o formador realiza a tarefa na frente do aprendiz, verbalizando as ações que está efetuando, conforme o processo do *pensamento em voz alta*, já citado, os limites da aprendizagem por imitação são ultrapassados, graças à abstração proporcionada pelo discurso.

Há outras estratégias, caracterizadas por operações mentais mais abstratas e mais gerais — "dedução, indução, dialética, divergência"[17] — que permitem ao sujeito encontrar solução adequada não só para a dificuldade imediata, mas também para outros tipos de dificuldades, graças a um maior poder de transferência.

Não gostaríamos de excluir nenhuma estratégia. Cada uma tem o seu grau de eficácia, mais específico ou mais amplo. Quando um sujeito que pretende realizar uma tarefa encontra uma dificuldade, muitas vezes pode escolher entre três caminhos. O primeiro, mais rápido, é pedir a solução ao vizinho. O segundo é aprender a resolver o problema imediato, enquanto o terceiro inclui a solução não só daquele problema imediato, mas também da classe de problemas ao qual ele pertence, caminho mais laborioso em tempo e em energia cognitiva. Em situações concretas, todos nós somos confrontados com escolhas semelhantes.

Com efeito, na vida quotidiana somos colocados em situações que requerem soluções imediatas. Nem sempre podemos escolher o caminho da aprendizagem e correr o risco de perder o alvo, quando a resposta urge. É o caso do iniciante em computação que, para inserir um texto, encontra uma cascata de dificuldades intermediá-

---

17. Philippe Meirieu. *Apprendre, oui mais comment?* Paris: ESF, 1994. p. 174 [tradução nossa].

rias que o afastam da meta a ser cumprida: aprender uma nova função do software, entender o manual, traduzir o inglês etc. "As pedagogias da resolução de problemas ignoram muitas vezes que a aprendizagem diante de uma dificuldade é, quase sempre, a solução mais trabalhosa."[18] Nosso desejo de ver o aprendiz realizar de maneira autônoma as operações cognitivas necessárias à resolução de um problema não pode minimizar a expectativa do aprendiz, que exige muitas vezes uma resposta imediata, qualquer que seja a maneira de encontrá-la.

Felizmente a escola almeja afastar o sujeito dessas situações de emergência. Ao invés de explorar o atalho da resposta imediata exigida pela vida ativa, ela propicia o caminho da aprendizagem. É papel do pedagogo mostrar que o laborioso percurso da aprendizagem constitui o investimento cognitivo que possibilitará atalhos futuros.

---

18. Ibidem, p. 169.

Capítulo V

Sessão de leitura na BEI

Capítulo V

Metodologia gerada

Abordamos no capítulo III as práticas da escrita. Como não pretendemos simplesmente descrever a realidade, mas sim modificá-la, faz-se necessário agora estudar os efeitos que nossa atuação produziu sobre o desempenho dos professores, ou seja, analisar as práticas surgidas posteriormente à instalação de nossas estratégias de intervenção.

Vimos que a experiência encontrada compõe um leque amplo e diversificado que formalizamos através de instrumentos, de maneira a tornar possível sua transferência a outras situações e instituições. No entanto, sabemos que se essa diversidade pertence ao conjunto dos estabelecimentos observados, ela não se verifica em cada um deles. A prática de leitura autônoma é mais desenvolvida na Creche do que nos outros estabelecimentos; o registro dos livros se encontra mais avançado no Mange; a publicação do texto pela voz, mais dominada na Biblioteca Viva; a escrita mais integrada em um projeto global, na Estação Memória; e a concomitância das atividades mais bem resolvida no Centro de Tetuán.

Essa variedade é ainda mais difícil de ser encontrada na experiência de um mesmo professor. Assim, diversidade no conjunto do corpo docente está longe de significar diversidade para o aluno. No entanto, será que uma pedagogia centrada no aluno não deveria ser suficientemente flexível para se adaptar a cada aprendiz, em função da sua personalidade e do seu próprio desenvolvimento? O corpo docente não deveria possuir diversos modos de intervenção para atender à diversidade dos alunos?

Já tivemos ocasião de mostrar como a diversidade e a complementaridade das atividades da informação constituem condição necessária à melhoria das condições do ensino-aprendizagem. É necessário, portanto, que essa diversidade seja um componente da atuação do professor. Isso se torna ainda mais urgente nas primeiras séries, se considerarmos que as crianças encontram durante o ano todo apenas um professor e são submetidas a uma prática única. De fato, entre 5ª e 8ª séries a multiplicidade dos professores coloca o aluno em contato com metodologias mais diferenciadas; o professor de história, por exemplo, acaba propondo procedimentos de leitura que o próprio professor de português pode não proporcionar.

De toda maneira, numa perspectiva de formação, a presença de uma competência no corpo docente é uma situação privilegiada. Na medida em que essa competência não precisa ser importada de fora, e que dá mostras de sua adequação ao contexto, acaba evidenciando sua validade. Trata-se, depois, de generalizá-la, o que não é tarefa simples; "santo de casa não faz milagres" ilustra bem esse tipo de dificuldade. Nesse caso, o desafio não é implantar um novo instrumento, mas somente generalizá-lo. Essa divisão de competências pressupõe mecanismos favorecendo a cumplicidade, o trabalho em equipe e a solidariedade. Na obra de construção da BEI, intensa foi a força de trabalho envolvida, conforme revela a história do projeto através dos seus avanços gradativos graças à colaboração de competências diversificadas.

O desenvolvimento do trabalho coletivo é mais avançado na Creche do que no Mange, o que pode ser em parte explicado pelo tamanho dos estabelecimentos. Ao contrário, a liberdade do professor da escola é maior do que a do educador da Creche, que por vezes pode sofrer com a rigidez da coerência pedagógica implantada.

Partilhar uma competência profissional dentro da mesma equipe escolar é um primeiro passo, antes de pretender expandí-la além das fronteiras do estabelecimento. Por isso, trabalhamos, durante nossa pesquisa, na perspectiva de troca entre os professores e, secundariamente, de difusão a outros estabelecimentos. Os resultados obtidos foram tangíveis no primeiro eixo. O desenvolvimento ulterior de pesquisas transversais deverá possibilitar a multiplicação de trocas para integrar a experiência vinda de fora em cada estabelecimento.

CAMINHOS DA ESCRITA

Para socializar a diversidade e instaurar dentro da instituição mecanismos de troca de experiências, algumas estratégias de intervenção se revelaram mais adequadas. As oficinas, por exemplo, serviram ao conhecimento mútuo. Um dos objetivos dessas oficinas era oferecer aos professores e educadores um espaço de fala que permitisse verbalizar a experiência de cada um. Houve ocasiões em que pudemos usar instrumentos produzidos a partir da prática de um estabelecimento como matéria-prima para oficina proposta em outro.

Quando foi possível organizar projetos de equipe com a participação das crianças, como foi o caso na Creche, a apropriação da experiência pelas educadoras tendeu a ser mais eficiente. Naturalmente a biblioteca escolar constitui um espaço de troca, na medida em que quebra a organização estanque das classes e coloca em contato pelo menos dois profissionais, o professor e a orientadora da sala. A troca de experiências certamente pode reduzir os efeitos da fragmentação do corpo docente e, pouco a pouco, possibilitar o trabalho em equipe.

As práticas das linguagens

A problemática do desenvolvimento das atividades da escrita constitui, sem dúvida, o coração da biblioteca interativa e sua especificidade. Se assim não fosse, por que dedicar tantos recursos financeiros à constituição de um acervo? Antes de abordá-la diretamente, no entanto, gostaríamos de destacar como as atividades que mobilizam outros meios de comunicação — imagem, gesto — constituem um enquadramento imprescindível no qual se insere a comunicação através da língua e, consequentemente, a comunicação escrita.

Se no interior de uma situação de comunicação a língua é apenas um dos recursos, isto é também evidente no que diz respeito à língua escrita. Quando um comunicante escolhe a língua para se expressar, ele o faz sempre no conjunto das linguagens disponíveis. Podemos ainda ir mais longe se observarmos que em nossos dias raramente a língua é a única matéria convocada. A mídia eletrônica envia quase sempre mensagens pluricodificadas, nas quais a imagem tem uma dimensão preponderante.

A casa sonolenta mostra um exemplo de atividade de expressão desenvolvida na Creche, na qual o corpo se torna matéria de linguagem. A equipe de educadoras, dentro do projeto de exploração de uma história, propôs a um grupo de crianças de idade heterogênea que expressassem com o corpo o desenvolvimento do enredo contido em um texto de literatura infantojuvenil.

A casa sonolenta
Expressão dramática

Situação:
Depois de terem escutado várias vezes o texto do livro *A casa sonolenta*, de Audrey Wood e Don Wood, São Paulo: Ática, 1999, as crianças são convidadas pelas educadoras a dramatizar a história. Escolhendo uma abordagem que se afasta das concepções usuais de teatro, elas propõem uma forma menos consagrada.

Processo:
□ Uma educadora diz o texto, enquanto as crianças atuam, assumindo coletivamente cada personagem da história. Todos são sucessivamente:
— a avó, roncando;
— o menino sonhando;
— o cachorro cochilando;
— o gato ressonando;
— o rato dormitando;
— a pulga acordada.
□ As crianças não assumem apenas as ações dos personagens, mas simbolizam também com seu corpo os objetos e lugares da história: a casa sonolenta, a cama aconchegante.

Observações:
• As crianças ficaram surpresas com o fato de não dividirem entre si os diversos papéis, como tinham o hábito de fazer.
• Depois da primeira surpresa, gostaram da proposta, pediram para refazer várias vezes e para mostrar sua performance aos pais.
• Essa prática permite a crianças limitadas em meio de expressão verbal se expressarem através de uma outra linguagem.

A *expressão dramática*[1] possui a característica de se desenvolver sem a presença de um olhar exterior. Não há espectadores; o grupo inteiro atua. Essa abordagem pode facilitar a expressão das crianças de tenra idade que, assim, não são submetidas à visão crítica dos outros.

Quando o professor propõe situações de representação diferentes da visão habitual da dramatização, tributária da equação um ator igual a um personagem, ele amplia o leque das relações entre texto escrito e signos corporais, isto é, multiplica as práticas de linguagem.

Cultura da escrita

Podemos agora passar às atividades específicas da biblioteca. Em primeiro lugar, é preciso sensibilizar as crianças ao seu espaço, seus móveis, seus recursos, tal como é mostrado em *Sessão inaugural*. A biblioteca é para elas um lugar estranho que nunca frequentaram.

Sessão inaugural
Exploração do espaço

Situação:
No início do ano a primeira entrada das 1ªˢ séries na BEI é preparada pela orientadora. Uma pequena cerimônia inaugura as atividades.
Uma música agradável acolhe as crianças. Alguns belos livros estão abertos na arquibancada e nas mesas.

Processo:
☐ 1º dia
- Um grupo de crianças é convidado a entrar na biblioteca e explorar o lugar. Ele volta à classe para contar aos outros suas descobertas.
- Um segundo grupo entra por sua vez, explora o espaço, faz uma planta da biblioteca e volta à sala para desenhá-la no quadro-negro. ▶

---

1. Cf. Gisèle Barret; J. C. Landier. *Expression dramatique et théâtre*. Paris: Hatier, 1991.

- Um último grupo se dirige à biblioteca para medir as dimensões, antes de informar a classe sobre as medidas.

☐ 2º dia

- Cinco pares de alunos são constituídos. Os outros formam a plateia. Em cada par há um *guia* e um *cego*. O guia deve ajudar o cego a escolher um livro nas estantes. O cego deve tatear o livro, cheirá-lo para adivinhar e tentar dizer à plateia o tipo de livro escolhido.

Observações:

- Descoberta da biblioteca por todos os sentidos: olhar, tato, olfato.
- As crianças fazem um relatório dizendo o que viram e o que sentiram.
- Essas sessões permitem descobrir a biblioteca integrando a sensibilidade e o imaginário.

Sobe e desce é outra proposta que permite conhecer o acervo da biblioteca:

Sobe e desce
Pesquisa na BEI

Situação:

Um quadro de madeira de 100 casinhas foi confeccionado com os professores. O jogo consiste em percorrer essas casinhas até o final, em meio a um jogo de dados, com um pião por equipe. No percurso são dispostos tobogãs que fazem regredir e escadas que fazem progredir mais rapidamente. À cada casinha corresponde um pedido a ser atendido graças aos recursos da biblioteca, antes que os dados sejam novamente lançados.

Processo:

☐ As perguntas são do tipo:
  — "Encontre uma fotografia de FHC."
  — "Encontre cinco livros publicados por cinco editoras diferentes."
  — "Encontre um livro sobre a vida no século XVI."
  — "O que é uma espatódea?"
☐ Experimentamos esse jogo com os professores, que apreciaram o processo.
☐ Alguns docentes propuseram depois o mesmo jogo a seus alunos.

▶ **Observações:**
- O jogo em equipe estimula os participantes.
- O jogo permite descobrir a organização da biblioteca e seus recursos.
- Apesar de a motivação ser constituída mais pela competição do que pelo interesse do livro em si, essa atividade lúdica permite desenvolver competências de pesquisa úteis ao leitor.

Entre os instrumentos elaborados com as orientadoras, destacamos *De onde vem esse título?*

De onde vem esse título?
Pesquisa do texto

Situação:
Jogo proposto a partir de uma escolha de 40 livros da BEI.
Uma folha xerocada com 5 títulos incompletos, pertencentes a esse conjunto.
Um fragmento de cada um desses cinco livros.

Processo:
☐ *Processo A*
— Os 40 livros são expostos na arquibancada.
— Formam-se grupos de 3 alunos.
— Cada grupo recebe uma folha com a lista dos 5 títulos incompletos.
— Cada grupo deve completar os 5 títulos.
— Socialização: os leitores devem explicar como procederam.
☐ *Processo B*
— O professor diz o primeiro fragmento proveniente de um livro, atribuindo-lhe a letra (A).
— Os grupos devem reconhecer a qual livro pertence o fragmento e anotar a letra (A) ao lado do título certo.
— O professor passa aos fragmentos (B), (C), (D), (E) solicitando aos alunos que os classifiquem.
— Socialização: os leitores devem justificar suas respostas.

Observações:
- Essa oficina permite compreender as funções do título — nomeação, resumo, classificação — e seu papel na busca da informação.
- O processo dessa Oficina convém a leitores iniciantes.

Produção de textos

A produção de textos é a atividade mais frequentemente praticada na escola brasileira. Formulamos hipóteses para explicar esse fenômeno no capítulo III. No entanto, em razão da quantidade de trabalho exigida pela avaliação das produções escritas e pela ajuda individual ao aluno, e em razão da escassez do tempo que os professores podem dedicar a essas tarefas, a produção escrita, muitas vezes, passa a ser apenas coletiva.

Graças à implantação de uma sala de informática, a digitação do texto permite sensibilizar o aluno à sua legibilidade. Em lugar de produzir textos manuscritos legíveis apenas pelo professor, a quem cabe o papel de corretor, o aluno descobre na tela do computador uma perfeição impossível de ser obtida na folha manuscrita. Cada letra, seja a dele ou a do vizinho, aparece com o mesmo grau de acabamento. No Mange os textos digitados pelos alunos eram depois expostos nos corredores: textos coletivos que, apesar de terem sido digitados individualmente, tinham aparência homogênea. A única exceção ficava por conta da ilustração, realizada com um *soft* de desenho.

No entanto, a partir do momento em que a orientadora da sala de informática tomou consciência da inutilidade da digitação do mesmo texto por trinta e cinco alunos da mesma turma, negou-se a fazê-lo. Juntamente com a professora tomamos a decisão de inventar um outro processo que permitisse diversificar a produção das crianças, sem, contudo, abandonar a criação do texto coletivo, o que significaria desprezar a experiência do professor. *Individualização dos textos* destaca esse processo.

Individualização dos textos
Reescrita

Situação:
A orientadora da sala de informática inicia os alunos em computação com os textos coletivos produzidos nas salas de aula. Esses textos são inicialmente ▶

digitados e depois recebem uma ilustração que diferencia a obra de cada um. No entanto, a orientadora não vê interesse em digitar várias vezes o mesmo texto e, menos ainda, em imprimi-lo repetidamente. Ela emitiu o desejo de trabalhar com textos individuais.

Processo:

☐ O texto é produzido no quadro-negro da sala de aula, coletivamente, sob a direção do professor da classe, que cumpre o papel do *escritor público*.

☐ O professor propõe transformações textuais individuais, tais como mudanças de personagem (idade, sexo, papel social etc.), de lugar, ou de época. Cada criança gera assim um texto singular a partir do texto matricial.

☐ O texto personalizado é digitado na sala de informática e ilustrado como anteriormente.

☐ Os textos adquirem legitimidade ao serem expostos no corredor ou no pátio e ficam suscetíveis de encontrar leitores.

Observações:

• O modo de duplicação pela cópia remete à época dos monges medievais.

• Hoje a duplicação se realiza de várias maneiras: impressora, xerox ou eletronicamente. Ao contrário da máquina de escrever, o computador hoje economiza a repetição da digitação. A dupla inserção do mesmo texto no computador torna-se inútil.

• A possibilidade de "copiar-colar" transforma hoje o ato de escrever e as técnicas da edição.

• A sensibilização à informática deve ter como objetivo mostrar as novas funções do computador e ensinar um novo modo de composição do texto. Se cada aluno digita o mesmo texto, essa tarefa o afasta da compreensão das funções do computador.

• O pedido da orientadora para evitar a multidigitação do mesmo texto evidencia sua competência. Ela pretende introduzir o aluno no universo da computação, e não ensinar com a nova máquina as antigas funções da máquina de escrever.

• O domínio da escrita supõe que o autor saiba retomar a primeira versão para lhe conferir o acabamento exigido pela comunicação diferida. Ao contrário da mensagem oral, que não pode ser corrigida, a mensagem escrita deve ser retomada, reescrita, para ser transformada em texto.

• Assim, combinaram-se a *experiência* do professor que pratica a construção do texto coletivo e a *exigência* da orientadora da sala de informática, desejosa de evitar que os alunos realizassem uma tarefa de copistas através do computador.

A sessão de trabalho de uma professora de 1ª série tendo *O rabo do rato* por tema consagra uma novidade dentro da prática da escola. A fim de permitir às crianças uma leitura "confortável", ela amplia o papel do *professor produtor de texto*, tornando-o um autor.

Vimos que, na Creche, as educadoras confeccionam um "blocão", no qual anotam fatos e descobertas marcantes do dia, servindo de memória da classe. Elas escrevem a partir da emissão vocal do texto pela criança, cumprindo o mesmo papel que o *escritor público*. A autoria desse texto, endereçado às crianças, é ambígua, pois é de mão dupla.

Os textos da professora de 1ª série têm outro papel. Apesar de serem curtos, eles apresentam narrações. Longe da presença dos alunos, a professora elabora narrativas de ficção para a leitura das crianças. Essa prática encontra suas raízes em nossa experiência marroquina. Nas escolas isoladas da montanha desenvolvemos a elaboração cotidiana de textos pelo professor, com a intenção de responder ao desafio representado pela privação de livros. Em *O sapo e o gato* podemos apreender um uso específico do texto do professor.

O sapo e o gato
Produção de um novo texto

Situação:
Depois de ter apresentado na semana anterior o texto *O rabo do gato*, de Mary e Eliardo França, São Paulo: Ática, 1980, e de ter trabalhado a memorização das palavras *tatu, falou, ficou sapo, rabo, gato*, uma professora de 1ª série constituiu um novo texto feito com as mesmas palavras conhecidas. Essa história foi fragmentada e transcrita em etiquetas passíveis de serem lidas coletivamente; cada fragmento apresentava um grupo de palavras conhecidas.

O sapo encontrou um rabo de gato.
E o sapo ficou com o rabo do gato.
O tatu viu e falou:"Olá, gato!"
O sapo bravo falou: "Eu sou um sapo".
E o tatu falou: "Sapo com rabo de gato é gato".

CAMINHOS DA ESCRITA

> **Processo:**
> ☐ A professora coloca as etiquetas no quadro-negro.
> ☐ As crianças conhecem as palavras do texto (não há identificação a ser feita).
> ☐ O texto é novo e exige tratamento para ser entendido.
> ☐ A professora incentiva a busca das crianças através das perguntas:
> - "O que quer dizer?"
> - "O que você reconhece?"
> - "Como você sabe?"
> ☐ As crianças conseguiram entender o texto.
>
> **Observações:**
> - A busca é motivada pelo desejo de entender a história.
> - As operações mentais necessárias à construção do sentido são realizadas pelas crianças.
> - Não há necessidade de identificar *palavras* que já são conhecidas. A energia cognitiva libertada de qualquer tarefa de identificação pode ser inteiramente dedicada ao tratamento de sentido do texto.
>
> ☐ Este instrumento ilustra também a leitura sem identificação, item a ser analisado nas próximas páginas.

Poderíamos fazer objeções a essa prática de escrita do professor. Os textos não seriam autênticos, uma vez que sua elaboração atende a um contexto pedagógico e, além do mais, não possuiriam qualidade literária.

Para responder à primeira objeção, podemos afirmar que os textos produzidos podem se tornar autênticos na medida em que, por serem pertinentes, atendem a uma necessidade de comunicação dentro da vida da classe, ou, por se configurarem como narrativas curtas, satisfazem a sede de histórias das crianças. A legitimidade desses textos não passa necessariamente pela publicação editorial.

Quanto à segunda objeção, por que seria desejável trabalhar apenas com textos consagrados pela literatura infantojuvenil? Será que o professor não tem papel de testemunha no processo de *letramento*[2] da criança? É importante evidenciar aos alunos que a escrita é uma prá-

---

2. Magda Soares. *Letramento*: um tema em três gêneros. Belo Horizonte: Autêntica, 1999.

tica não apenas de autores consagrados, mas também do professor, demonstrando assim a pertinência da sua aprendizagem. Não seria paradoxal que o professor pedisse às crianças para escrever histórias, ao mesmo tempo em que ele se negaria a fazê-lo?

Certos professores do Mange responderam a esse desafio experimentando o papel de autor. Foi esse o caso da orientadora da sala de informática que, ao pedir com determinação às crianças que produzissem textos, quis ela mesma assumir essa função. Vejamos em *A abóbora charmosa* como isso se deu.

A abóbora charmosa
O professor autor

Situação:
Para o aniversário da BEI, os professores inventaram um jogo de adivinhação. Tratava-se de acertar o número de sementes contidas numa grande abóbora. Eles vestiram uma abóbora, criando um belo fantoche mudo que se apresentava na entrada da biblioteca através de um texto escrito, colado na barriga.

Processo:
Durante o desenvolvimento desse jogo que durou uma semana, a orientadora da sala de informática escreveu a ficção "A abóbora charmosa", que começava assim:

A abóbora charmosa
No início da semana, aconteceu um fato interessante, que eu resolvi contar pra... Recebi a visita de um técnico que veio consertar os computadores. Ao chegar na secretaria ele encontrou, logo na entrada, uma abóbora enorme, deitada no banco. Surpreso, ele olhou para ela, que dormia tranquilamente. Depois, virando-se na minha direção perguntou: "Qual será o destino que terá esta beleza?"... (Aparecida D. Lopes).

Observações:
Esse texto teve vários usos:
— foi dito a um grupo de professores;
— foi dito às crianças que frequentavam a sala de informática;
— foi utilizado pelo formador como texto de oficina para experimentar exercícios de transmissão vocal.
— Essa prática de escrita do professor cumpre importante papel de testemunha da escrita junto a iniciantes: "O professor escreve!".
— Outros professores publicaram textos, inseridos em cadernos classificados na BEI.

Situações de leitura

Nosso objetivo enquanto formador era, além de identificar e socializar as atividades já praticadas, facilitar o surgimento de outras até então inexistentes, consideradas como altamente relevantes.

A partir do levantamento realizado, nossa tarefa se torna mais precisa. Ao oferecer a informação acumulada pela sociedade, a biblioteca deve possibilitar um domínio do seu uso e favorecer a aprendizagem da língua escrita, através da metodologia preconizada pelos PCNs. Por isso a diversificação das situações de comunicação através da imagem e através da escrita é um alvo central. Dentro desse objetivo geral de diversificação das competências comunicativas, é imprescindível propor situações de leitura, termo aqui entendido não no sentido da língua corrente, mas na acepção estrita definida nos pressupostos desta investigação.

Podemos notar que, em meio à totalidade das práticas das instituições citadas, há algumas situações ausentes ou presentes de modo apenas esporádico.

Leitura autônoma

A primeira delas, a leitura autônoma, habitual na Creche, é pouco desenvolvida com os alunos do Mange.

Os professores mencionam essa dificuldade nas entrevistas, corroborada por nossas observações. Apesar de o acervo da BEI permitir a individualização da leitura, os docentes solicitam tantos exemplares quantos forem os alunos que formam o grupo classe, tendo em vista trabalhar com um único texto. A leitura autônoma, em oposição, permite ao aluno escolher o livro em função do seu interesse e das suas competências. Um de nossos objetivos era fazer nascer dentro da biblioteca momentos nos quais cada aluno lesse um livro diferente (um leitor/um título), como ocorreu em *O grande rabanete*.

> **O grande rabanete**
> *Uma sessão na BEI*

Situação:
Sessão dirigida por uma orientadora na biblioteca com uma 1ª e uma 2ª série. A experiência acontece dentro da vinda regular dessas classes na BEI.

Processo:
☐ As crianças estão instaladas nas mesas; quatro ficam na arquibancada. A orientadora pede que em grupo de quatro escolham um livro dentro da caixa "Primeiras leituras", que contém "álbuns", livros nos quais as imagens têm primazia.
☐ As crianças exploram esses livros durante 35 minutos. As atividades observadas são diversificadas e incluem a leitura.
☐ Para encerrar o momento de leitura a orientadora reúne todas as crianças na arquibancada e transmite vocalmente um texto: *O grande rabanete*, de Tatiana Belinky.

Observações:
- Cada criança trabalha com um livro diferente: trata-se de uma prática específica da biblioteca.
- As atividades são diversificadas. Elas são aqui apresentadas em ordem de adequação crescente com as características da leitura. As crianças:
    1. copiam fragmentos do texto;
    2. desenham;
    3. olham o livro virando as páginas;
    4. leem em voz alta;
    5. leem em voz baixa (nenhuma lê silenciosamente).
- Nessa situação, nenhuma atividade é exigida pelo professor depois da leitura. É importante proporcionar também leituras sem cobranças.

O funeral do rei diz respeito a uma outra situação na qual cada aluno dispõe de um título diferente.

O funeral do rei
Uma sessão de leitura autônoma

Situação:
As classes comparecem à Biblioteca Escolar Interativa durante 45 minutos por semana. A atividade aqui descrita é coordenada pela professora de uma 3ª série com 32 alunos. Para a localização do livro no acervo foi utilizada uma ficha por aluno, tamanho 21 x 29, numerada.

Processo:
- Distribuição das fichas por um aluno. Cada criança recebe a ficha com o número correspondente ao seu número administrativo.
- Escolha dos livros por grupos, na caixa rolante e nas estantes; uso da ficha que marca o lugar do livro tirado da prateleira.
- Leitura individual e silenciosa: as crianças se comunicam, quando necessário, em voz baixa.
- Ajuda individualizada da professora. Essa observa a utilização feita por Rodrigo do sumário do livro *O mais belo livro das pirâmides*, de Anne Maillard, São Paulo, Melhoramentos, 1997. Ele se detém no item "O funeral do rei" e consegue localizá-lo na página 28.
- Guarda dos livros: as crianças substituem a ficha pelo livro com a ajuda da professora.
- Intervenção final da professora, endereçada à classe inteira sobre:
  - os livros guardados no lugar errado;
  - o uso do sumário por Rodrigo.
- As alunas Michele e Biange classificam as fichas por ordem numérica.

Observações:
- Essa atividade é típica da BEI, visto que requer um acervo abundante. Trata-se de uma situação de leitura autônoma com as características seguintes:
  — escolha do livro segundo o interesse pessoal;
  — texto novo, desconhecido pelas crianças;
  — atividade individual;
  — atividade silenciosa;
  — guarda do livro.
- As crianças demonstram sua autonomia: distribuem fichas, escolhem e guardam os livros, emitem baixo volume sonoro.
- Dentro dessa situação reconhecem-se dois objetivos:
  — um que remete à cultura do livro: *escolher, guardar*;
  — um outro que remete ao ato de ler.

Para chegar a esse domínio da situação, a referida professora teve que percorrer um longo caminho: educar as crianças para que soubessem virar as páginas sem molhar o dedo, trabalhar sozinhas, deslocar-se em silêncio etc.

Leitura sem identificação

A leitura comum se caracteriza por requerer apenas as competências já adquiridas, sem propiciar aprendizagem nova no que diz respeito ao código; podemos chamá-la de corrente. Esse tipo de leitura corresponde à do adulto, que na maior parte das vezes trata um texto *desconhecido* constituído de matéria linguística *conhecida*.

Vejamos em *O banho da baleia* como uma professora instala uma situação de leitura que não requer trabalho sobre o código.

O banho da baleia
Texto novo com palavras conhecidas

Situação:
Utilização da experiência de uma professora de 3ª série que trabalha com um livro informativo, *A baleia*, de Claude Delafosse, Ute Fuhr e Raoul Sautai, São Paulo, Melhoramentos, 1993, presente em um único exemplar na BEI, tendo em vista instalar uma situação de leitura.

Processo:
A partir da sequência da professora:
☐ Debate com os alunos sobre o tema do livro.
☐ Apresentação do livro (um exemplar) e transmissão vocal do texto.
☐ Debate sobre o livro.
☐ Desenho de um elemento da história.
☐ Elaboração de um texto coletivo (processo do *escritor público*).
☐ Identificação de alguns elementos do texto produzido.
☐ Digitação do texto na sala de informática.

▶

> *Elaboramos o processo modificado seguinte:*
> ☐ Debate com os alunos sobre os peixes.
> ☐ Apresentação do livro (um exemplar) e transmissão vocal do texto.
> ☐ Debate sobre o livro.
> ☐ Desenho de um elemento da história.
> ☐ **Produção de um texto novo pela professora, com o material linguístico conhecido.**
> ☐ **Apresentação do texto no dia seguinte, na lousa; leitura pelas crianças.**
> ☐ Elaboração de um texto coletivo (processo do *escritor público*).
> ☐ Identificação de alguns elementos do texto produzido.
> ☐ Digitação do texto no computador com a orientadora.
> ☐ **Exposição do texto na parede da sala de aula.**
> [em negrito aparecem os elementos acrescentados].
>
> **Observações:**
> • Os primeiros textos escritos pela professora foram:
> — "A baleia tomou banho no chuveiro".
> — "O pato afogou na bacia".
> — "A joaninha pegou o elefante pelo rabo".
> • Os itens acrescentados à estrutura do professor introduzem uma situação de leitura com as características seguintes:
> — texto desconhecido;
> — tratamento ideovisual;
> — construção de sentido.
> • O humor suscita o interesse das crianças.
> • O trabalho do leitor é restrito ao tratamento do texto, já que as crianças conhecem todas as palavras.
>
> Reencontramos aqui a estratégia de intervenção por nós denominada "clique", na qual intervém uma mudança mínima que conserva a estrutura anterior dominada pela professora.

O *reconhecimento* da palavra por sua imagem gráfica é uma competência a ser dominada por qualquer leitor, seja ele iniciante ou experiente. Esse último possui a capacidade de apoiar-se na individuação da palavra graças aos espaços brancos, o que o leva a reconhecê-la logograficamente; estamos diante de um modo de leitura herdado do abandono da *scriptura continua*. Trata-se da competência que possibilita a leitura silenciosa.

Essa modalidade de leitura remete o leitor experiente a um dos dois "regimes" do ato de ler descritos por Barthes. O termo "regime" diz respeito ao "modo de exercer uma atividade".[3] Para aquele autor, o "texto de prazer" é "o que agrada, enche, dá euforia; o que vem da cultura, não rompe com ela, é ligado a uma prática *confortável* da leitura". Esse conforto na leitura, oferecido por um texto sem arestas, desprovido de obstáculos, sem dúvida cabe ser propiciado. Ao folhear um álbum de literatura infantojuvenil, as crianças da Creche, por exemplo, já adotam esse tipo de leitura. A preservação dessa atitude durante os anos subsequentes, nos quais se efetiva a conquista do código da língua escrita, constitui um importante desafio do ponto de vista da tarefa docente. Um dos efeitos negativos da escolarização da leitura é transformar cada tratamento de texto em trabalho sobre o código.

Leitura com identificações

Paralelamente à leitura *"confortável"*, existe um outro regime que remete a uma *"leitura aplicada"*:[4] além da primeira finalidade de compreensão, essa modalidade introduz um objetivo vinculado à própria linguagem. Podemos estender o conceito de Barthes e afirmar que, no caso de quem está aprendendo a ler, esse regime pode incluir a conquista do código.

Nesse caso, a compreensão do texto necessita não apenas a convocação das habilidades construídas anteriormente, mas exige a resolução de uma dificuldade. Essa leitura se aparenta a uma situação-problema análoga às que se encontram em outras disciplinas, tais como matemática, geometria etc.: a situação-problema é encontrada quando "um sujeito, ao cumprir uma tarefa, se confronta com um obstáculo".[5]

Quando, em frente a um texto novo, a criança, além de mobilizar todo seu conhecimento sobre o mundo e sobre a língua, precisa

---

3. *Dicionário Aurélio eletrônico.*

4. Roland Barthes. *O prazer do texto.* São Paulo: Perspectiva, 1999. p. 19-22.

5. Philippe Meirieu. *Enseigner, scénario pour un métier nouveau.* Paris: ESF, 1990. p. 169 [tradução nossa].

escolher uma estratégia para solucionar uma dificuldade proveniente do seu desconhecimento do código, ela está diante de uma situação-problema: um leitor (*sujeito*), para construir o sentido (*tarefa*), encontra uma dificuldade da língua escrita (*obstáculo*). Nesse momento, se o mediador der a resposta ao leitor, a dificuldade se esvai. A resposta de caráter imediato é adequada apenas àquela situação; ela impede o aprendiz de dominar as operações requeridas e resulta em privá-lo da oportunidade de aproveitá-las em outro contexto. Por essa razão, é imprescindível que o mediador coloque o aluno diante de um texto novo e deixe a criança resolver os problemas textuais encontrados, possibilitando-lhe assim a realização de operações cognitivas que poderão conduzir à solução do problema relativo ao código encontrado.

Vejamos em *O sapo Bocarrão*, como essa estratégia pode ser proposta ao aluno e qual é o processo de ajuda desenvolvido pelo mediador.

O sapo Bocarrão
Identificação da palavra pela imagem

Situação:
Uma turma de 3ª série realiza atividades autônomas na biblioteca. Um grupo de duas crianças numa mesa folheia o livro de Keith Faulkner, *O sapo Bocarrão*, São Paulo, Companhias das Letrinhas, 1995.

Processo:

☐ Aproximo-me de dois alunos e o diálogo seguinte se inicia:

Mediador: — O que vocês estão lendo?

Aluno 1: — Nada, não sei ler, nunca aprendi.

Mediador: — Você não sabe de quem fala esse livro?

Aluno 1: — Claro que sim; de um sapo.

Mediador: — Como você sabe?

Aluno 1, mostrando a imagem: — Porque é um sapo.

Mediador: — É verdade, mas o sapo aparece em outro lugar, pode descobrir?

Aluno 2: — No título.

Mediador: — Sim, mas onde exatamente?

Aluno 1, mostrando a palavra errada — É aqui.

Mediador: — Não, aqui é a palavra/Bocarrão/.

Aluno 2: — Olha, é grande demais.

Aluno 1, acertando —/sapo/é aqui.

Mediador: — O personagem aparece em dois lugares, aqui na imagem e aí no título. Você poderia encontrar de novo a presença do personagem dentro do livro?

☐ Nas páginas seguintes, a cada vez que havia uma imagem do sapo, o aluno procurava a palavra no texto e a reconhecia, manifestando satisfação.

☐ A professora da classe, que tinha presenciado a intervenção do mediador, ficou surpresa ao testemunhar a primeira aproximação bem-sucedida do aluno em relação ao texto.

Observações:

- O aluno estava na 3ª série e tinha apenas experiências de fracasso com a escrita.
- Ele estava interessado pelas imagens desse livro especial, que apresenta dobradiças.
- O mediador questionou o aluno sobre o sentido do texto e propôs uma identificação da palavra a partir da imagem (e não das letras).
- Após o longo processo de identificação conduzido pelo pesquisador, o aluno memorizou a forma da palavra e pôde, com apenas uma olhada, reconhecê-la em outras páginas.
- O aluno viveu duas experiências bem-sucedidas:
  - identificar a palavra "sapo";
  - memorizar a forma da palavra para depois reconhecê-la.

CAMINHOS DA ESCRITA

Assim, quando o leitor não *reconhece* a palavra, precisa recorrer a outras estratégias: uso do contexto, transposição dos grafemas em fonemas, conhecimento do termo na oralidade. Se a palavra é conhecida na língua oral, denominamos esse tratamento de *identificação*.[6] É a situação do leitor iniciante que conhece na sua língua oral palavras desconhecidas na escrita. No caso do adulto, o processo é diferente. A palavra encontrada, muitas vezes, é desconhecida oralmente. Trata-se então de entender um novo conceito. Levando em conta essa problemática, cabe fazer as seguintes distinções:

		Conhecida/desconhecida? ● *Estatuto da palavra*
Palavra oral	**Palavra escrita**	**Processo**
Conhecida	Conhecida	Reconhecimento possível
Conhecida	Desconhecida	Identificação necessária
Desconhecida	Desconhecida	Necessidade de conhecer o conceito novo

A necessidade de *identificar* a palavra, ao invés de apenas *reconhecê-la*, constitui para o leitor um obstáculo a ser ultrapassado através de um trabalho sobre o código. Assim se pode dizer que a leitura corrente, chamada por Barthes de "confortável", opera a partir do reconhecimento das palavras, ou seja, sobre uma matéria linguística conhecida. Ao contrário, quando o texto requer "identificações", o "regime" da leitura muda, exigindo operações suplementares.

Depois de ter feito uma primeira vez o trabalho de identificação, entretanto, o leitor deve adquirir a competência de economizar o

---

6. Para os conceitos de *identificação* e *reconhecimento* (cf. Jocelyne Giasson. *La compréhension en lecture*. Bruxelles: De Boeck, 1990. p. 39).

mesmo gasto cognitivo por ocasião de um novo encontro com a mesma palavra. Por isso a forma gráfica até então desconhecida deve passar a integrar o seu estoque de formas memorizadas. É nessa integração à memória que o treino sistemático se legitima. Quando essa memorização não ocorre, as crianças retomam incessantemente as mesmas operações fastidiosas no encontro subsequente com a palavra.

Nessa conquista do código e da integração mnemônica da forma gráfica das palavras, o educador ou o professor tem um papel fundamental. Ele deve, em primeiro lugar, proporcionar textos novos nos quais possam ser encontradas palavras novas, isto é, situações-problema, e assessorar o aprendiz na diversificação das suas estratégias de identificação. Em segundo lugar, cabe também a ele sensibilizar o aluno à necessidade de reter a forma das grafias, ajudando-o a construir suas próprias estratégias de memorização.

Seria redutor, contudo, considerar que todas as leituras que exigem operações sobre o código provocam somente desprazer. De fato, segundo Barthes, a leitura *aplicada*, erudita, pode produzir "gozo". Esse segundo regime de leitura integra, a nosso ver, uma dimensão heurística e pode oferecer às crianças, além do prazer de alcançar o sentido, a satisfação do conhecimento.

Sem dúvida, os regimes de leitura aqui mencionados — utilizei às vezes a metáfora *leitura a passeio* e *leitura a trabalho* — se referem a polos extremos; no cotidiano, o leitor muitas vezes navega entre ambos. Lendo correntemente, ele pode vez por outra parar e elucidar uma palavra estranha, ou, pelo contrário, deixar de resolver uma dificuldade lexical, pois "não lemos tudo com a mesma intensidade de leitura; um ritmo se estabelece, desenvolto, pouco respeitoso em relação à integridade do texto".[7] Podemos dizer que tanto na Creche quanto na escola estavam ausentes:

- a diversificação dos regimes de leitura: um no qual o leitor é confrontado com um texto cujas dificuldades correspondam às

---

7. Rolland Barthes. Op. cit., p. 17.

suas competências e outro no qual o leitor necessita ir um pouco além delas;
- um acompanhamento explícito de elucidação de índices gráficos que não fossem fonográficos.

Este regime *aplicado* pode ser ilustrado com O lobo, no qual o objetivo visado era o enriquecimento do código.

O lobo
Identificação da palavra pela coleção

Situação:
Durante sessão de empréstimo de livros da Oficina da Creche, enquanto a educadora atende a determinadas crianças e outras estão em situação de leitura autônoma, um menino de 6 anos entrega ao formador o livro *Quem tem medo de lobo?*, de Fanny Joly e Jean Noël Rochut, São Paulo, Scipione, 1989. Diante da coordenadora pedagógica o formador efetua uma intervenção "demonstração".

Processo de identificação da palavra

Processo:

☐ O diálogo entre a criança e o mediador assim se estabelece:

Criança: — Esse livro é *Quem tem medo de lobo*.

Mediador: — Você conhece o título?

Criança: — Conheço também os outros.

A última página do livro apresenta a coleção inteira. Mostrando com o dedo cada capa de livro, a criança diz, sem errar, dez títulos:

- Quem tem medo de lobo?
- Quem tem medo de extraterrestres?
- Quem tem medo de dragão?
- etc.

☐ A criança tem em mãos dois livros da coleção:

- *Quem tem medo de lobo?*
- *Quem tem medo de extraterrestres?*

Mediador: — Qual é o título deste e desse?

A criança dá as respostas certas.

Mediador: — Esses títulos estão escritos. Você pode me mostrar onde?

Intervenção de uma segunda criança que mostra os títulos.

Mediador: — Nesses títulos há coisas semelhantes, você pode me mostrar?

A criança mostra o início do título: "Quem tem medo".

Mediador: — Sim, aqui está escrito "Quem tem medo". Pode me mostrar o que é diferente?

A criança mostra as palavras "extraterrestres" e "lobo", mas, ao pronunciá-las, ela as inverte.

Mediador: — Esse livro fala dos extraterrestres?

Criança (se referindo à imagem): — Não, do lobo.

Mediador: — Mostre a palavra "lobo".

Criança: — Aqui.

Mediador: — Certo, você sabe ler "lobo". Você pode achar essa palavra dentro de uma outra página?

A criança mostra a ilustração do lobo numa página do livro.

Mediador: — O lobo está presente na imagem, mas você pode achar no texto?

Ela encontra de novo a palavra "lobo" em outras páginas.

Observações:

- A criança usa estratégias diversificadas, orientadas em direção ao sentido.
- Ela consegue identificar a palavra "lobo", utilizando vários recursos:
  - — sua capacidade de ler as imagens;
  - — a redundância entre a imagem e o texto;
  - — o seu conhecimento da história;
  - — o conhecimento da língua oral;
  - — sua capacidade de dedução *"como aquelas palavras são iguais, essa aqui não, a palavra diferente deve ser essa"*.

CAMINHOS DA ESCRITA

> • O questionamento do adulto sobre o texto orienta os procedimentos da criança
> • Após ter identificado a palavra "lobo" a partir do contexto rico (imagem, conhecimento da história, ajuda do adulto), a criança é solicitada:
>
> *na mesma sessão,*
> — a reconhecê-la em outras páginas do livro;
>
> *nos dias seguintes,*
> — a reconhecê-la dentro de um outro livro;
> — a copiá-la sob um desenho do animal;
> — a reconhecê-la fora de qualquer contexto.
> • Posteriormente à *identificação* deve intervir a memorização da forma escrita da palavra, condição necessária ao seu ulterior *reconhecimento*.

O diálogo acima mostra o processo de resolução de uma situação-problema, uma vez que esse texto requer não somente um tratamento, mas também a identificação de palavras desconhecidas. As etapas desse processo podem ser resumidas em:

• existência de uma tarefa: discriminar os livros;

• presença de um obstáculo: identificação da palavra "lobo";

• uso de estratégias diversificadas que recorrem a todos os níveis semióticos do texto;

• avaliação da adequação da resposta.

O exemplo ilustra bem a preocupação do mediador em privilegiar o sentido do texto. A ausência de questionamento sobre o alfabeto não pode, porém, ser interpretada como desconsideração do papel do código fonográfico. Com efeito, convém deixar em aberto a profusão dos códigos, pois o leitor eficiente sabe escolher a estratégia mais adequada ao texto e às suas próprias necessidades na busca da compreensão. Para conquistar uma tal eficiência, o jovem leitor deve experimentar a variedade das estratégias e exercitar uma determinada flexibilidade cognitiva.

Perguntas sobre o alfabeto, ao contrário, orientam a criança em direção ao código fonográfico. Uma tal orientação impõe ao aluno a rigidez de um caminho único, além de exigir uma análise fina, tanto do material oral quanto do significante escrito e da relação entre eles, análise essa que pode escapar às competências momentâneas da criança. Tivemos ocasião de verificar, no entanto, que esse tipo de questionamento vinculado ao código fonográfico acaba sendo o único levado a efeito pelas educadoras e pelos professores.

Consideramos relevante mencionar uma atuação realizada no Mange em parceria com uma professora dentro de uma 3ª série. Tínhamos passado por uma internação hospitalar durante alguns dias. Durante o período de afastamento da escola, as crianças nos enviaram cartas individuais para desejar um rápido restabelecimento. Respondemos coletivamente à turma, agradecendo a atenção. Como os alunos trabalhavam sobre o tema dos animais, juntamos à nossa carta uma imagem de *gambá*, perguntando aos destinatários qual era o nome daquele animal. Visitando a BEI, as crianças buscaram a resposta à nossa pergunta, até que alguns formularam a hipótese de que fosse um gambá.

Voltamos à escola e com a professora lançamos o processo denominado *O gambá*.

O gambá
O dizer como contexto

Situação:
Diante de uma professora de 3ª série apresentei o livro *A Joaninha Rabugenta*, de Eric Carle, Rio de Janeiro, Editora Nova Fronteira, 1998, do qual tirei a imagem do gambá. A narrativa tem uma estrutura repetitiva. Eis um fragmento do texto:

Às seis horas [joaninha] encontrou uma vespa:
"Ei, você", gritou a joaninha rabugenta. "Quer brigar?"
"Já que você insiste...", disse a vespa, mostrando o ferrão.
"Ih, você é pequena demais pra mim", disse a joaninha rabugenta, e voou para longe.

A cada hora que passa a joaninha rabugenta briga com um animal diferente:

"Às seis horas encontrou uma vespa";
"Às sete encontrou um besourão";
"Às oito horas encontrou um louva-deus";
"Às nove horas encontrou um pardal";
"Às dez horas encontrou uma lagosta".

Preparamos uma grande etiqueta com o texto seguinte:

"Às onze horas encontrou um gambá".

O gambá

Processo:
- ☐ Transmiti oralmente o início do texto, apresentando a joaninha rabugenta, personagem principal da história.
- ☐ Depois do parágrafo referente à lagosta, parei, fechei o livro e mostrei a etiqueta. "Às onze horas encontrou um gambá." As crianças aplaudiram.
- ☐ No dia seguinte, a professora retomou a mesma história. Nas passagens em que apareciam novos animais, procedeu como eu havia feito no dia anterior. Interrompia a transmissão vocal para mostrar uma etiqueta relativa ao novo animal:

    "Ao meio-dia encontrou uma cobra" etc.

□ Depois: um gorila, um rinoceronte, um elefante e por fim uma baleia.
□ A cada etiqueta as crianças diziam o texto como em um jogral.

Observações:

Tratamento do texto
- A situação era rica em afeto; tratava-se do meu afastamento da classe: a vontade de entender o texto era grande.
- As frases apresentadas eram novas e nunca tinham sido lidas pelas crianças.
- A recepção do texto era realizada alternadamente pela escuta e pela leitura; assim os fragmentos escutados criavam um contexto para a descoberta.
- As crianças conseguiram entender o texto desconhecido constituído por palavras conhecidas.

Identificação do código
- A cada encontro de um novo animal uma palavra nova precisava ser identificada.
- O contexto e a estrutura do texto induziam fortemente a identificação das palavras.
- A imagem do animal, exposta depois da leitura, permitia conferir a identificação realizada.
- Os aplausos constituíram uma avaliação positiva da leitura do termo "gambá" e tornaram supérflua a emissão vocal da palavra.
- Para entender o texto, as crianças realizaram duas tarefas:
  — o tratamento do fragmento exposto;
  — a identificação das palavras desconhecidas na escrita, mas conhecidas na oralidade.

Resumindo as situações de leitura apontadas, pudemos distinguir, de um lado, uma leitura *sem identificação*, "confortável", ilustrada pelo instrumento *O banho da baleia*. Por outro lado, destacamos uma leitura *com identificação*, "aplicada", presente em *O gambá*.

No segundo regime, as identificações são possibilitadas por um contexto forte e não podem ser numerosas, por várias razões. Cada palavra desconhecida ocasiona uma lacuna dentro do contexto e cada identificação de palavra freia o tratamento do texto. Assim, quando o texto apresenta palavras novas, o papel do professor é delicado e a ajuda deve se tornar precisa. Ele deve em primeiro lugar se valer do contexto facilitador, contexto este instalado pela situação, pela imagem ou pelo próprio texto, visto ou escutado. Cabe a ele também facilitar o processo através de um questionamento:

a. O que quer dizer?

b. Como você sabe?

A primeira pergunta orienta o aluno rumo ao sentido, isto é, solicita dele uma leitura na sua dimensão plena e não uma tarefa parcial levando em conta somente um aspecto do código, tal como na pergunta seguinte:

c. Qual é essa letra?

A pergunta (b) requer da parte do aluno uma postura metacognitiva, uma vez que se pede a ele para explicitar o funcionamento da escrita. Diversamente da pergunta (c), ela não privilegia um código específico. Infelizmente, muitas vezes o mediador possui em seu repertório apenas a pergunta sobre o código fonográfico (c).

Durante o processo de *identificação* cabe ao professor permitir ao jovem leitor multiplicar suas estratégias para realizá-la[8] levando em conta o código gráfico[9] inteiro: *imagem, contexto, frase, palavra, letra e som*. De fato, como já dissemos, a eficiência do leitor depende diretamente da diversidade das estratégias disponíveis e da pertinência da escolha.

Uma vez obtida a identificação, resta propor exercícios de fixação para possibilitar o *reconhecimento* subsequente da palavra. É a memorização que liberta o leitor da necessidade de identificar a palavra em cada encontro e deixa a sua capacidade cognitiva inteira disponível para o tratamento do sentido.

Assim, a escola deve propiciar etapas cada vez menos assessoradas, com passagem gradativa à leitura autônoma, para permitir ao

---

8. Nicole van Grunderbeeck. *Les difficultés en lecture*: diagnostic et pistes de intervention. Québec: Gaëtan Morin, 1994.

9. Distinguimos o código gráfico do código fonográfico. O primeiro, que inclui o segundo, possui uma extensão maior.

próprio leitor escolher seus textos e navegar sozinho entre os dois regimes de leitura, como faz o leitor experiente.

Escassez de livros

Se, para formar leitores a escola necessita de textos, a maior parte das instituições brasileiras, por falta de livros, não tem nenhuma condição de atingir a meta que a sociedade lhe atribui. A escassez de livros da escola, no entanto, não é fruto unicamente da pobreza do orçamento do sistema educacional. Ela é também o resultado de uma concepção de aprendizagem fundamentada em duas crenças:

- o professor deve ensinar à criança mais do que induzir que ela aprenda por si mesma; a resolução de problemas pela criança se torna assim secundária na vida da escola;

- para saber ler, é necessário ter sido alfabetizado com sucesso. Consequentemente, a escola deve se dedicar com urgência à alfabetização, antes de poder propor a leitura.

Essa crença partilhada pelo corpo social não leva a comunidade escolar a lutar para criar bibliotecas dentro da escola. O trabalho realizado na BEI do Mange reforça o ponto de vista segundo o qual é necessário agir dentro da comunidade para suscitar a necessidade do livro. A criação de uma biblioteca constitui resposta a uma demanda: o professor sem livros pode, antes de mais nada, iniciar esse processo.

Gostaríamos de expor algumas atividades que permitem, apesar da escassez do livro, criar situações de leitura junto às crianças. Já mencionamos a criação pelo professor de textos curtos *instigantes* realizados a partir das palavras conhecidas pelas crianças. Ao final de uma formação recebida em Tetuán no norte do Marrocos, docentes em situação profissional difícil, perdidos nas montanhas do *Rif*, em escolas de pobreza extrema, passaram a escrever textos cotidianos vinculados à vida da classe e expostos cada manhã no quadro-negro.

Uma segunda resposta à escassez de livros é a instalação de um acervo temporário. Em *Mala de couro* mostramos como o empréstimo de livros foi viabilizado nas precárias condições de ensino do *Rif* marroquino.

Mala de couro
Biblioteca circulante

Situação:
Doze maletas de couro fabricadas por um artesão local. Um conteúdo constituído de:
- vinte livros;
- uma "estante" de tecido a ser afixada, deixando aparecer a capa dos livros;
- um caderno pedagógico descrevendo atividades possíveis.

Processo:
☐ 1º tempo
Doze professores compareçam ao CDP para receber durante três dias uma formação possibilitando o uso da maleta.

☐ 2º tempo
Cada professor volta à sua escola e utiliza a maleta de livros durante seis semanas.

☐ 3º tempo
Os professores voltam ao CDP durante três dias trazendo as maletas e transmitem sua experiência a 12 outros professores.

☐ 4º tempo
Cada um dos 12 novos professores volta à sua escola para utilizar a maleta durante seis semanas.

Observações:
- O número de livros da maleta é previsto para permitir a relação "uma criança, um título".
- O fato de haver apenas 20 alunos por classe se deve ao isolamento das escolas na montanha.
- A utilização dos livros é acompanhada por uma formação.
- Uma sessão de troca de experiências e de avaliação é sistematizada neste processo.

Essa circulação de malas, depois da experimentação de Tetuán, foi estendida às escolas do Marrocos inteiro. A maleta contém agora, além de livros de literatura infantojuvenil, dossiês sobre um tema local: a oliveira, a gruta, o porto etc. Esses documentos realizados por professores com seus alunos são constituídos de fichas a serem utilizadas concomitantemente pela classe inteira e são ricamente publicados pelo Ministério da Educação.

Expomos em *Sucata* um terceiro modo de minorar a lacuna de livros, formulado no mesmo Centro.

Sucata
Criação de fichas de leitura

Situação:
Durante estágio de formação, um grupo optou por realizar um projeto de fabricação de material de leitura a partir de antigos livros recuperados em escolas vizinhas.

Processo:
☐ Coleta de antigos manuais de leitura aos quais se "deu baixa" e constituição de pares de livros idênticos (A e B).
☐ Escolha de fragmentos curtos (duas páginas) de textos literários interessantes.
☐ No caso de textos com duas páginas impressos em frente e verso, recorte do mesmo texto em A e B.
☐ Colagem da primeira página do texto do exemplar A sobre a frente de uma ficha de cartolina.
☐ Colagem da segunda página do texto do exemplar B sobre o verso da mesma ficha.
☐ Classificação da ficha assim realizada em uma caixa.

Observações:
- Os professores estavam entusiasmados por terem entendido a importância da recepção dentro do processo de aprendizagem da escrita.
- Eles projetaram iniciar uma sensibilização à necessidade da presença de textos dentro da escola junto aos colegas, pois passaram a considerar a criação de uma biblioteca como uma necessidade pedagógica.

O trabalho de formação dentro de uma política de bibliotecas escolares parece primordial, qualquer que seja a fase de constituição do acervo:
- antes, para suscitar uma demanda a que a biblioteca atenderá,
- durante, para que os professores participem da elaboração,
- depois, para sua apropriação, nunca concluída.

Gostaríamos agora de apresentar dois projetos em torno da leitura gerados em oficina na Creche. O desenrolar de ambos corresponde a procedimentos preconizados pelos PCNs. A descrição de cada um deles permitirá evidenciar a diversidade que os caracteriza.

Dois processos: exercício ou leitura

Uma equipe formulou o projeto de *explicitação do código* através da identificação de índices: títulos, parágrafos, palavras, maiúsculas, minúsculas, dirigido a um grupo heterogêneo de oito crianças entre G4 e G6. *Início da história?* descreve o cerne do processo.

Início da história?
Identificação de índices

Situação:
As mediadoras escolhem um livro que as crianças conhecem:
A casa sonolenta, de Audrey e Don Wood, São Paulo: Ática, 1999.
Efetuam uma nova apresentação da história através da projeção de slides reproduzindo as páginas duplas do livro.
Essa apresentação constitui a primeira sessão de um conjunto de três.

Processo:
☐ 1ª sessão
- *Exposição do primeiro slide e diálogo*
  Mediador: — Onde está o nome da história?
  Todos: — É *A casa sonolenta* na capa.

> *Mediador:* — Onde está escrito?
> *Élio:* — Nas letras pretas.
> *Daniella:* — No vermelho.

Depois todos concordam que o nome está nas letras pretas.

> *Mediador:* — Onde está escrito quem escreveu? Com que tipo de letras? Esse livro fala dos extraterrestres?

- *Exposição do segundo slide e diálogo*
> *Mediador:* — É igual à capa?
> *Daniella:* — Não, porque não tem árvore.
> *Giovanni:* — As letras são em branco.
> *Luiz:* — Não tem a grade.

- *Exposição do terceiro slide e pergunta*
> *Mediador:* — E agora a história já começou?
> *Outras:* — Já começou.

As crianças identificam erradamente a aparição da escrita como o início da história: trata-se da referência bibliográfica do livro (paratexto).

- No início da história
> *Mediador:* — O que está acontecendo?
> *Élio:* — Está começando a história.
> *Daniella:* — Ao lado está chovendo e o portão está aberto.

A mediadora transmite vocalmente a história, página por página. As crianças repetem os fragmentos conhecidos em coro. A mediadora pede para que venham apontar com o dedo na tela *"A casa sonolenta"*. Elas observam que há repetições ao longo do livro.

- *No fim da história*
> *Mediador:* — Qual é a diferença entre essa página e a primeira?
> *Luiz:* — Está de dia.
> *Guilherme:* — Eles estão acordados.
> *Daniella:* — A janela está fechada.
> *Guilherme:* — Todo mundo está feliz. Todo mundo está feliz.

☐ 2ª sessão

Descoberta do parágrafo

☐ 3ª sessão

Dramatização da história descrita à p. 236 (ver no caderno de fotos).

Observações:
- O livro, que contém fragmentos que se repetem, é conhecido e apreciado pelas crianças. Elas conhecem de cor o refrão e gostam de dizê-lo em coro, como em um jogral.

CAMINHOS DA ESCRITA

- Já que se trata de livro conhecido, não é suscetível de ser lido no sentido estrito.
- A mediadora questiona as crianças para elas explicitarem os meios usados:
  — O que vocês estão vendo?
  — O que está escrito?
  — O que é diferente?
- Jogo de hipóteses: o que vai aparecer na página seguinte?
- Elementos identificados claramente:
  — as palavras "Casa sonolenta" do título;
  — a retomada de uma parte da imagem da capa na primeira página;
  — aparição do texto e distinção imagem/texto;
  — a expressão "casa sonolenta" repetida em cada página.
- Elementos identificados parcialmente:
  — letras minúsculas/maiúsculas.
- Elementos não identificados:
  — o início da história. Esse erro manifesta a competência da criança em ligar o texto escrito ao texto sonoro dito pelo mediador. De fato, a pessoa que diz uma história não dá as referências bibliográficas.
- Motivação
  — novidade da situação: texto na parede (Luiz vai se colocar atrás da tela). Fascinação pelas luzes e sombras projetadas;
  — semelhança com jogral: as crianças gostam de repetir o refrão.
- A mediadora compreendeu o processo de questionamento do texto, pois usou perguntas abrangentes:
  — remetendo ao sentido,
  — deixando à criança a escolha do tipo de índice.

As educadoras pediam às crianças para justificarem suas respostas. Essa atividade proposta a um grupo heterogêneo de crianças do G4, G5 e G6 era mais conveniente para as mais velhas, como foi avaliado pelas próprias educadoras. A sessão descrita permitiu, no entanto, às crianças mais jovens que descobrissem o interesse dos mais velhos pelo texto. A segunda sessão, porém, foi excessiva para elas, pois o foco sobre a descoberta dos índices as afastava da história. Na terceira sessão o envolvimento com a dramatização foi unânime.

Apesar de esse procedimento ser valioso, não podemos identificá-lo como um processo de leitura, pois as crianças conhecem o texto e não precisam realizar as operações cognitivas necessárias à construção do sentido. Por isso, a motivação desse trabalho não pode ser a descoberta do texto; ela reside na novidade do processo e no prazer da repetição vocal. O trabalho da criança sobre o código é solicitado pelas educadoras e não pela necessidade de entender o texto. Trata-se de identificar elementos visuais do texto visto correspondentes a elementos do texto sonoro.

Essa situação nunca é encontrada na vida social. Por isso é, a nosso ver, um exercício escolar, uma situação de ensino mais do que de aprendizagem; construída pelas educadoras, ela é um verdadeiro instrumento pedagógico. O processo de identificação é preconizado pelos PCNs. Sua eficácia, no entanto, depende da conjugação com situações de leitura em sentido estrito, pois o processo permite apenas explicitar e estruturar descobertas já realizadas no ato de ler.

É importante destacar a relevância da escolha do projeto pelas educadoras, apesar das reservas quanto à pertinência da idade das crianças. Elas elaboraram um instrumento didático que poderá no futuro ser mais bem utilizado.

Depois da emergência de um tal processo, passamos a ter como preocupação fazer os responsáveis tomarem consciência do seu porte. Daí em diante, nosso papel consistiu em sensibilizar as educadoras à necessidade de oferecer às crianças um processo análogo, mas a partir de um texto desconhecido, isto é, sensibilizá-las à construção de um outro instrumento, que proporcionasse situações de leitura. A formulação do procedimento acima descrito, no entanto, já tinha permitido avançar consideravelmente nosso cerco à leitura.

Uma segunda equipe formulou um projeto integrado de sensibilização das crianças do G6 a uma outra cultura, através da confecção de um "creme catalão". Esse projeto incluiu uma sessão exemplar de *descoberta de um texto novo*, isto é, uma verdadeira situação de leitura. A escolha do objeto a ser realizado se deveu ao fato de que a funcionária encarregada do cardápio da Creche participava da equipe e também à presença na classe de Kaori, filha de pai espanhol e mãe japonesa. *Uma receita para cozinhar* mostra como um tal projeto pôde provocar a leitura.

É importante destacar que, após várias tentativas das educadoras, este último instrumento formulado no final do processo de formação consegue instaurar um verdadeiro procedimento de leitura. *Início da história?* constituiu uma dessas tentativas na aprendizagem das educadoras mas, apesar de ter sido útil, não chegou a contemplar um objetivo de leitura no sentido estrito.

Uma receita para cozinhar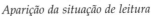
Aparição da situação de leitura

Situação:
Três educadoras propõem se valer de uma estrutura familiar multicultural para sensibilizar as crianças do G6 à cultura espanhola. A receita de cozinha escolhida é o "Creme catalão", registrada em *Os pequenos cozinheiros. Livro de cozinha do mundo inteiro para rapazes e raparigas*, de Jean Christophe Raufflet e Valérie Pettinari, Unicef, s.l., s.d.
As crianças são convidadas a fazer o creme catalão e a oferecê-lo aos pais.
O material reunido pela equipe é constituído de: uma fita de canções espanholas, um chapéu de fidalgo, um globo, um painel com receita ampliada proveniente do livro.
Um painel reproduzindo a página dupla do livro ampliada é fabricado para permitir uma leitura coletiva.

Processo:
Três sessões são programadas:
☐ 1ª sessão
 • Descoberta da cultura: música, língua espanhola, localização da Espanha no globo, tourada, cozinha.

☐ 2ª sessão (momento de leitura)
 • Apresentação da receita ampliada e colada em cavalete: "O que é isso?".
 • Uso das perguntas rituais:
 "O que quer dizer?";
 "Como você sabe?";
 "Está apenas na imagem?".
 • Descoberta do texto com as perguntas:
 "Quais são os ingredientes necessários?";
 "Quais são as etapas de fabricação?".

- Quando as crianças esgotam as possibilidades de entender o documento, a educadora oferece a resposta ao problema de escrita encontrado.

☐ 3ª sessão
- As crianças são reunidas na cozinha, onde se encontram os ingredientes e o cavalete com a receita exposta.
- As crianças dão instruções relativas à receita às cozinheiras.
- O creme é oferecido aos convidados.

Observações:
- Na segunda sessão ocorre o **primeiro aparecimento** de uma verdadeira situação de leitura dirigida pelas educadoras dentro da Creche, com as características destacadas anteriormente:
  — um texto desconhecido,
  — uma motivação para lê-lo,
  — um processamento ideovisual,
  — a construção do sentido.
- A leitura é motivada pelo desejo de realizar o creme: leitura funcional (alvo da criança).
- Essa leitura é integrada a um processo mais amplo que envolve o interesse das crianças e lhe confere sentido: confeccionar uma sobremesa estrangeira. Estamos dentro de uma pedagogia do projeto.
- A mensagem é composta de duas matérias: imagem e texto.
- A compreensão do texto supõe os dois "regimes" de leitura:
  — seu tratamento a partir de elementos conhecidos;
  — a identificação de elementos desconhecidos.
- As crianças não conhecem o sentido antes de abordar o documento; é por isso que elas precisam "tratá-lo".
- A identificação dos elementos desconhecidos do código é legitimada pelo desejo de compreendê-lo e de cozinhar um creme.
- A descoberta é guiada pelas educadoras, que deixam as crianças escolherem suas estratégias e, sobretudo, utilizarem as ilustrações.

Ao compararmos os dois últimos instrumentos, gerados em projetos na Creche, verificamos que eles se distinguem entre si em dois níveis:

- no nível do tratamento do texto: em *"Início da história?"* ele não ocorre, uma vez que as crianças já conhecem a história; em *"Uma receita para cozinhar"* ele acontece, pois as crianças não conhecem a receita e devem "tratá-la" para entendê-la e realizá-la;

- no nível da identificação dos índices: em *"Uma receita para cozinhar"* as operações efetuadas sobre o código são legitimadas pelo tratamento e entendimento da receita, na perspectiva do convite aos pais; em *"Início da história?"* elas são simplesmente exigidas pela educadora.

O desejo de cozinhar o creme catalão implica recorrer a estratégias de leitura, exatamente como o cidadão faz em inúmeras atividades sociais. Se *"Início da história?"* é sobretudo um exercício intelectual, *"Uma receita para cozinhar"* enraiza as operações cognitivas em uma práxis.

Através desse encaminhamento de leitura nosso objetivo de formador acabava de ser atingido. Assim, na Creche, onde já ocorriam tantas situações não acompanhadas de leitura, havia surgido algo a mais: um processo *dirigido* que ultrapassava o caráter *espontâneo* da aprendizagem habitualmente propiciada.

As educadoras podem agora acompanhar, facilitar, orientar essa aprendizagem, isto é, intervir na construção das competências de leitor, mediante uma ação profissional pertinente. Através dessa experiência, o conjunto das educadoras realizou um salto qualitativo, passando de um papel de testemunha para um papel de ator da aprendizagem da língua escrita.

Sem recusar as atividades existentes (culturais, linguísticas, tais como a produção do texto e sua transmissão vocal), mas, pelo contrário, concorrendo para legitimá-las e multiplicá-las, nosso objetivo era trabalhar pelo aparecimento de situações de aprendizagem que apenas a biblioteca, seu espaço e seu acervo podem propiciar.

As atividades constitutivas da comunicação escrita estão agora presentes no conjunto dos estabelecimentos (mas não em cada um deles), pois as lacunas até então existentes foram preenchidas. Será possível a partir desse momento estruturá-las e hierarquizá-las, para que sejam configuradas numa abordagem pedagógica coesa, conferindo à prática o máximo de eficiência.

O caminho do texto ou a integração espacial

Através desse percurso pelas práticas dos estabelecimentos, pudemos observar que o papel da biblioteca não pode se reduzir ao espaço físico que ela ocupa. De fato, à medida que sofre um processo de apropriação pelos docentes, ela deixa de ser um espaço isolado. Pudemos observar que, no Mange, ela não só se integrou ao resto da escola, mas tornou-se, em si mesma, um fator de integração. Se a leitura hoje começa a ser uma prática naquela instituição, a razão principal dessa mudança é a presença da Biblioteca Escolar Interativa.

Graças a seu equipamento em livros, em meios audiovisuais e informáticos, o local se torna o espaço privilegiado da recepção da informação. No entanto, conforme verificamos, a recepção do texto não pode ser compreendida como passiva, mas deve ser encarada como uma construção. A informação lida já é tratada, avaliada, criticada, integrada e dessa forma envolve a experiência inteira do leitor, desencadeando nele uma *primeira resposta*, dentro do processo interativo visado pela BEI. Quando, em seguida, o então receptor — auditor ou leitor — transmite vocalmente o texto aos ouvintes, submetendo-o a uma metamorfose, transforma-se em locutor, o que configura uma *segunda resposta*. Essa nova compreensão do texto pela escuta é uma *terceira resposta*; se ela for depois compartilhada com os outros através de comentários, tratar-se-á então de uma *quarta resposta*.

Mas não podemos aceitar que entre a produção social da escrita e a recepção pelo leitor exista uma ausência total de reciprocidade: uns escreveriam e outros leriam. A recepção da informação provoca nos leitores uma *quinta resposta*: a produção de textos pelos alunos. Esta se inicia coletivamente na sala de aula, originando um primeiro objeto. Em seguida, na mesma sala de aula essa primeira produção

CAMINHOS DA ESCRITA

vai servir como matriz à produção de textos individualizados, *sexta resposta*, graças à atividade de reescrita.

Esses novos textos vão transitar até à sala de informática para serem digitados, editados, impressos. Nela, o manuscrito passa a ser texto impresso, ganhando qualidade editorial e, consequentemente, legibilidade. Quando essa sala receber uma linha telefônica, será possível a realização de correspondência eletrônica por internet. A escola Mange, confinada entre três favelas na periferia oeste de São Paulo, estará ligada aos outros continentes tão facilmente quanto a escolas do mesmo bairro.

Editados e impressos com qualidade, expostos nos painéis dos corredores e do pátio, esses textos poderão enfrentar o olhar dos colegas e seu julgamento, isto é, deparar-se com leitores. Esse encontro metamorfoseará, então, o produtor em autor. Por ter compreendido a necessidade da publicação, a diretora da escola propiciou a pintura de retângulos nas paredes, de modo a servirem de suporte à exposição. A publicação nos muros da escola possibilita aos leitores potenciais uma *sétima resposta*.

Enfim, fechando o círculo, enquanto parte dos textos será restituída a seus autores, outros poderão ganhar determinada longevidade ao serem guardados na biblioteca para futuros leitores.

Assim, as atividades geradas e geridas pela biblioteca transitam através dos diversos espaços do estabelecimento, ultrapassando os limites impostos pelas paredes e cumprindo uma verdadeira integração. Essa cadeia de respostas suscitadas pela prática da informação constitui um aspecto da interatividade possível da biblioteca.

As metamorfoses da escrita constituem o foco da nossa abordagem. No entanto, cada etapa descrita pode se revestir de outras formas, tal como a imagem ou a oralidade, mediante uma diversidade de suportes cada vez mais ampla: fax, CD-ROM, DVD ou telefone celular. Hoje a escrita é apenas uma peça, mas peça essencial dentro do quebra-cabeça constituído pelos meios da informação contemporânea a serem dominados pela escola, de acordo com o conceito de "Info-Educação"[10] de Edmir Perrotti.

Essa cadeia de relações escritas é sintetizada em *O caminho da escrita*.

O caminho da escrita
Seis espaços

Situação:
A BEI está instalada em frente à Sala de Informática. As duas orientadoras desta última transformaram o *hall* que separa as duas salas em ambiente de exposição de textos.

Processo:
☐ Na Biblioteca Escolar Interativa: leitura
  Documentos *lidos*: Exemplo: livro de imagens sobre a baleia.
☐ Na sala de aula: produção do texto coletivo
  Texto *produzido*: Exemplo de título: "O tamanho da baleia".
☐ Na sala de informática: digitação dos textos individualizados:
  Diversos textos diferenciados *reescritos*: Exemplo de títulos:
  — "O tamanho da baleia brava",
  — "A baleia que quer emagrecer".
☐ Nas paredes dos corredores: exposição dos textos
  Exemplo: todos os textos sobre a baleia.
☐ No palco, na BEI, no pátio, nas escadas: proferição dos textos
  Exemplo: alguns textos escolhidos
☐ Na BEI: conservação dos textos
  Exemplo: "A baleia que quer emagrecer", selecionado.

Observações:
• caminho do texto percorre diversos espaços da escola: **BEI — Sala de aula — Sala de informática — Pátio — Corredores — Escadas**
• Ao encontrar leitores, o texto exposto se torna público.
• Graças aos leitores o produtor se transforma em "autor".

---

10. Conceito elaborado para o IV Colóquio Brasil-França do Proesi/ECA/USP, 26-27/10/2000.

CAMINHOS DA ESCRITA

A BEI deixa de ser uma ilha dentro da escola na medida em que os documentos lidos dentro dela se tornam a origem do caminho do texto através dos diferentes espaços. Nesse esquema,

1) a dimensão interativa da biblioteca está em funcionamento, pois ocorre:

- interação entre os textos da sociedade e a resposta das crianças;
- interação entre o mediador e os alunos;
- interação entre os alunos;
- interação entre os alunos produtores de escrita e o conjunto da comunidade escolar, receptor de textos.

2) o procedimento proposto pelos PCNs é contemplado, já que a produção de textos é uma resposta à recepção, isto é, à leitura.

As metamorfoses do texto ou a integração temporal

Essa cadeia instaurada através das metamorfoses sofridas pela escrita contribui para que o aluno compreenda o mundo da informação escrita, ainda novo para ele. Escolas dotadas de biblioteca podem propor uma aprendizagem mais profunda através das metamorfoses do texto. Nesse sentido, podemos usar a metáfora da verticalidade, assim como tínhamos falado de integração horizontal no tocante aos espaços.

A experiência do Mange com as características que descrevemos, algumas partilhadas com outros estabelecimentos, outras completamente singulares, revela uma metodologia de conquista da língua escrita e do tratamento da informação pelos mediadores.

Podemos apresentá-la através da síntese *Aprender a escrita usando textos*.

Aprender a escrita usando textos
Oito etapas

ETAPA A
Prática social, leitura com identificação

Situação:
Presença de um texto novo constituído por matéria em parte conhecida e em parte desconhecida, proveniente da literatura infantojuvenil.
Desejo de entendê-lo.

Processo:
Tratamento do texto através de operações cognitivas.
Identificação dos elementos desconhecidos através de estratégias diversificadas.
Explicitação das estratégias: uso do conhecimento do mundo, da língua oral, da língua escrita, da imagem, do contexto, da gramática do texto, das relações fonográficas.
Compreensão do texto.

ETAPA B
Prática escolar, treino

Situação:
Memorização da forma das palavras:
- manuseio das palavras;
- jogos de observação;
- escrita das palavras.

Processo:
Explicitação dos códigos dos textos através de seus diversos níveis.

ETAPA C
Prática social, leitura sem identificação

Situação:
Presença de um texto novo constituído por matéria conhecida encontrado no acervo ou produzido pelo professor.
Motivação: desejo de entendê-lo.

Processo:
Tratamento do texto através de operações cognitivas.
Explicitação das operações cognitivas.

ETAPA D
Prática social, produção de texto coletivo

Situação:
Desejo coletivo ou necessidade de escrever.

Processo:
Elaboração coletiva de um texto narrativo ou funcional com a participação do professor.

ETAPA E
Prática social, reescrita do texto

Situação:
Desejo pessoal ou necessidade de escrever.

Processo:
Elaboração de texto individual a partir do texto matricial, com a ajuda individualizada do professor.

ETAPA F
Prática social, edição do texto

Situação:
Desejo de produzir um objeto acabado.

Processo:
Digitação do texto individual com a ajuda individualizada da orientadora da Sala de Informática.

ETAPA G
Prática social, publicação

Situação:
Desejo de ser entendido.

> **Processo:**
> Transmissão do texto pela voz aos colegas da classe: *publicação sonora.*
> Exposição do texto no *hall* ou no pátio para a escola inteira: *publicação visual.*
>
> **ETAPA H**
> *Prática social, conservação*
>
> **Situação:**
> Desejo de ser lido.
>
> **Processo:**
> Classificação na BEI.

Mediante esses dois últimos esquemas "O caminho do texto" e "As metamorfoses do texto" convidamos o usuário da biblioteca para se deslocar através dos diversos espaços da escola e para mergulhar nas mudanças sofridas pelo texto.

Essa articulação das atividades da informação entre si, através dos espaços que elas conquistam e das metamorfoses que elas produzem, constitui uma metodologia que nos parece adequada aos recursos oferecidos pela BEI. Assim sendo, podemos afirmar que essa metodologia é marcada pela singularidade dos estabelecimentos a partir dos quais ela foi formulada e teorizada. Trata-se, portanto, de princípios metodológicos forjados dentro dos laboratórios do Proesi e enriquecidos pela experiência em duas outras instituições com sua organização, seus espaços, seus recursos materiais (acervo, ambientes, máquinas eletrônicas etc.) e toda a diversidade de seus recursos humanos: bibliotecários, educadores, professores, funcionários, bolsistas e pesquisadores.

Conclusão

Criança leitora na BEI

Chegamos ao final de um percurso que nos fez mergulhar nas práticas de vários serviços de informação. A Oficina da Creche e a Biblioteca Interativa da Escola Mange formam o núcleo deste estudo, ao passo que a experiência dos outros três estabelecimentos teve como função estender o leque da diversidade de nossas referências. Essa diversidade é assim marcada pela faixa etária atingida (criança, jovem, adulto, idoso), pelo estatuto do estabelecimento (público ou particular), pela natureza do seu público (cativo ou não), por sua função (ensino ou cultura), pela especificidade do acervo e sobretudo pelo conceito que norteou sua instalação e guia seu funcionamento. Em relação a este último aspecto cabe destacar a especificidade do paradigma de interatividade proposto pelo Proesi/USP, que, a partir da experiência da Creche Oeste e do Mange, vem dando origem a várias bibliotecas interativas na Grande São Paulo. A complementaridade entre as instituições possibilitou a constituição de um conjunto coerente de instrumentos de apropriação de uma biblioteca escolar, suscetível de servir de referência a profissionais de outras instituições.

Nossa atuação foi feita em três tempos: um primeiro, de identificação das práticas existentes; um segundo, de socialização; e enfim um terceiro, de criação de novas práticas, que conduziu a situações de leitura propriamente ditas. Mostramos que a terceira etapa só poderia ocorrer se a primeira tivesse sido conduzida com êxito. Foi essa primeira etapa que nos permitiu localizar a existência da maior parte das situações de escrita e legitimá-las, em seguida socializá-las e, por fim, nos revelou suas lacunas. Através de estratégias adaptadas e diversificadas, implantamos as tão buscadas situações de leitura.

Tradicionalmente a introdução de uma biblioteca na escola permite às crianças alfabetizadas extraírem benefícios de seu domínio da língua escrita. Assim, de um lado, elas podem descobrir as riquezas da literatura e, de outro, pesquisar a informação armazenada para enriquecer seus conhecimentos em vários campos disciplinares. São essas as duas funções que as bibliotecas escolares tradicionalmente exerceram. Aquela utilização de livros pelos alunos, porém, ficava submetida à condição de que soubessem ler. Essa biblioteca só podia, portanto, mostrar sua eficiência se as crianças tivessem, anteriormente, atravessado com sucesso o longo processo de aprendizagem da leitura.

Na França, no entanto, a explosão da literatura infantil nas três últimas décadas iria abalar essa concepção. Dentro do livro a imagem se tornou o primeiro meio de entendimento da história e o início do letramento deixou de corresponder à alfabetização. Oferecer livros a crianças muito pequenas é hoje prática tão corrente que o encontro entre a criança e a literatura se efetua antes dos seis anos, idade da aprendizagem formal da leitura. Alguns professores pioneiros começaram a introduzir livros de literatura desde os primeiros anos de escolaridade e, logo a seguir, na escola maternal. A utilização compulsória da voz pouco a pouco cedeu lugar à conquista da leitura silenciosa, que se tornou objetivo de aprendizagem.[1] Além da França[2] também nos Estados Unidos[3] a exigência de pré-requisitos antes da aprendizagem da leitura foi colocada em xeque e passaram a ser preconizadas aprendizagens precoces. A biblioteca escolar ganha então um novo impulso e essa mutação social iria acarretar transformações nas funções a ela atribuídas.

No Brasil a trajetória parece semelhante. A literatura infantojuvenil está em pleno desenvolvimento; autores brasileiros com talento se multiplicam; inúmeras editoras tentam conquistar o mercado. Traduções de livros de sucesso na Europa são publicadas a preços reduzidos, uma vez que o custo com o material de fotocomposição

---

1. Jean Foucambert. *La manière d'être lecteur.* Paris: Sermap, 1976.

2. Rachel Cohen. *Plaidoyer pour les apprentissages précoces.* Paris: PUF, 1982.

3. Dorman. *Apprenez à lire à votre bébé.* Paris: Plon, 1975.

CAMINHOS DA ESCRITA

fica amortecido. Uma clientela de classe média já está constituída, o que beneficia os autores nacionais.

Desse modo, o livro deixa de ser apenas um meio para exercer uma competência anteriormente adquirida: ele, em si mesmo, transforma a aprendizagem. Quando colocadas desde muito cedo em contato com o livro, as crianças descobrem o funcionamento da escrita bem antes da alfabetização. Essa mudança na sociedade provoca efeitos sobre a escola. Como então hoje o professor poderia programar inteiramente a aprendizagem da escrita, se seu início escapa ao seu controle? A criança de fato não começa mais sua aprendizagem da escrita pelo estudo das vogais, já que sabe identificar os títulos de seus livros preferidos e os nomes dos personagens que contêm. Assim, não é mais o professor que impõe seu programa, mas é a experiência adquirida pela criança em sua relação com o livro que constrói uma nova progressão. Os PCNs levam em conta hoje essa mudança social e propõem uma outra abordagem: favorecer e explorar a frequentação do texto pela criança, o que significa introduzir uma pedagogia da *recepção*.

Ao longo de nossa investigação pudemos destacar novas práticas que descortinam o mundo da literatura infantojuvenil às crianças, observando as transformações que originam. A diversidade dos estabelecimentos analisados permite inferir que essas mudanças não são comuns apenas a eles, mas se encontram também em outros. Quando os livros fazem parte do cotidiano das crianças há anos, como na Creche, elas manuseiam livros, concentram-se neles, falam deles, escutam histórias, escrevem textos. A escrita produzida ocupa as paredes disponíveis e se oferece aos olhos dos integrantes da comunidade escolar. A manipulação de textos acaba se integrando a outros meios de comunicação ou expressão, tais como às artes plásticas e à música.

Por vezes a educação infantil se nega a iniciar a alfabetização antes da escolaridade obrigatória, apesar das pressões exercidas pelos pais. Tal recusa em antecipar o programa da escola fundamental constitui uma medida de prudência, uma vez que ela continua sendo mais marcada por seu caráter de ensino do que de aprendizagem. Essa atitude, no entanto, poderia ser flexibilizada em determinadas ocasiões, de modo a integrar uma dinâmica que solicitasse e conduzisse mais a criança. Pudemos exemplificar a questão ao longo destas páginas.

Com efeito, a familiaridade com livros permite às crianças fazerem observações, analogias, induções, inferências e descobrirem sozinhas uma parcela do código da escrita. Os hábitos criados pelas crianças em função da introdução de uma biblioteca no estabelecimento entram em conflito com representações sobre a aprendizagem construídas pelas educadoras a partir de uma experiência profissional marcada pela ausência de livros. Imbuídas da ideia de que a introdução do código alfabético seria o elemento deflagrador da aprendizagem da leitura, as educadoras nem sempre percebem o alcance das descobertas infantis em relação aos outros códigos gráficos. De fato, muitas vezes elas não possuem os meios teórico-práticos que lhes permitiriam identificar como competências de leitor, procedimentos de construção de sentido utilizados pelas crianças. Não podem, portanto, valorizá-los ou sistematizá-los junto à criança que os utilizou, nem tampouco socializá-los junto às outras.

Assim, a prudência no que diz respeito a um ensino sistemático não deve conduzir à recusa em identificar, solicitar e provocar as competências das crianças em contato com livros. Cabe ao mediador construir situações de leitura adequadas às capacidades infantis, tendo em vista engendrar um contexto fértil em torno dos textos.

Além disso, ele deve saber questionar o leitor iniciante sobre o sentido do texto e da imagem e sobre seus processos de descoberta. A pergunta dupla "O que quer dizer?" e "Como você sabe?" poderia ser o "abre-te sésamo" da entrada na escrita. Uma abordagem nesses termos implica uma postura em última análise menos voltada para procedimentos de caráter analítico do que aquela exigida pela produção de um texto escrito ou por determinadas práticas de outras disciplinas.

A implantação de uma BEI numa escola fundamental provoca, também, desequilíbrios. O fato de que os livros se apresentam apenas em um exemplar por título perturba os professores, que se perguntam como atuar com trinta e cinco títulos, em vez de apenas um. A informação passa de um estado de raridade a outro, de abundância. A relação uma criança/um título, que às vezes profissionais da educação

CAMINHOS DA ESCRITA

infantil sabem coordenar, ainda não é dominada por professores da escola fundamental. Sem dúvida, é bastante paradoxal que junto a crianças não alfabetizadas a leitura autônoma seja uma prática corrente, enquanto na escola responsável pela alfabetização ela ainda se encontre balbuciante. Gradativamente, porém, os docentes compreendem a necessidade de estender suas competências profissionais e de integrar outras práticas pedagógicas a uma outra organização da classe, tarefa nem sempre evidente. O professor busca então meios para responder à solicitação de promover a confrontação de cada indivíduo com um texto diferente.

De modo geral, a experiência dos professores parece maior no domínio do coletivo do que das individualidades. Na maior parte dos casos, eles sempre trabalharam com classes grandes e sabem dominar melhor a transmissão vocal de um texto para o conjunto dos alunos, do que deixá-los em silêncio por alguns poucos instantes, em confronto com o livro. Recorre-se quase sempre de maneira exclusiva à produção de textos. A quantidade de estudantes, entretanto, torna difícil o acompanhamento individual durante a aula e o tempo restrito dos docentes — raros são os que atuam em apenas uma escola — torna inviável a correção. Desse modo, a prática mais frequente é a produção coletiva de texto, da qual eles sabem extrair benefícios pedagógicos. Lamenta-se, contudo, a ausência de uma prática coletiva voltada para a recepção. A descoberta do texto pela classe inteira — prática que seria paralela à produção coletiva de textos —, uma vez conduzida por um questionamento adequado por parte do professor, poderia preencher essa lacuna.

Um traço comum ao nosso ensino é o fato de que as situações de *produção* sejam mais enfatizadas do que as de *recepção*. Pudemos demonstrar como a dificuldade de tratamento do texto, em vez de ser enfrentada, é frequentemente contornada pelas crianças, "favorecidas" pela cumplicidade do professor, que rapidamente intervém dizendo o texto, fornecendo assim as respostas. Na medida em que o livro costuma ser uma raridade nos estabelecimentos, os docentes veem-se impelidos a adotar o único caminho disponível, o da produção de textos. Tentamos mostrar as consequências dessa postura no que tange à aprendizagem. A carência de livros explica parcialmente a receptividade na América Latina de metodologias fundadas na criação de textos. Certamente elas são também tributárias de pesquisas envolvendo crianças colocadas em situação de *emissão*, conduzidas à invenção de *grafes* que traduzam os sons da sua fala. Quando a biblioteca é efetivamente integrada na instituição, coloca em xeque esses modelos pedagógicos baseados exclusivamente na produção.

O uso da voz é outra importante dimensão da experiência escolar. Mais do que outras, em função de seu meio as crianças da periferia das grandes cidades estão vinculadas a uma tradição de oralidade. No caso delas, aceitar o envolvimento com a comunicação escrita significa sofrer uma violência nos modos de comunicação; o uso da escrita implica renunciar à presença corporal do outro e perder a riqueza da *performance*, inerente à relação estabelecida através da oralidade. Essa violência pode ser amenizada, no entanto, se a conquista da língua escrita ocorrer paralelamente a práticas marcadas pela oralidade, tais como a "hora do conto" e a transmissão vocal do texto. Herdeiro de rituais de culturas orais, o reconto é indispensável não somente ao desenvolvimento do imaginário e ao domínio da língua oral, mas também à dimensão afetiva da relação entre o aluno e o mediador. O próprio texto escrito, quando proferido, também se vale da voz do mediador para chegar até o receptor, e recupera por sua vez uma parte da dimensão corporal presente na comunicação oral. A passagem do universo vocal ao universo visual conduz a uma reflexão sobre o luto da atração dos corpos ocorrido no "dia da grande separação, quando nos enviaram à escola, segundo nascimento".[4] Quando bem-sucedida, essa separação da voz possibilita o acesso à cultura escrita. No entanto, quando mal resolvida, pode também explicar determinados fracassos escolares. Com efeito, a criança pode preferir gozar a presença do corpo do outro comprometido com a transmissão vocal e recusar, então, a solidão do ato de ler. Esta passagem a um certo grau de autonomia afetiva exige uma atenção especial do mediador, pois a relação com a língua escrita não pode ser

---

4. Paul Zumthor. *Performance, recpção, leitura*. São Paulo: Educ, 2000. p. 100.

analisada apenas em termos de *savoir-faire*, uma vez que ela questiona nosso estar no mundo, isto é, a relação entre o sujeito e os outros.

Gostaríamos de mencionar a importância da exposição dos textos nas paredes, praticada em alguns estabelecimentos. Com efeito, em nossa época os grafites invadem não só os muros vetustos da cidade, mas até as paredes dos seus prédios mais belos. Essa manifestação gráfica responde nos jovens a uma necessidade profunda que a exposição de textos pode em parte satisfazer. A expressão puramente plástica manifesta no grafite, em vez de se realizar apenas no âmbito da transgressão das pichações, pode ser veiculada por meio de significantes linguísticos nos corredores da escola. A expressão mural se faz então comunicação e introduz no estabelecimento um vínculo social. A exibição de textos parece portanto satisfazer a uma necessidade; com prazer se pode observar que onde o texto aparece o grafite permanece ausente.

Após o exame das tendências presentes nos estabelecimentos investigados, sem dúvida mais manifestas diante do olhar de um estrangeiro pertencente a uma cultura na qual a escrita ocupa um lugar essencial, gostaríamos de comparar as práticas dos serviços de informação às diferentes funções abordadas no primeiro capítulo.

A biblioteca tem uma dupla vocação traduzida na constituição do seu acervo, composto de livros de literatura infantojuvenil e de livros de caráter informativo. Ela é em primeiro lugar um espaço investido pela ficção, um local que pertence ao lúdico e à magia. A ficção contribui para criar no leitor ou no ouvinte um universo imaginário que lhe é necessário para iluminar seu mundo cotidiano e lhe conferir sentido. A literatura presente no acervo é a mina de onde surge essa ficção multifacetada. Além dessa primeira vocação, ela é o lugar da pesquisa, dimensão que irá se desenvolvendo na escolaridade, na medida em que o domínio da língua irá se fortalecendo. Quando a biblioteca escolar atende essa dupla exigência, ela se torna bastante solicitada. Verificamos que o local pode até ficar saturado, na medida em que dentro dele muitas esferas de ação chegam a coexistir.

Atribuímos ao reconto e à transmissão vocal do texto um valor educacional imprescindível. Não pensamos, porém, que na biblioteca essas atividades devam se equiparar à leitura, na medida em que não requerem a mesma abundância de livros que o ato de ler. Certamente o acervo é uma fonte inesgotável de histórias a serem partilhadas, mas o reconto, apesar de depender da responsabilidade educacional da biblioteca, pode se efetuar em outros locais, como a sala de aula, o jardim, o hall ou o pátio. Quando o som investe a biblioteca, a leitura, que exige um certo grau de silêncio, acaba sendo excluída. O momento da leitura é tão frágil e exige condições tão particulares de silêncio que é importante lhe atribuir prioridade na biblioteca, uma vez que não há outros espaços alternativos na escola para tal. O desafio que se coloca é responder praticamente às questões: qual seria o lugar adequado para cada prática e como a leitura pode ser articulada às outras linguagens sem ser parasitada? Broto frágil que cresce em plantas gigantes da floresta, a leitura necessita ser protegida para não ser sufocada. Quando a biblioteca oferece dois espaços distintos e isolados do ponto de vista acústico, para abrigar concomitantemente atividades silenciosas e atividades sonoras, além de multiplicar o seu público ela possibilita um atendimento pedagógico diversificado, que pode, de modo simultâneo, ser grupal e individual.

A extrema solicitação da sala da biblioteca pelo conjunto da escola manifesta a falta de espaços diversificados dedicados à expressão — corporal, dramática, plástica — e a encontros de grupos constituídos fora da repartição habitual em classes. Muitas vezes necessária, a reforma do espaço da biblioteca nem sempre é suficiente, pois sua inserção no prédio revela as limitações de uma arquitetura escolar herdada do século dezenove. Traduzida em salas repartidas nos dois lados de um corredor central para atender a uma população regida por regras autoritárias, essa arquitetura deve ser repensada para que as necessidades educacionais contemporâneas sejam contempladas.

O ato de ler corresponde a uma necessidade ou a um desejo e não pode ser divorciado do projeto do leitor; ele requer, por exemplo, informações para traçar um itinerário de viagem, ou pretende se deixar emocionar com a heroína de um romance. Cabe relembrar aqui a relação entre leitura do mundo e leitura da palavra de Paulo Freire. Quando o camponês nordestino identifica *poço*, trata-se de palavra-chave para a vida da família que sofre com a seca. Da mesma maneira,

CAMINHOS DA ESCRITA

quando uma professora conduz as crianças a trabalhar sobre as inundações, a leitura de um jornal noticiando os desastres provocados pelas chuvas em São Paulo encontra fortes repercussões nas crianças moradoras de casas passíveis de sofrerem enchentes. Usando o mesmo recurso do jornal, a solidariedade em relação às vítimas das inundações em Moçambique pode se tornar efetiva. A leitura é, sem dúvida, um ato *solitário* que momentaneamente retira seu protagonista do ambiente em que se encontra, mas o coloca em comunicação com o mundo, podendo torná-lo *solidário*.

É a essa função que se vincula a interatividade. Ler não é uma atividade passiva, ela supõe que o leitor confronte seu ponto de vista ao do autor, ao de outros leitores, e espera resposta. Não estamos falando de um simples mergulho nos padrões da cultura escrita, mas da construção de uma reflexão e de uma ação em resposta ao pensamento e à atividade do outro. Tanto quanto local de confronto com a cultura letrada, é importante que a biblioteca escolar seja também espaço da cultura dos usuários.

Ressaltamos como as bibliotecas preenchem de modo exemplar esse papel. Elas tecem laços sociais; a atmosfera de agradável convívio que nelas pode se estabelecer tende a se espraiar nos espaços vizinhos e nos espíritos. É notável verificar como a biblioteca pode contribuir para desenvolver a autoestima dos alunos e professores. A experiência do Mange comprova que a biblioteca pode permanecer milagrosamente limpa em meio a salas e corredores cheios de grafites. Ela proporciona aos responsáveis sociais uma referência na luta contra a sujeira e a violência. Este é sem dúvida o maior benefício da implantação de uma BEI na escola; é certamente essa a tarefa mais urgente em estabelecimentos em condições desfavoráveis, que acabam inevitavelmente repercutindo no sentimento de abandono vivido pelos alunos.

Cabe agora abordar a função de aprendizagem da língua escrita, hoje oficialmente atribuída às bibliotecas escolares, função esta estreitamente vinculada ao acervo. Ela deverá daqui por diante gozar de uma posição privilegiada nas condutas pedagógicas. Certamente é no que tange a essa função que a apropriação de um serviço de informação será mais laboriosa. Tentamos mostrar que a escolha de implantar uma biblioteca na escola — supondo que ela não permaneça inutilizada — pode abalar as práticas correntes. Com efeito, se se quer extrair benefícios do investimento em um acervo de livros, é indispensável que sejam propostas tarefas específicas a ele, ou seja, ações que não poderiam ser realizadas em outros espaços.

A descoberta do texto acompanhada pelo mediador é um momento imprescindível na conquista da leitura autônoma. Quando o desvelamento do sentido se dá individualmente, pressupõe a existência de um acervo, pois é esse último que possibilita a escolha do texto pelo aluno. Quando ele se realiza através de um único texto para todos mediante um encaminhamento coletivo, não requer a presença do acervo e nesse caso pode ocorrer fora da BEI, particularmente na sala de aula.

Sem a descoberta acompanhada, a aprendizagem da leitura corre riscos de se reduzir a situações espontâneas nas quais cabe ao professor tão somente orientar a escolha dos textos. Quando o usuário não tem a oportunidade de aumentar gradativamente suas competências, se aborrece e a leitura autônoma se esgota. Vale lembrar que a aprendizagem da escrita sempre foi, em todas as culturas, um efeito da escolarização. Deixar as crianças sem orientação diante de livros, por mais diversificados que sejam, não é suficiente para possibilitar-lhes o domínio da escrita.

Ao longo de nossa investigação, efetuamos um verdadeiro cerco a situações que apresentassem as seguintes características: um texto novo, um tratamento ideovisual, a construção de um sentido. Essas condições de fato se acham reunidas em duas circunstâncias: na leitura autônoma solitária e na descoberta do texto conduzida pelo professor. Por essa razão tanto insistimos em fazer surgir essas duas modalidades.

Coerentemente com nossos pressupostos de investigação — *"para aprender a ler é preciso ler"* — afirmamos que não pode haver aprendizagem eficiente sem a presença dessas duas modalidades. A falta de identificação do ato de ler por parte do mediador acaba condu-

CAMINHOS DA ESCRITA

zindo a criança a não exercer a leitura, mesmo quando deseja aprender a ler. Esvai-se assim a pedagogia ativa. Insistimos na distinção entre um novo texto e um material textual novo. Mesmo um texto que não apresente nenhum elemento novo requer *tratamento*, isto é, construção de sentido. Essa situação corresponde ao regime habitual de leitura possibilitado pelo conhecimento da forma escrita das palavras. Diante de uma palavra desconhecida o leitor efetua uma dupla tarefa: *elucidação do código* e *tratamento do texto*. A elucidação, que acaba freando a leitura, será tão mais fácil quanto mais forte for o contexto. Nessa visão, relevante é o papel da imagem e imprescindível a pertinência da escolha do livro. Destacamos o caráter polimorfo da descoberta do código e o peso relativo das relações fonográficas. Decorre daí, mais uma vez, a relevância da orientação do mediador em vista das descobertas do aluno, valendo-se para isso de um questionamento adaptado e aberto a todas as estratégias de construção de sentido, sem restringi-lo a um caminho exclusivo.

Podemos afirmar que a necessidade da biblioteca é imperiosa. A sofisticação da mídia em nossos dias é de tal ordem que a escola, mais do que ter como meta apenas a alfabetização, passa a requerer que o domínio da escrita vá além daquele almejado em gerações passadas: ela agora exige o letramento.

Múltiplas abordagens da informação se fazem necessárias, uma vez que a escrita funciona raramente sozinha e, de qualquer maneira, se inscreve em suportes diversificados. O cidadão contemporâneo é levado a fazer face a um bombardeamento de informações; deve aprender o manuseio do conjunto dos meios e ser capaz de triá-las para selecionar o que convém a cada situação. Diante da profusão de escolhas a serem operadas, grandes são os riscos de ficar sem resposta e ser dominado pela impotência.

Além disso, temos dúvidas em relação ao amanhã. Não conhecemos, por exemplo, a relevância futura do livro em relação ao suporte magnético. Na medida em que não podemos saber quais serão as redes de comunicação do porvir, não cabe hoje privilegiar um meio de comunicação em detrimento de outros. Portanto, a biblioteca não pode se contentar em propiciar uma prática única.

A súbita difusão de textos possibilitada pela invenção da imprensa já tinha transformado o leitor "qualitativo" em leitor "quantitativo". Hoje, mais do que nunca nosso mundo se caracteriza pela multiplicação da informação. Desde os anos 1950 a televisão fornece a todos um fluxo contínuo de informações e a partir da década de 1990 o texto eletrônico, veiculado por CD-ROM, DVD e Internet, aumenta de maneira alucinante a quantidade de textos e imagens disponíveis. O desafio do professor passa a ser não somente o de favorecer a navegação em meio a um oceano de informações, mas sobretudo o de assumir responsabilidades diante da sua necessária seleção.

Já podemos perceber, no entanto, mudanças no uso da escrita desde a introdução da informática na sociedade. A feitura manuscrita do texto vai se reduzindo a pequenas intervenções, tão somente quando o "escritor" está longe de sua escrivaninha. Um texto é inserido apenas uma vez na máquina e as cópias são gravadas eletronicamente. O ato de copiar, que continuava ocorrendo na esfera individual apesar do desenvolvimento social da imprensa, está desaparecendo.

O computador introduz uma ruptura entre o texto e sua manifestação. Até há pouco o texto não tinha existência fora de seu suporte. Hoje ele reside numa memória eletrônica e pode se manifestar através de diferentes suportes, sem, no entanto, ser tributário deles. Escrever é portanto elaborar esse texto virtual sem obedecer às restrições físicas inerentes ao suporte papel. Parcialmente liberado da linearidade do texto, o autor pode operar — por meio da tela do monitor — sobre qualquer fragmento, palavra ou letra gravada, sem necessitar modificar o conjunto, como era o caso com a máquina de escrever. Através dessa intervenção, tanto a escrita quanto a imagem pode ser inserida no documento ou disseminada como pano de fundo. A função *copiar-colar* multiplica assim o poder do autor, que acessa de modo direto o texto virtual, independentemente dos diferentes suportes possíveis. O computador é verdadeiramente uma *máquina de escrever*, enquanto aquela outra, do passado, era de fato apenas uma *máquina de copiar*.

Os alunos entregam hoje ao professor seus textos impressos; a função revisão do computador permite o tratamento ortográfico automático e intervenções alheias. O uso do teclado (intervenção digital) e do *mouse* (intervenção analógica, tanto quanto o emprego do lápis) transformou o gesto do escritor. O posicionamento vertical do suporte tela provoca novas enfermidades oculares e musculares. A palavra "papai", escrita tanto por uma criança quanto por seu avô, apresenta os mesmos traços, produtos de um gesto digital similar, qualquer que seja a letra visada. Será que o teclado chegará a ocasionar o desaparecimento completo do lápis ?

A publicação não depende mais de maneira exclusiva de uma editora. Para publicar seu texto, o autor pode utilizar a impressora individual, passando informações à sua comunidade próxima, ou colocá-lo em um *site*, difundindo-o ao mundo inteiro. O uso do *chat* desloca as fronteiras entre a oralidade e a escrita, na medida em que a recepção e a emissão se tornam concomitantes. Nossa relação com a escrita mudou mais em dez anos do que ao longo de cinco séculos! As profundas mutações provocadas por essas inovações precisam ser integradas ao sistema educacional, que, ao mesmo tempo, necessita manter certa prudência, a fim de se defender contra eventuais modismos.

A estratégia do Ministério da Educação consiste em dotar os estabelecimentos de bibliotecas. Equipar com serviços de informação todas as escolas brasileiras é tarefa de fôlego que exigirá anos de dedicação, bem além da simples aquisição de livros. Escolas com milhares de alunos dão origem a uma gestão problemática e tornam pesado o funcionamento da biblioteca, o que, em si mesmo, já poderia ser um argumento em favor da diminuição do número de alunos por estabelecimento.

No entanto, mesmo que bibliotecas sejam instaladas em nosso sistema educacional dentro dos melhores padrões de qualidade, esse fato por si só não será suficiente para garantir sua utilização. A prática dos meios de informação deve ser constante e sistemática — uma hora de biblioteca por semana não passa de uma medida pulverizada — o que significa que as bibliotecas devem ter uma grande capacidade de acomodação de leitores. Ênfase especial cabe ser dada aos mediadores, que necessitam ser formados para integrar a abordagem da recepção à sua prática profissional. Verificamos que tal objetivo pressupõe principalmente vontade política, tempo e paciência.

Enquanto aguardamos essa implantação generalizada, não estamos condenados ao imobilismo, pois a apropriação da biblioteca pode ser facilitada pela demanda. É de se temer que a generalização dos serviços de informação se faça em benefício de equipes de professores ainda pouco sensíveis à sua necessidade, o que significaria efetuar despesas tendo em vista equipamentos com pouca chance de serem utilizados de modo eficiente. O importante, portanto, é sensibilizar os docentes à necessidade de aprendizagem a partir de acervos, suscitando assim a demanda. O serviço de informação seria desse modo entregue a equipes de professores que o teriam solicitado e para o qual teriam sido formados. Acreditamos ser conveniente que os critérios de implantação de bibliotecas escolares sejam vinculados à necessidade expressa dos mediadores.

Essa experiência de apropriação de bibliotecas poderá servir a outros estabelecimentos e mesmo a secretarias municipais e estaduais em São Paulo e outras regiões brasileiras, na medida em que coincide com a discussão e operacionalização dos PCNs. Esperamos, portanto, que os instrumentos apresentados neste trabalho sejam úteis àqueles que se defrontarão com a complexa tarefa de implantar novos serviços de informação, de modo que eles possam preencher, da melhor maneira possível, as diferentes funções que o poder público hoje lhes atribui.

Bibliografia

Classificação dos livros

ADAM, Jean-Michel. *Éléments de linguistique textuelle*. theorie et pratique de l'analyse textuelle. Liège: Mardaga, 1990.

_____. *Les textes*: types et prototypes. Paris: Nathan, 1992.

ALAIN. *Propos sur l'éducation*. Paris: Rieder, 1933.

AMARO, Regina Obata Ferreira. *Biblioteca interativa*: concepção e construção de um serviço de informação em ambiente escolar. Tese (Doutorado) — Escola de Comunicações e Artes, USP, 1998.

BAJARD, Élie. Afinal, onde está a leitura? *Cadernos de Pesquisa*, São Paulo, n. 83, p. 29-41, nov. 1992.

_____. De la lecture à la haute voix. *Le Français dans le monde*. Paris, Hachette, n. 269, p. 47-50, dez. 1994.

_____. *Ler e dizer*: compreensão e comunicação do texto escrito. São Paulo: Cortez, 1999.

_____. Parâmetros Curriculares Nacionais. Um significativo Passo Adiante. *Estudos em Educação Educacional*. São Paulo, Fundação Carlos Chagas, n. 20, p. 59-78, 2º sem. 1999.

BARBOSA, José Juvêncio. *Alfabetização e leitura*. São Paulo: Cortez, 1990.

BARRET, Gisèle; LANDIER, J. C. *Expression dramatique et théâtre*. Paris: Hatier, 1991.

BARTHES, Roland. *O prazer do texto*. São Paulo: Perspectiva, 1999.

BAUDELOT, Christian; CARTIER, Marie; DETREZ, Christine. *Et pourtant ils lisent...* Paris: Seuil, 1999.

BETTELHEIM, B.; ZELAN, K. *La lecture et l'enfant*. Paris: Laffont, 1981.

BIBLIOTHÉQUE NATIONALE DE FRANCE. Exposition. *L'aventure des écritures*. Paris: Bibliothèque Nationale de France, 1999. Disponível em: <http://www.bnf/pedagos/dossisup/>.

BLANCHET A.; GOTMAN A. *L'enquête et ses méthodes*: l'entretien. Paris: Nathan, 1992.

BONDIOLI, Ana; MANTOVANI, Susanna. *Manual de educação infantil*. Porto Alegre: ArtMed, 1998.

BOTTERO, Jean; MORRISON, Ken et al. *Cultura, pensamento e escrita*. São Paulo: Ática, 1995.

BYRNE, BRIAN. Étude expérimentale de la découverte des principes alphabétiques par l'enfant. In: RIEBEN, L.; PERFETTI, C. *L'apprenti lecteur*. Paris: Delachaux, 1989.

CALVINO, Italo. *Fábulas italianas*. São Paulo: Companhia das Letras, 1982.

CARNEIRO DA SILVA, Waldeck. *Miséria da biblioteca escolar*. São Paulo: Cortez, 1999.

CAVALLO, Guglielmo; CHARTIER, Roger. *História da leitura no mundo ocidental*. São Paulo: Ática, 1998. v. 1.

CHAMPY, Philippe; ÉTÉVÉ, Christiane. *Dictionnaire encyclopédique de l'éducation et de la formation*. Paris: Nathan, 1994.

CHARMEUX, Eveline. *Aprender a ler*: vencendo o fracasso. São Paulo: Cortez, 1995.

CHARTIER, A. M.; HEBRARD, J. *Discursos sobre a leitura (1880-1980)*. São Paulo: Ática, 1995.

CHARTIER, Roger. *A aventura do livro*: do leitor ao navegador. São Paulo: Unesp, 1998.

_____. *Ordem dos livros*. Brasília: UnB, 1998.

_____ (Org.); BOURDIEU, Pierre; BESSON, François et al. *Práticas da leitura*. São Paulo: Estação Liberdade, 1996.

_____; PAIRE, Alain. *Práticas de leitura*. São Paulo: Estação Liberdade, 1996.

CHAUVEAU, Gérard. *Comment l'enfant devient lecteur*: pour une psychologie cognitive de la lecture. Paris: Retz, 1997.

CHOMSKY, Noam. *Aspects de la théorie syntaxique*. Paris: Seuil, 1971.

CLAPARÈDE, Édouard. *L'éducation fonctionnelle*. Paris: Delachaux et Niestlé, 1946.

COELHO, Nelly Novaes. *A literatura infantil*. São Paulo: Ática, 1991.

COHEN, Rachel. *Apprendre à lire avant de savoir parler*. Paris: Richaudeau/ Albin Michel, 1999.

COOK-GUMPREZ, J. *A construção social da alfabetização*. Porto Alegre: Artes Médicas, 1991.

CUBERES, M. T. Gonzalez (Org.). *Educação infantil e séries iniciais*: articulação para a alfabetização. Porto Alegre: Artes Médicas, 1997.

DECROLY, Ovide. *Application américaine de la psychologie*. Paris: Lamertin, 1923.

DERRIDA, Jacques. *Gramatologia*. São Paulo: Perspectiva, 1999.

DESBORDES, Françoise. *Concepções sobre a escrita na Roma Antiga*. Lille: Presses Universitaires de Lille, 1997.

DESSALLES, Jean Louis. *Aux origines du langages*. Paris: Hermes, 2000.

DICTIONNAIRE ENCYCLOPEDIQUE DE L'EDUCATION ET DE LA FORMATION. Paris: Nathan, 1994.

DIRECTION DE L'ÉVALUATION ET DE LA PROSPECTIVE. *Géographie de l'École*. Paris, Ministère de l'Éducation Nationale, n. 2, fev. 1994.

DOLTO, Françoise. *Quando surge a criança*. Campinas: Papirus, 1996.

DUCROT, Oswald; TODOROV, Tzvetan. *Dicionário enciclopédico das ciências da linguagem*. São Paulo: Perspectiva, 1988.

DOWNING, J.; FIJALKOW, J. *Lire et raisonner*. Toulouse: Privat, 1984.

DUBORGEL, B. *Imaginaire et pédagogie*. Paris: Le sourire qui mord-Gallimard, 1983.

EISENSTEIN, Elizabeth L. *A revolução da cultura impressa*: os primórdios da Europa Moderna. São Paulo: Ática, 1998.

ESPRIT. *Lecture et bibliothèque*. Paris, n. 170, abr. 1991.

FARIA, Ivete Pieruccini. *Estação Memória*: lembrar como projeto — contribuição ao estudo da mediação cultural. Dissertação (Mestrado) — Escola de Comunicações e Artes, USP, 1999.

FERREIRO, Emilia. *Com todas as letras*. São Paulo: Cortez, 1992.

_____; GOMEZ-PALACIO, M. *Os processos de leitura e escrita*. Porto Alegre: Artes Médicas, 1990.

_____; TEBEROSKY, Ana. *Psicogênese da língua escrita*. Porto Alegre: Artes Médicas, 1991.

FIJALKOW, J. *Mauvais lecteur*: pourquoi? Paris: PUF, 1986.

FNDE, MEC. *Manual pedagógico da biblioteca da escola*. Brasília: FNDE, 1998.

FOUCAMBERT, Jean. *A criança, o professor e a leitura*. Porto Alegre: Artes Médicas, 1997.

_____. *La manière d'être lecteur*. Paris: Hatier, 1976.

FRAISSE Emmanuel; POMPOUGNAC, Jean-Claude; POULAIN, Martine. *Representações e imagens da leitura*. São Paulo: Ática, 1997.

FREINET, Celestin. *O método natural*. Lisboa: Estampa, 1977.

FREIRE, Paulo. *A importância do ato de ler*. São Paulo: Cortez, 1991.

_____. *Política e educação*. São Paulo: Cortez, 1995.

FREITAG, Barbara. *O indivíduo em formação*. São Paulo: Cortez, 1994.

_____. *Piaget, 100 anos*. São Paulo: Cortez, 1997.

GESELL, Arnold. *A criança dos 0 aos 5 anos*. São Paulo: Martins Fontes, 1996.

GIASSON, Jocelyne. *La comprehension en lecture*. Bruxelles: De Boeck, 1990.

_____. *La lecture. De la théorie à la pratique*. Bruxelles: Gaétan-Morin, 1995.

GOODY, Jack. *La raison graphique*. Paris: Ed. de Minuit, 1977.

_____. *Lógica da escrita e organização da sociedade*. Lisboa: Edições 70, 1986.

GRAFF, J., Harvey. *Os labirintos da alfabetização*: reflexões sobre o passado e o presente da alfabetização. Porto Alegre: Artes Médicas, 1994.

GROSSI, P. Esther. *Didática do nível silábico*. Rio de Janeiro: Paz e Terra, 1975.

CAMINHOS DA ESCRITA

GRUNDERBEECK, Nicole V. *Les difficultés en lecture*: diagnostic et pistes d'intervention. Québec: Gaëtan Morin, 1994.

HAGEGE, Claude. *Halte à la mort des langues*. Paris: Odile Jacob, 2000.

_____. *L'enfant aux deux langues*. Paris: Odile Jacob, 1996.

HARRIS, Theodore L.; HODGES, Richard I. *Dicionário de alfabetização*. Porto Alegre: Artes Médicas Sul, 1999.

JAVAL, Emile. *Physiologie de la lecture et de l'écriture*. Paris: Retz, 1978.

JEAN, Georges. *Langages de signes*: l'écriture et son double. Paris: Gallimard, 1989.

JOLIBERT, Josette. *Formando crianças leitores*. Porto Alegre: Artes Médicas, 1993.

JORGE, Linice da Silva. *Roda de histórias: sons e movimentos*: novos modos de informação em educação. Dissertação (Mestrado) — Escola de Comunicações e Artes, 1999.

KAUFMANN. J.-C. *L'entretien compréhensif*. Paris: Nathan, 1996.

KLEIMAN, Angela. *Leitura: ensino e pesquisa*. Campinas: Pontes, 1989.

_____. *Oficina de leitura*. Campinas: Unicamp, 1993.

_____. *Texto e leitor*: aspectos cognitivos da leitura. Campinas: Pontes, 1989.

KOCH, Ingedore V. *A coesão textual*. São Paulo: Contexto, 1992.

_____; TRAVAGLIA, Luiz Carlos. *A coerência textual*. São Paulo: Contexto, 1992.

LAJOLO, Marisa. *Do mundo da leitura à leitura do mundo*. São Paulo: Ática, 1994.

_____; ZILBERMAN, Regina. *A leitura rarefeita*. São Paulo: Brasiliense, 1991.

LOBROT, Michel. *Lire*. Paris: ESF, 1973.

MAKARENKO. *Le chemin de la vie*. Paris: Ed. du Pavillon, 1950.

MANGUEL, Alberto. *Lendo imagens. Uma história de amor e ódio*. São Paulo: Companhia das Letras, 2001.

_____. *Uma história da leitura*. São Paulo: Companhia das Letras, 1997.

MARCUSCHI, Luiz Antônio. *Da fala para a escrita*: atividades de retextualização. São Paulo: Cortez, 2001.

MARTINS, Wilson. *A palavra escrita*: história do livro, da imprensa e da biblioteca. São Paulo: Ática, 1996.

MEIRIEU, Philippe. *Aprender sim..., mas como?* Porto Alegre: Artes Médicas, 1998.

_____. *Le transfert des connaissances en formation initiale et formation continuée.* Lyon, CRDP, 1996.

MOIRAND, Sophie. *Situations d'écrit.* Paris: Clé International, 1979.

_____. *Une grammaire des textes et des dialogues.* Paris: Hachette, 1990.

OLSON, David R.; TORRANCE, Nancy. *Cultura escrita e oralidade.* São Paulo: Ática, 1995.

ONG, Walter. *Oralidade e cultura escrita.* Campinas: Papirus, 1998.

PARÂMETROS CURRICULARES NACIONAIS. *Língua portuguesa.* Ensino de primeria à quarta série. Brasília: MEC, 1997.

PENNAC, Daniel. *Comme un roman.* Paris: Gallimard, 1992.

PERETTI, André de. *Présence de Carl Rogers.* Toulouse: ERES, 1997.

PERRENOUD, Philippe. *Avaliação. Da excelência a regulação das aprendizagens*: entre duas lógicas. Porto Alegre: Artes Médicas, 1999.

PERROTTI, Edmir. *Confinamento cultural, infância e leitura.* São Paulo: Summus, 1990.

PIAGET, J. *A formação do símbolo na criança.* Rio de Janeiro: Zahar, 1975.

PICK, Pascal; COPPENS, Yves (org.). *Aux origines de l'humanité.* Paris: Fayard, 2001. 2 v.

PINKER, Steven, *L'instinct du langage.* Paris: Odile Jacob, 1999.

PRETI, Dino (org.). *Fala e escrita em questão.* São Paulo: Humanitas FFLCHUSP, 2000.

PROUST, Marcel. *Sobre a leitura.* Campinas: Pontes, 1991.

PYNTE, J. *Lire, identifier, comprendre.* Lille: Presses Universitaires de Lille, 1983.

RICARDOU, Jean. Ecrire en classe. *Pratiques*, n. 20, 1978.

RICHAUDEAU, François. *La lisibilité*. Paris: Retz, 1969.

ROGERS, Carl. *Liberdade de aprender em nossa década*. Porto Alegre: Artes Médicas, 1986.

ROSENBERG, F.; CAMPOS, M.; FERREIRA. *Creches e pré-escolas no Brasil*. São Paulo: Cortez, 1995.

SACKS, Oliver. *Vendo vozes. Uma viagem ao mundo dos surdos*. São Paulo: Companhia das Letras, 1998.

SAMPAIO, Rosa Maria Whitaker Ferreira. *Freinet. Evolução histórica e atualidade*. São Paulo, Scipione, 1999.

SAMPSON, Geoffrey. *Sistemas de escrita. Tipologia, história e psicologia*. São Paulo: Ática, 1996.

SAUSSURE, Ferdinand. *Curso de linguística geral*. São Paulo, Cultrix, 1969.

SEKKEL, Marie Claire. *Reflexões sobre a experiência com a educação infantil: possibilidades de uma educação contra a violência na primeira infância*. Dissertação de Mestrado. São Paulo, Instituto de Psicologia/USP, 1998.

SILVA, Ezequiel Theodoro da. *A produção da leitura na escola. Pesquisa e proposta*. São Paulo: Ática, 1995.

_____. *Leitura na escola e na biblioteca*. Campinas: Papirus, 1991.

SMITH, Franck. *Compreendendo a leitura*: uma análise psicolinguística da leitura e do aprender a ler. Porto Alegre: Artes Médicas, 1989.

SNYDERS, Georges. *Où vont les pédagogies non directives*. Paris: PUF, 1985.

SOARES, Magda. *Letramento*: um tema em três gêneros. Belo Horizonte: Autêntica, 1999.

SOUZA, Solange Jobim. *Infância e linguagem*: Bakthin, Vygotsky e Benjamin. 3. ed. São Paulo: Papirus, 1996.

SPOLIN Viola. *Jogos teatrais*. São Paulo: Perspectiva, 2001.

TEBEROSKY, Ana. *Psicopedagogia de língua escrita*. Rio de Janeiro, Vozes, 1989.

_____; CARDOSO, Beatriz. *Reflexões sobre o ensino da leitura e da escrita*. Rio de Janeiro: Vozes, 1993.

TEIXEIRA DE OLIVEIRA, José. *A fascinante história do livro*. Rio de Janeiro, Itatiaia, 1993. v. 1.

TEIXEIRA COELHO. *Dicionário crítico de política cultural*. São Paulo: Fapesp/Iluminuras, 1997.

UBERSFELD, Anne. *Les termes clés de l'analyse du théâtre*. Paris: Seuil, 1996.

_____. *Lire le théâtre*. Paris: Editions Sociales, 1982.

VERDINI, Antonia Souza de. *Relatório das atividades no período de 20/01/98 a 10/06/98*. São Paulo: Proesi-ECA/USP.

VERGUEIRO, Waldomiro. *Seleção de materiais de informação*. Brasília: Briquet de Lemos, 1995.

VYGOTSKY, Liev S. *Teoria e método em psicologia*. São Paulo: Martins Fontes, 1996.

WALLON, Henri. *As origens do caráter na criança*. São Paulo: Nova Alexandria, 1995.

WALTER, Henriette. *L'aventure des langues en Occident*. Paris: Robert Laffont, 1994.

WATZLAWICK, Paul; HELMICK, Janet B.; JACKSON, Don D. *Une logique de la communication*. Paris: Seuil, 1972.

YUNES, Eliana; PONDE, Glória. *Leitura e leituras da literatura infantil*. Rio de Janeiro: FTD, 1989.

ZILBERMAN, Regina; SILVA, T. Ezequiel Theodoro (Org.). *Leitura. Perspectivas interdisciplinares*. São Paulo: Ática, 1995.

ZUMTHOR, Paul. *A letra e a voz*: a literatura medieval. São Paulo: Companhia das Letras, 1993.

_____. *Performance, recepção, leitura*. São Paulo: Educ, 2000.

Móveis e objetos

Mala de Tetuán

Estante de tecido da mala

Móbile na Creche

Abóbora charmosa no "Mange"

Móveis e objetos

Almofada da Creche

Trenzinho da Creche

Mesa e cadeiras da BEI

Espaços

BEI do Mange

A luz filtrada da
Estação Memória

Lugar da catalogação e
inserção da BEI

Espaços

Arquibancada da BEI

Pátio da Creche

Sala de computação do Mange

Reconto

História contada por um funcionário

Tatiana Belinky contando histórias

Leitores

Leitora na arquibancada

Adulto leitor

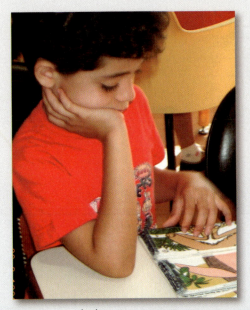
Leitor na mesa

Leitora na mesa

Transmissão vocal do texto

Escutando texto

Mediadora dizendo texto

Texto dramatizado na Creche

Jogral numa festa do "Mange"

Circulação

Preparação do cantinho

Escolha dos livros

Transporte do tesouro

Uso dos livros no cantinho

Maleta do Ministério da Educação do Marrocos

Leitura e produção

Publicação nas paredes da Creche

Carta coletiva (1ª série)

Ofinforma, o boletim da Creche

Carta individual (1ª série)

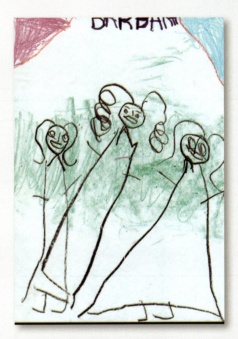
Desenho de uma criança da Creche

Texto humorístico do professor

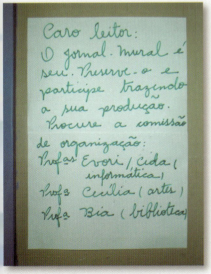
Texto do professor exposto no corredor

O autor, Alan Mets, desenhando diante das crianças

GRÁFICA PAYM
Tel. (11) 4392-3344
paym@terra.com.br